Thomas Petersen / Malte Faber

Karl Marx und die
Philosophie der Wirtschaft

D1671307

VERLAG KARL ALBER

Thomas Petersen / Malte Faber

Karl Marx und die Philosophie der Wirtschaft

Unbehagen am Kapitalismus und die Macht der Politik

Verlag Karl Alber Freiburg/München

Thomas Petersen / Malte Faber

Karl Marx and the Philosophy of Economics

On the discontent with capitalism and on the power of politics

Paradoxically there has been a renaissance of Marxism since the downfall of socialist systems, bringing up the question whether Marx was right after all. But what did Marx actually contend? That is not so easily answered as Marx combined great originality with a lack of intellectual discipline and speaks at once as philosopher, economist and political agitator. The authors outline Marx' key theses on economics and politics and discuss their validity not only from a philosophical but also from an economic perspective. The first part of the book examines Marx' term of capitalist economics. This focuses on the idiosyncratic term of value, his conception of money, the labour theory of value, as well as the so called transformation problem and the law of the tendency of a fall in profit rates. Furthermore, the »materialistic conception of history« and Marx' understanding of politics, the state and justice are addressed. The second part of the book shows, which philosophers' motives, dealing with economics, Marx assimilates; Aristotle and Hegel are central. In part 3 of the book the authors discuss the Marxist ideas on the one hand against the backdrop of the financial crisis of 2008 and in view of current tendencies of the distribution of income and wealth as examined by Thomas Piketty. On the other hand they contrast Marx with Fernand Braudel's and Georg Friedrich Hegel's conceptions of economics. Arguments to attach more weight to the power of politics is what emerges from this discussion. Part 4 is a conclusion of the works of Marx.

The Authors:

Thomas Petersen is Lecturer of Philosophy at Heidelberg University.

Malte Faber was Professor for Economics at the Alfred Weber Institute at Heidelberg University between 1973 and 2004, with a focus on the theory of economics and was Director of the Interdisciplinary Institute for Economics from 1998 until 2004.

Thomas Petersen / Malte Faber

Karl Marx und die Philosophie der Wirtschaft

Unbehagen am Kapitalismus und die Macht der Politik

Paradoxerweise gibt es seit dem Scheitern der sozialistischen Systeme eine Marxrenaissance, in der man sich fragt, ob Marx nicht doch recht hatte. Doch was hat Marx eigentlich behauptet? Das ist nicht leicht zu sagen, weil Marx große Originalität mit mangelnder intellektueller Disziplin verbindet und er zugleich als Philosoph, als Ökonom und als politischer Agitator spricht. Die Autoren skizzieren Marx' zentrale Thesen zur Ökonomie und Politik und diskutieren deren Berechtigung nicht nur aus einer philosophischen, sondern auch aus einer wirtschaftswissenschaftlichen Perspektive. Der erste Teil des Buches geht auf Marx' Begriff der kapitalistischen Ökonomie ein. Hier stehen der Wertbegriff, die Arbeitswertlehre sowie das sogenannte Transformationsproblem und das Gesetz vom tendenziellen Fall der Profitrate im Mittelpunkt. Außerdem kommen die »materialistische Geschichtsauffassung« und Marx' Verständnis von Politik, Staat und Gerechtigkeit zur Sprache. Der zweite Teil des Buches zeigt, welche Motive Marx von Philosophen aufnimmt, die sich mit der Ökonomie befasst haben, wobei Aristoteles und Hegel im Zentrum stehen. In Teil 3 diskutieren sie die marxsche Konzeption einerseits vor dem Hintergrund der Finanzkrise von 2008 und vor gegenwärtigen Tendenzen der Einkommens- und Vermögensverteilung, wie sie Thomas Piketty untersucht hat; andererseits stellen sie Marx die Auffassungen von der Wirtschaft Fernand Braudels und Georg Friedrich Hegels gegenüber. Aus dieser Diskussion ergeben sich Gründe, die Macht der Politik höher zu gewichten, als Marx dies tat. Ein Fazit des Werkes von Karl Marx in Teil 4 beschließt das Buch.

Die Autoren:

Thomas Petersen ist Privatdozent für Philosophie an der Universität Heidelberg
Malte Faber war von 1973 bis 2004 Professor für Volkswirtschaftslehre, insbesondere Wirtschaftstheorie, am Alfred-Weber-Institut der Universität Heidelberg und von 1998 bis 2004 Direktor am Interdisziplinären Institut für Umweltökonomie.

MIX
Papier aus verantwor-
tungsvollen Quellen
FSC® C083411
www.fsc.org

4., überarbeitete und erweiterte Auflage 2018

© VERLAG KARL ALBER
in der Verlag Herder GmbH, Freiburg / München 2013
Alle Rechte vorbehalten
www.verlag-alber.de

Umschlagbild: © Bertram Walter
Satz: SatzWeise GmbH, Trier
Herstellung: CPI books GmbH, Leck

Printed in Germany

ISBN (Buch) 978-3-495-48983-3
ISBN (PDF-E-Book) 978-3-495-86106-6

Vorwort

»Herr Proudhon genießt das Unglück, auf eigentümliche Art verkannt zu werden. In Frankreich hat er das Recht, ein schlechter Ökonom zu sein, weil man ihn für einen tüchtigen deutschen Philosophen hält; in Deutschland dagegen darf er ein schlechter Philosoph sein, weil er für einen der stärksten französischen Ökonomen gilt.« Was Karl Marx hier in der Vorrede zu seiner Schrift *Das Elend der Philosophie (Misère de la Philosophie)* (MEW 4: 65) über den Sozialtheoretiker und Begründer des Anarchismus Pierre-Joseph Proudhon schreibt, das trifft mutatis mutandis auch auf ihn selbst zu. Denn auch Marx hat nicht nur die »Doppeleigenschaft«, Deutscher und Ökonom, sondern vor allem Ökonom und Philosoph zu sein. Und in seinem Falle scheint es ebenso, dass die Ökonomen Marx für einen schlechten Ökonomen und für einen guten, jedenfalls passablen Philosophen halten, während er den Philosophen als fragwürdiger Vertreter ihrer Profession, aber vielleicht als guter Ökonom gilt. Damit ist auch die Schwierigkeit bezeichnet, die die Autoren dieses Buches einerseits geplagt, aber andererseits gereizt hat. Inwieweit ist Marx Philosoph, inwieweit ist er Ökonom? Oder ist er etwas ganz anderes, was mit diesen konventionellen Kategorien gar nicht zu fassen ist? Und was hat dieser Philosoph und Ökonom des 19. Jahrhunderts uns heute noch zu sagen? Hat er wirklich den Schlüssel zum Verständnis und zur revolutionären Veränderung der modernen kapitalistischen Gesellschaft in der Hand? Dass man solche Fragen immer noch stellt, zeigt wie die gegenwärtige Marxrenaissance, dass Marx offenbar nicht veraltet ist.

Die Autoren dieses Buchs haben sich seit ihrer Jugend zwar

nicht kontinuierlich, aber doch immer wieder mit Marx beschäftigt. Nur einer von ihnen war jemals von Marx begeistert, doch für beide ist Marx eine große Herausforderung. Die marxsche Doppelexistenz von Philosoph und Ökonom konnten sie allerdings nicht in einer Person, sondern nur zu zweit realisieren. Die Herausforderung, die Marx darstellt, hat nun eine philosophische und eine ökonomische Seite. Da die Autoren dieses Buches schon seit mehr als zwei Jahrzehnten intensiv zusammenarbeiten, ist es nicht so, dass der Philosoph nur den philosophischen Aspekt und der Ökonom nur den ökonomischen sehen könnte.

Welcher Art sind nun die Herausforderungen, vor die Marx einen stellt? Sie bestehen allgemein in der Komplexität und Vielschichtigkeit des marxschen Werkes. Marx beansprucht sowohl die Philosophie zu transformieren als auch die Ökonomie auf eine neue Basis zu stellen. Marx hat eine Reihe von ökonomischen Theorien und Theoremen formuliert, die auf den ersten Blick vergleichsweise einfach daherkommen, deren Diskussion und Klärung – wie etwa im Fall des *Gesetzes vom tendenziellen Fall der Profitrate* – aber eines nicht unerheblichen mathematischen Aufwandes bedarf. Aber selbst wenn man ökonomisch diese Theorien und Theoreme durchschaut hat, blieb doch der Eindruck, dass man das Entscheidende immer noch nicht verstanden hatte.

Warum hat man das Gefühl, das Entscheidende bei Marx nicht gesehen zu haben? Der Grund dafür hat mit der Philosophie zu tun, aber nicht nur mit der philosophischen Bildung, die bei Marx überall aufblitzt. Es ist vielmehr der Eindruck, den Marx erweckt, er eröffne eine tiefere Einsicht in das Wesen unserer Welt, Gesellschaft und Wirtschaft, als die »bürgerliche« Wissenschaft sie je erreichen kann.

Gerade dieser Eindruck ist es aber auch, der den Philosophen herausfordert. Denn Marx beansprucht ja, die Philosophie mittels der Ökonomie, wie man heute sagen würde, zu dekonstruieren. Das ist in gewisser Weise ein irritierender Anspruch, wobei sich natürlich nicht jeder davon irritieren lässt. Besonders wichtig aber scheint uns Folgendes zu sein: Marx ist ein Kritiker der modernen Welt. Diese Kritik bezieht sich nicht nur darauf, dass es in dieser Welt Herrschaft und Entfremdung, Ausbeutung, materielle Not, übermäßigen Verbrauch von Rohstoffen und Umweltzerstörung gibt. Marx legt vielmehr dar, dass das moderne menschliche Leben in einer tiefen Weise verkehrt ist. Darin ähnelt er Jean-Jacques Rousseau. Aber Marx will nicht nur den Grund dieser Verkehrtheit entdeckt haben, sondern auch den Weg, wie wir diese Verkehrtheit definitiv überwinden können. Dass unser alltägliches Leben verkehrt oder ungenügend ist, diese Empfindung hat wohl jeder religiöse Mensch, und auch in der Philosophie hat sie vielfältigen Ausdruck gefunden: von Platon über Aristoteles, Kant, Hegel, Nietzsche bis hin zu Heidegger und Wittgenstein. Doch anders als die Religion verspricht uns Marx das wahre Leben in der diesseitigen, geschichtlichen Welt. Und dieses wahre Leben sollte im Sozialismus beziehungsweise in der kommunistischen Gesellschaft zu finden sein.

Inzwischen hat es im 20. Jahrhundert einen großen Versuch gegeben, diesen Sozialismus zu realisieren, der sich explizit auf Marx berufen hat. Das Scheitern dieses Versuches zeigte offenbar, dass Marx sich in seiner Kritik der kapitalistischen Wirtschaft und seinen Prognosen für die Zukunft gründlich geirrt hatte. Vor einem Vierteljahrhundert schien Marx daher definitiv widerlegt. Heute aber fragen wieder viele, ob Marx mit seinen Diagnosen und Thesen nicht doch recht hatte.

Doch was hat Marx eigentlich behauptet? Das ist nicht leicht zu sagen, weil Marx große Originalität und Fleiß mit mangelnder intellektueller Disziplin verbindet und er zugleich als Philosoph, als Ökonom und als politischer Agitator spricht. Wie kein anderer verstand er sich auf die Kunst, »im Kleid des Analytikers zu predigen und mit einem Blick auf die Herzen zu analysieren«. Diese von Joseph A. Schumpeter notierte Verbindung von wissenschaftlicher Analyse und quasi-religiösem, prophetischen Gestus macht sicher einen großen Teil von Marx' Attraktivität aus. In der Tat finden sich bei Marx Gedankenfiguren religiöser Herkunft. So hat Karl Löwith die marxsche Geschichtskonzeption als eine Travestie der christlichen Heilsgeschichte interpretiert, und man könnte wohl in Marx' Beschreibung des Proletariats Spuren eines apokalyptischen Messianismus aufweisen. Die Autoren dieses Buchs werden diesen religiösen Bezügen jedoch kaum weitere Aufmerksamkeit widmen und sich vielmehr auf den Analytiker, Kritiker und Geschichtsphilosophen Marx konzentrieren.

Wir skizzieren Marx' zentrale Thesen zur Ökonomie und Politik und diskutieren deren Berechtigung nicht nur aus einer philosophischen, sondern auch aus einer wirtschaftswissenschaftlichen Perspektive. In Teil 1 des Buches gehen wir auf Marx' Begriff der kapitalistischen Ökonomie ein. Hier stehen der eigentümliche Wertbegriff, seine Auffassung des Geldes, die Arbeitswertlehre sowie das sogenannte Transformationsproblem und das Gesetz vom tendenziellen Fall der Profitrate im Mittelpunkt. Außerdem kommen die »materialistische Geschichtsauffassung« und Marx' Verständnis von Politik, Staat und Gerechtigkeit zur Sprache. Teil 1 schließt mit einem Zwischenfazit.

Marx hat sich selber als Solitär inszeniert und ist auch als solcher von seinen Anhängern, Schülern und Nachfolgern so gesehen worden. Der einzige Philosoph, den Marx hat gelten lassen und dem er bei allen Vorbehalten eine gewisse Reverenz erweist, ist Georg Wilhelm Friedrich Hegel. Wir sind dieser marxschen Selbstdarstellung insofern gefolgt, als wir im Teil 1 des Buches Marx aus sich selbst und aus den Hinweisen zu verstehen suchen, die er uns zu seiner Beziehung zu Hegel gibt. Erst dann werden wir im Teil 2 des Buches darauf eingehen, was Marx anderen Vorläufern in der Philosophie der Wirtschaft verdankt. Zentrale Gedankenfiguren übernimmt Marx von Aristoteles, John Locke und Adam Smith, und seine kritische Haltung gegenüber der kapitalistischen Gesellschaft scheint von Jean-Jacques Rousseau vorgebildet. Die größte Rolle im Teil 2 spielt Hegel, freilich nun mit seiner Theorie der modernen

Marktwirtschaft. Diese Theorie ist für Marx allerdings weniger eine Quelle als ein Kontrastprogramm zu seinen eigenen Ideen.

Eine Kontrastierung der Wirtschaftsauffassung von Hegel und Marx ist dann schließlich ein wichtiges Element in Teil 3 des Buches. In diesem Teil diskutieren wir Marx im Kontext, und zwar nicht im Kontext von Vorläufertheorien. Vielmehr kontrastieren wir Marx' Analysen einerseits mit einem realen wirtschaftlichen und wirtschaftspolitischen Geschehen, nämlich der Finanzkrise von 2008, und andererseits mit zeitgenössischen empirischen Untersuchungen von Thomas Piketty und Fernand Braudel, die Argumente für ein anderes Verständnis der kapitalistischen Wirtschaft geben, als Marx es hat. Vor diesem Hintergrund stellt sich dann nicht nur die Frage, ob Hegels Wirtschaftsauffassung eine ernsthafte Alternative zu der von Marx darstellt. Darüber hinaus zeigt sich, dass die Frage nach den Möglichkeiten der Politik anders zu beantworten ist, als Marx das nahelegt. Mit einem Fazit in Teil 4 schließt das Buch.

Heidelberg, im Dezember 2017   Thomas Petersen und
Malte Faber

Inhalt

Teil 1: Karl Marx: Herakles oder Sisyphos?

Teil 2: Marxsche Quellen
in der Philosophie der Wirtschaft

Teil 3: Unbehagen am Kapitalismus und die Macht der Politik

Teil 4

Teil 1:

Karl Marx:
Herakles oder Sisyphos?

1. Einleitung

1.1 Einführung

Marx und der Marxismus haben offenbar ihre Konjunktur.[1] Die vorerst letzte Hochphase dieser Konjunktur war in Europa die Zeit der Studentenbewegung um 1970. Marx (1818–1883) wurde damals nicht nur wieder breiter diskutiert, sondern es entstanden auch Kreise und Schulen, die ihre Unabhängigkeit vom offiziellen Marxismus der Sowjetunion und ihrer Verbündeten betonten – in Deutschland etwa die *Neue Marx-Lektüre* und in Frankreich die strukturalistische Marx-Lektüre von Louis Althusser (1918–1980) sowie etwas später im angelsächsischen Sprachraum die *Septembergroup*, die eine *Analytical Marxian Economics* entwickelte. Die Marxdiskussion strahlte selbst in die herkömmliche Ökonomie (die Neoklassik) aus. Mit dem allmählichen Verschwinden der Studentenbewegung der sechziger und siebziger Jahre des vorigen Jahrhunderts nahm jedoch das öffentliche Interesse an Marx spürbar ab und schien sogar auf ein definitives Ende hinzusteuern.

Um 1990 brachen in Europa die von der Sowjetunion dominierten Systeme des »real existierenden Sozialismus« zusammen. Die Einparteienherrschaften verschwanden und ebenso traten marktwirtschaftliche Strukturen an die Stelle der überall gescheiterten Planwirtschaften. In China ist die Einheitspartei zwar nicht verschwunden, aber marktwirtschaftliche Strukturen hatte die Kommunistische Partei Chinas unter Führung Deng Xiao Pings (1904–1997) bereits seit 1979 eingeführt

---

[1] »Marxist political economy experiences a rhythm and evolution in terms of both its prominence and (perception of) its substantive content. There can be no doubt, for example that the global crisis that broke from the end of 2007 has raised the profile and the perceived relevance of Marxism, but this is necessarily different from the Marxisms that were prominent before 1917, in the interwar period, after 1956 or post-1968.« (Ben Fine und Alfredo Saad-Filho 2012: 1).

mit der Folge, dass China heute weithin als ein Land des entfesselten Kapitalismus gilt.

Die Planwirtschaften des Sowjetsystems und Chinas folgten marxistischen Prinzipien. Daher schien es, als hätten die Ereignisse in diesen Ländern – nach dem Fall der Mauer in Berlin 1989 – Marx und sein Werk endgültig widerlegt. Doch überraschenderweise schien Marx bald wieder der Mann der Stunde zu sein. Der an der London School of Economics lehrende Megnad Desai (2002) sieht durch die stürmische Entwicklung des Kapitalismus seit 1990 die marxschen Thesen glänzend bestätigt. Auch nichtmarxistische Ökonomen rühmen die prognostische Kraft des *Manifests der Kommunistischen Partei*. Schließlich haben die zunehmende Ungleichverteilung von Einkommen und Vermögen und vor allem die gegenwärtige Finanzkrise manche Zeitgenossen zu der Feststellung veranlasst, dass Marx »doch recht hatte« (vgl. Eagleton 2011; siehe auch Reheis 2011).

Woher rührt diese offenbar ungebrochene Attraktivität von Marx? Marx erscheint als ein wissenschaftlich fundierter und zugleich in philosophischer Hinsicht satisfaktionsfähiger Kritiker der modernen kapitalistischen Wirtschaft. Das Scheitern marxistischer Regimes hat Marx' Ansehen anscheinend nicht nachhaltig beschädigt; denn die marxschen Thesen zum Kapitalismus sind häufig so differenziert und komplex, dass es leicht ist, sie von den marxistischen Verflachungen abzuheben, die in den sozialistischen Staaten üblich waren.

Die Komplexität der marxschen Thesen wirkt nicht nur für den Laien, sondern auch für professionelle Philosophen und Ökonomen oft verwirrend. So ist nicht leicht zu sagen, welche Einsicht in den Charakter unserer Wirtschaft Marx tatsächlich gewonnen hat. Was hat es zum Beispiel auf sich mit Marx' These von der Notwendigkeit einer grenzenlosen Kapitalakkumulation und dem darauf aufbauenden, suggestiven Gesetz vom tendenziellen Fall der Profitrate?

Was also können wir von Marx lernen? Das ist die zentrale Frage, auf die dieses Buch eine Antwort geben möchte. Ist Marx heute überholt? Oder ist er im Gegensatz wieder besonders aktuell? Die augenblicklich wieder anwachsende Marxliteratur kann gerade diesen Eindruck erwecken. Oder war seine Analyse der kapitalistischen Gesellschaft von Anfang an verfehlt? Wir meinen, um unsere Antwort schon vorwegzunehmen, dass man jede dieser Fragen teilweise bejahen und teilweise verneinen muss. Marx, der im Grunde schon zu seiner Zeit mit ökonomisch veralteten Methoden arbeitete, ist natürlich von der Zeit in mancher Hinsicht überholt worden. Und in seiner Analyse der kapitalistischen Wirtschaft stehen tiefe Einsicht und Unverständnis oft direkt nebeneinander. Am schwierigsten zu beantworten ist die Frage nach seiner Aktualität. Die wirtschaftliche Globalisierung hat seine Voraussagen in bestimmter Hinsicht bestätigt. Doch in den wirtschaftlichen Krisen der Gegenwart, insbesondere der Finanzkrise, wächst Marx eine Aktualität zu, die sich paradoxerweise gerade aus den Beschränktheiten und Mängeln seines Ansatzes erklärt. In unserem Kapitel 19 über *Marx und die gegenwärtige Finanzkrise* werden wir diese These ausführlich erläutern.

Unsere Antworten zu begründen, erfordert zunächst eine Bestandsaufnahme der marxschen Theorie. Was sind die zentralen Elemente seiner Theorie? Inwieweit halten Marxens Argumente einer Prüfung stand? Wir halten Folgendes für die zentralen Elemente, auf die wir ausführlich eingehen werden: Marx' Hegelbezug, die materialistische Geschichtsauffassung mit ihren Grundbegriffen, den Produktivkräften und Produktionsverhältnissen und die sogenannte logisch-historische Methode. Von daher werden wir eine Einschätzung von Marx' Analyse der kapitalistischen Produktionsweise geben und dabei versuchen, ihre qualitativen und quantitativen Aspekte gesondert herauszuarbeiten. Zentrale Aussagen der marxschen Ökonomik wie die Geldtheorie, die Arbeitswertlehre und das Gesetz vom tendenziellen Fall der Profitrate werden wir im Licht der modernen Wirtschaftswissenschaften diskutieren. Dabei werden auch wichtige Einsichten von Marx hinsichtlich der Umwelt- und Rohstoffprobleme, vor denen wir heute stehen, zur Sprache kommen. Nicht zuletzt gehen wir auf die Konsequenzen ein, die sich aus Marx' Ansatz für das Problem der Gerechtigkeit und der Einkommensverteilung ergeben. Und schließlich wollen wir erklären, woher bei Marx das notorische Defizit einer politischen Theorie rührt.

Um Marx' Komplexität einigermaßen durchsichtig zu machen, scheint es uns am wichtigsten, die vielfältigen philosophischen Quellen seines Werkes zu durchleuchten; viele marxsche Motive lassen sich auf Denker wie Aristoteles, Hobbes, Locke, Rousseau, Smith und Hegel zurückführen; denn Marx ist vor allem ein philosophischer Denker geblieben. Die wirtschaftswissenschaftlichen Grundlagen seines Denkens, die er sich als Autodidakt aneignete, scheinen dagegen eher weniger anspruchsvoll. Wir werden deshalb ausführlich auf seine philosophischen Wurzeln eingehen, wobei wir uns auf die Philosophie der Wirtschaft beschränken.

Viele Philosophen sind es allerdings nicht, die sich über die Ökonomie ausführlich Gedanken gemacht haben. Von all diesen aber hat Marx Motive und Gedanken übernommen. Unter diesen Philosophen ragen besonders Aristoteles und Hegel heraus. Während die Kritik der kapitalistischen Produktionsweise erstaunlicherweise stark von Aristoteles geprägt ist, ist Marx in seinem Denken von Hegel besonders beeinflusst, und er hat das auch freimütig eingestanden. Er habe sich stets »offen als Schüler jenes großen Denkers« bekannt, so heißt es im Nachwort zur zweiten Auflage des *Kapital* (MEW 23: 27). Und Marx' Bezüge zu Hegel sind vielfältig. Dabei fällt jedoch auf, dass Marx ungeachtet einer ähnlichen Perspektive auf die moderne Wirtschaft, nicht an deren Darstellung bei Hegel (1770–1831) in dessen *Rechtsphilosophie* anknüpft. Das ist umso merkwürdiger als Marx diesem Buch Hegels stets eine besondere Bedeutung beigemessen hat und seine erste Veröffentlichung eine Einleitung zu einer Kritik der hegelschen Rechtsphilosophie ist.[2] Warum

---

[2] Diese Kritik hat Marx freilich nie publiziert, und in seinen Schriften finden sich nur bruchstückhafte Vorarbeiten zu einer solchen, nämlich in der »Kritik des Hegelschen Staatsrechts« (MEW 1: 201–333).

schließt Marx hier nicht an Hegel an? Wohl weil Hegel sich zu ihm nicht wie ein Vorläufer, sondern eher wie ein Antipode verhält; Hegel ist Marx einerseits zu nahe, andererseits gelangt er aber zu ganz gegensätzlichen Einschätzungen der modernen Wirtschaft.

Seiner Kritik der kapitalistischen Wirtschaft hat Marx vor allem dadurch Plausibilität verschafft, indem er ihre sozial desaströsen Auswirkungen herausstellte. Kritiker von Marx zeigen dagegen häufig die Schwäche, dass sie von dieser kapitalistischen Wirtschaft letztlich ein zu harmonisches Bild zeichnen und diese sozialen Folgen vernachlässigen. Von solchen Kritikern unterscheidet sich Hegel dadurch, dass sein Bild der Wirtschaft ebenfalls alles andere als idyllisch ist. Auch wenn Hegel die moderne kapitalistische Großunternehmung noch nicht kannte, hat er doch einen genauen Blick für das soziale Elend, das den Frühkapitalismus auszeichnete, und für die Unwägbarkeiten des Wirtschaftsprozesses. Doch anders als Marx erkennt Hegel in dieser Wirtschaft Tendenzen und Potentiale, die den mit dem Kapitalismus verbundenen Verwerfungen entgegenwirken. Ist für Marx diese Wirtschaft von einem rastlosen, am Ende selbstzerstörerischen Prozess bestimmt, so will Hegel zeigen, dass diese Wirtschaft bei aller Dynamik zu einer relativen Stabilität fähig ist.

Der hegelschen Auffassung der modernen Wirtschaft werden wir in Kapitel 17 breiten Raum einräumen. Denn Marx tritt der »bürgerlichen Ökonomie« mit dem Gestus dessen gegenüber, der die Dinge sieht, für die die bürgerliche Ökonomie blind ist. Und dieser Gestus ist nicht einmal unberechtigt. Gegen Hegel kann aber Marx nicht so auftreten und zwar, weil Hegels Analyse nicht weniger grundsätzlich als die marxsche ist. Deshalb lassen sich aus Hegel zusätzliche Gesichtspunkte entwickeln, um Stärken und Schwächen bei Marx noch einmal differenzierter zu unterscheiden.

An diesen Durchgang durch Hegel schließt sich ein Teil 3 an, in dem wir Marx' Analysen mit realem wirtschaftlichem Geschehen und empirisch orientierten Untersuchungen konfrontieren. Dabei zeigt sich nicht nur eine größere Eigenständigkeit der Politik, als Marx der Politik zugestehen will, sondern wir werden auch ein alternatives Verständnis von kapitalistischer Wirtschaft vorstellen – alternativ nicht nur zu Marx, sondern sowohl zu einem herrschenden Verständnis in den Wirtschaftswissenschaften als auch in der politischen Diskussion. Ein Fazit der marxschen Leistung in Teil 4 schließt das Buch ab.

Eine Bewertung der marxschen Leistung wird dadurch erschwert, dass die Diskussion um Karl Marx lange Zeit nur ideologisch positionell geführt worden ist. Wer sich nicht als Gegner oder Befürworter der marxschen Lehre erklärte, hatte es schwer, in dieser Diskussion Gehör zu finden. Im letzten Viertel des vorigen Jahrhunderts hat jedoch sowohl in philosophischer als auch in wirtschaftswissenschaftlicher Hinsicht eine neue Art der Auseinandersetzung mit den Werken von Karl Marx begonnen. Dabei haben die Kontrahenten sowohl auf marxistischer als auch auf nichtmarxistischer Seite ideologischen Ballast beiseite geräumt, und in manchen Positionen hat man sich auch in inhaltlicher Hinsicht angenähert.

Trotzdem ist die Diskussion in einem wichtigen Aspekt fragmentarisch geblieben. Auch wenn sich marxistische und nichtmarxistische Ökonomen in einigen wichtigen Fragen aneinander angenähert haben oder wenigstens zu einer gewissen Verständigung gekommen sind, so gilt das weit weniger für Philosophen und Ökonomen. Charakteristischerweise zeigt sich das an der Rolle Hegels. Während viele Philosophen dazu neigen, Marx von Hegel her zu verstehen, tendieren Ökonomen und auch der Ökonomik nahestehende Philosophen dazu, Hegel zu vernachlässigen oder ihm allenfalls eine verwirrende oder störende Rolle im marxschen Denken zuzugestehen.

In unserem Buch wollen wir daher herausarbeiten, dass der Bezug zu Hegel und zu der Tradition der Philosophie überhaupt ein konstitutiver Bestandteil der marxschen Theorie und gerade auch ihres ökonomischen Teils ist. Dabei versuchen wir nichts weniger als eine Gesamteinschätzung der marxschen Lehre und ihrer oft verwirrenden Vielschichtigkeit zu geben.

1.2 Zur Literatur

Wie bei jedem weltbekannten Autor ist auch die Literatur zu Marx unübersehbar. Es gibt aber trotzdem respektable Versuche, einen gewissen Überblick über diese Literatur zu geben. In der deutschsprachigen Literatur sind das die Bücher von Elbe (2008) und Hoff (2009). Speziell zu Problemen der marxistischen Ökonomie ist die kommentierte Textsammlung von Nutzinger und Wolfstetter (1974a, 1974b/2008) hervorzuheben. Die internationalen Bemühungen um eine marxistische Ökonomie dokumentiert das 2012 erschienene *The Elgar Compendium to Marxist Economics,* herausgegeben von Ben Fine und Alfredo Saad-Filho. In diesem von zwei Professoren der London School of Oriental and African Studies (SOAS) der University of London herausgegebenen Kompendium über marxistische Ökonomie ist von den ca. 400 zitierten Titeln des Literaturverzeichnisses nur einer in deutscher Sprache geschrieben, und ganz wenige stammen von deutschsprachigen Verfassern. Das deutet darauf hin, dass die Diskussion um die marxsche Ökonomie im deutschsprachigen Raum im Vergleich zu internationalen Beiträgen kaum geführt wird.

Bei jedem bedeutenden Autor besteht eine gewisse Gefahr, dass die Diskussion über ihn positionell geführt wird. In diesem Fall gibt es Texte von Anhängern dieses Autors und solche von Gegnern oder auch Texte, die in dieser Hinsicht neutral sind. So finden sich in der Philosophie Platoniker, Aristoteliker, Cartesianer, Kantianer und Hegelianer und ihre jeweiligen Gegner und in der Ökonomie z. B. Ricardianer, Walrasianer und Keynesianer. Jedoch wird man sagen können, dass die Differenzen zwischen Anhängern und Gegnern in kaum einem anderen Fall so stark sein dürften wie bei Marx.

Das hat natürlich mit Marx selbst zu tun; denn Marx ist ein überaus polemischer Autor, der zugleich mit dem Anspruch auftritt, etwas ganz Neues, sowohl in der Philosophie wie der Ökonomik noch nie Dagewesenes zu bieten. Und dieses Neue soll darüber hinaus auch noch den Weg in eine bessere Zukunft eröffnen. Dieser marxsche Anspruch ist sehr suggestiv, und Marx' Freund Friedrich Engels ist dieser Suggestion« sowohl erlegen als er sie auch wirksam befördert hat. Hinzu kommt, dass Revolutionen und ganze Gesellschafts- und Staatssysteme sich auf Marx berufen haben und das, wie in China, immer noch tun. Das hat unausweichlich nahezu jeder Äußerung zu Marx eine unmittelbar politische Bedeutung verliehen. Das galt nicht nur für die Literatur in sich marxistisch verstehenden Staaten. Vielmehr hat auch die »kritische« Marxliteratur »im Westen«, die Marx im einzelnen Fehler und Mängel attestiert, an der Einzigartigkeit seines Ansatzes jedoch festhält, stets einen apologetischen Zug.

Außerdem fällt auf, dass die Diskussion um Marx die Tendenz hat, in einzelne Diskussionszirkel zu zerfallen, die voneinander wenig oder keine Notiz nehmen.[3] Das gilt besonders zwischen den unterschiedlichen Sprachräumen. So nimmt zum Beispiel der angelsächsische Analytische Marxismus kaum Notiz von der deutschen Diskussion (siehe z. B. das Literaturverzeichnis von Ben Fine und Alfredo Saad 2012).

Weiter haben wir den Eindruck, dass die marxistische und auch nur marxfreundliche Literatur sich weitgehend von der nichtmarxistischen Diskussion abschottet. Ausnahmen hiervon stellen jedoch z. B. Desai (2002) und die Vertreter des Analytischen Marxismus (s. u.) dar.

(i) Dies gilt auch für die sogenannte *Neue Marx-Lektüre*, deren Vertreter häufig Marx' Bezug zu Hegel besondere Aufmerksamkeit widmen.[4] Da wir ebenfalls Marx' Beziehung zu Hegel für zentral halten, wenn es um das Verständnis seines Werkes geht, wollen wir auf diese Richtung der Marxliteratur näher eingehen. Was Hegel angeht, hat sich die *Neue Marx-Lektüre* nicht von den von Marx selbst vorgegebenen Perspektiven lösen können. Sie lässt sich insbesondere zu viel vorgeben

---

[3] So beklagt Hoff (2009: 15) den »Provinzialismus« einiger Vertreter der *Neuen Marx-Lektüre*.

[4] Siehe etwa Schmidt (1962), Reichelt (1970) und Backhaus (1997).

von der Interpretation, die Marx selbst seiner Beziehung zu Hegel gibt. So folgt sie Marx darin, dass er sich und Hegel im Gegensatz von Materialismus (Marx) und Idealismus (Hegel) sieht, was für sich genommen schon eine schiefe Alternative ist.[5] Die »dialektische Methode« trete bei Hegel in »mystifizierter Form« auf und er, Marx, habe diese Methode, die bei Hegel »auf dem Kopf« stehe, »umgestülpt«, »um den rationellen Kern in der mystischen Hülle zu entdecken« (MEW 23: 27). Diese Selbstaussagen geben nach unserer Ansicht kaum zu erkennen, was Marx wirklich aus Hegel macht.[6]

Die Autoren der *Neuen Marx-Lektüre* folgen Marx' Selbstcharakterisierung. Folgt man der Selbstcharakterisierung zu sehr, kommt es leicht zu Missverständnissen, und zwar vor allem dann, wenn der Hegelbezug nur implizit ist. Wenn Marx Begriffe der Metaphysik ins Spiel bringt, wie etwa im *Kapital*, dann wird oft nicht gesehen, dass Marx dabei die Analyse dieser Begriffe in der hegelschen Logik voraussetzt.[7] So bleibt zuwei-

---

[5] Denn der Gegensatz zu Materialismus ist eigentlich der Spiritualismus und der des Idealismus ist der Realismus (siehe unten Kapitel 4).

[6] Diese Abhängigkeit von der Meinung, die Marx von seinem eigenen Tun hat, ist keine Besonderheit der *Neuen Marx-Lektüre*, sondern bei Marxisten insgesamt weit verbreitet. Hier ein Beispiel aus dem angelsächsischen Raum: »Marx greatly admired Hegel's presentation of the dialectics, but rejected the idealist thought of Hegel's thought. Marx therefore incorporated some of Hegel's insights into a totally different, materialist conception of history. Historical change is not rooted in or organized by the development of ideas, as Hegel proposed, rather, Marx argued ideas and consciousness – as well as culture, norms, institutions and so on – are shaped by material conditions and practical experience.« (Branwen Gruffydd-Jones 2012: 220).

[7] So scheint Heinrich (2006: 223) nicht zu erkennen, wie Marx bei der Warenanalyse die hegelsche Dialektik von Wesen und Erscheinung variiert: »Darin scheint mir überhaupt die Gefahr der Verwendung des Begriffspaares Wesen und Erscheinung zu liegen: daß das Wesen als das eigentlich Wichtige angesehen wird und die Erscheinung als etwas Zusätzliches, auf das es eigentlich gar nicht ankommt.« Weder bei Marx noch bei Hegel ist aber die Erscheinung »etwas Zusätzliches« zum Wesen. Vielmehr ist das Wesen in bestimmter Weise nur die Erscheinung selbst.

len verborgen, dass Marx gelegentlich das hegelsche Verfahren imitiert, wenn er solche Imitationen nicht zugleich kenntlich macht. Wir werden das an Marx' Geld- und Kapitalbegriff in den Abschnitten 7.3 und 7.4 zeigen sowie an seiner Idee der Notwendigkeit, der das anscheinend willkürliche und zufällige Geschehen in der kapitalistischen Wirtschaft unterliegt (siehe z. B. Abschnitt 7.6).

In jedem Fall bleibt aber anzuerkennen, dass in der *Neuen Marx-Lektüre* gute philologische Arbeit geleistet wird, was bei der schwierigen Textlage des marxschen Werkes ein eigenes Verdienst ist.

(ii) Neben der *Neuen Marx-Lektüre* möchten wir hier den oben bereits erwähnten *Analytischen Marxismus (Analytical Marxism)* hervorheben. Dessen wichtigste Autoren sind Gerald Cohen (1941–2009), Jon Elster und John Roemer. Der Analytische Marxismus nimmt in der Marxliteratur eine besondere Stellung ein. Denn Cohen, Elster und Roemer halten einerseits an den Intentionen des marxschen Programms fest; Elster hat in den sechziger Jahren des zwanzigsten Jahrhunderts bei Louis Althusser[8] in Paris studiert. Dieses Programm unterziehen sie andererseits aber einer gründlichen Revision, bei der sie die nach unserer Ansicht zentrale Theorie der Arbeitswertlehre verwerfen. Denn sie nähern sich Marx aus einer in der sonstigen Marxliteratur ganz unbekannten Perspektive, nämlich der analytischen Philosophie einerseits, anderseits aber aus der Perspektive der »bürgerlichen« Politischen Ökonomie, nämlich der der Neoklassik. Daher arbeitet der Analytische Marxismus mit dem Instrumentarium des methodologischen Individualismus und der Rational Choice Theory.[9] Wir sind der Auffassung, dass

---

[8] Louis Althusser hatte nach dem Zweiten Weltkrieg eine strukturalistische Theorie entwickelt und war lange Zeit eine der dominierenden Figuren der französischen Linken. Ein kurzes, prägnantes Porträt Althussers gibt Judt (2010: 113–122).

[9] »Turning to methodological individualism and rational choice was a strong reaction against the hegemony of Althusserian Structuralisms, the dominant school of Marxism during the period of conception and

aus dieser Verbindung von Sympathie für die materialen Intentionen von Marx und gleichzeitiger methodischer Distanz viele aufschlussreiche und auch sehr genaue Einsichten in das marxsche Werk entspringen. In dem oben genannten *The Elgar Compendium to Marxist Economics* wird diese Richtung so charakterisiert:

»Analytical Marxism (AM) is an approach to Marxism that stands at the crossroad of Anglo-Saxon analytical philosophy, neoclassical economics and (partly) Marxian research agenda. Its most distinctive feature is its *method*, the deployment of both neoclassical economics' mathematical modelling and analytical political moral philosophy's reliance on formal logic. Embracing the epistemological foundation of the mainstream social sciences [such as rational choice theory and game theory, die Verf.] and ›analytical‹ reasoning, AM rejects dialectical materialism, distancing itself from traditional forms of Marxism, attempting ›to reconstruct Marxism upon methodological foundation previously assumed antithetical to the Marxist tradition‹ (Roberts, 1996: ix).« (Buffo 2012: 16)[10]

---

development of RCM [Rational Choice Marxism, die Verf.], and the excesses of its anti-humanism.« (Buffo 2012: 19)

[10] Der eigentliche Begründer des Analytischen Marxismus ist offenbar Gerald Cohen: »The Publication in 1978 of G. A. Cohen's Karl Marx's Theory of History: A Defence, with second edition in 2000, are commonly defined as its founding stone. Cohen set about defending and reconstructing historical materialism through the techniques of analytical philosophy, purposefully respecting two constraints ›what Marx wrote‹ and ›the standards of clarity and rigour‹ which distinguishes twentieth-century analytical philosophy (Cohen 2000: ix). [...] Cohen's ›defence‹ initiated a search for alternative foundations for Marxian theory, and a dissociation from those of ›traditional‹ Marxism, that gained momentum first through the work of the [the economist, die Verf.] John Roemer and [the social scientist, die Verf.] Jon Elster, and later through a group of like-minded researchers under the umbrella of their ›September Group‹ and the motto ›Marxismus sine stercore tauri‹ (Roemer, 1988, p. viii) – that is, ›bullshit-free Marxism‹ – hinting at the denial of dialectics characteristics of the group.« (ibid.: 16)

John Roemers viel beachtetes und einflussreiches Buch *Analytical Foundations of Marxist Economics* (1981) stellt den einzigen Versuch innerhalb der marxistischen Ökonomik dar, eine umfassende und konsistente Formalisierung der marxschen Ökonomik zu bieten, die mit dem Apparat der Neoklassik vergleichbar ist. Dieses Unternehmen ist vermutlich durch das Werk von Pierro Sraffa (1898–1983) inspiriert worden. Sraffa hat den Ansatz von Ricardo, als dessen Schüler sich Marx verstanden hat, formalisiert.[11]

Der Analytische Marxismus wird in der deutschen Diskussion allenfalls am Rande wahrgenommen, stößt aber dort auf massive Vorbehalte, weil er mit dem methodischen Prinzip des methodologischen Individualismus der modernen Ökonomik operiert.

1.3 Inhaltsangabe

Im folgenden Kapitel 2 erläutern wir, warum es so schwierig ist, das Werk von Karl Marx zu verstehen. In Kapitel 3 stellen wir den Einfluss Hegels auf Marx dar, zeigen seine philosophische Stellung in der nachhegelianischen Epoche und wie er sich von Hegel unterscheidet. Danach wenden wir uns in Kapitel 4 dem historischen Materialismus zu. Dabei erläutern wir die zentralen Begriffe *Produktivkräfte*, *Produktionsverhältnisse* und *Produktionsweise*. In Kapitel 5 stellen wir Marx' Antwort auf die Frage »Was ist Wirtschaft?« dar und damit die Grundzüge seiner Sicht der Wirtschaft. Marx gibt uns eine Kritik der Politischen Ökonomie. Marx' Kritik der Politischen Ökonomie will

---

[11] »[W]ith [...] its emphasis on modelling to construct a theory of production, Sraffianism instrumentally paved the way for more formalism, thus setting the origin and continuing character of the more heterodoxy towards more affinity with the mainstream. Not surprisingly, some see Sraffa as a precursor of AM (Bertram, 2008, p. 123, note 1).« (Buffo 2012: 17) – Eine knappe Darstellung des Buches von Sraffa (1960) und seiner Resonanz in der Literatur gibt Faber (1980).

aber darüber hinaus eine erklärende Theorie der modernen Wirtschaft sein, die sich zugleich in den Dienst einer revolutionären Veränderung der Welt stellt. In Kapitel 6 erläutern wir Grundlegendes zu Marx' Theorie der Wirtschaft. In Kapitel 7 beschreiben wir Marx' Analyse der kapitalistischen Produktionsweise zuerst in der warentauschenden und dann in der kapitalistischen Gesellschaft. Dabei zeigt sich, dass eine der wesentlichen Schwierigkeiten der Rezeption der marxschen Theorie in der Unmöglichkeit liegt, ökonomische Analyse, soziologische Betrachtung und philosophische Begriffskritik voneinander zu trennen. Wir stellen ausführlich Marx' Theorie des Geldes dar. Wir gehen ein auf Marx' Anspruch, den Ursprung des Profits erklärt zu haben, und diskutieren seine Auffassung von Gerechtigkeit. Schließlich behandeln wir den kapitalistischen Verwertungsprozess in der Produktion und das Konzept des Mehrwertes. In Kapitel 8 erläutern wir Marx' Arbeitswertlehre und das daraus sich ergebende *Transformationsproblem*, die Erklärung der Preise der Güter durch ihre Arbeitswerte. Wir nennen die Bedingungen, unter denen dieses Problem lösbar ist. Wir behandeln ebenfalls das Gesetz des *tendenziellen Falles der Profitrate*. Weiter fragen wir, inwieweit Marx bereits die Bedeutung von Umwelt- und Rohstoffproblemen erkannt hat und ob sich daraus Einsichten in den Zusammenhang ergeben, in dem diese Probleme mit der von Marx diagnostizierten Dynamik des kapitalistischen Systems stehen. In Kapitel 9 untersuchen wir den Zusammenhang zwischen der Arbeitswertlehre, der Einkommensverteilung und Marx' Theorie von Politik und Staat. In Kapitel 10 geben wir am Schluss von Teil 1 ein erstes Zwischenfazit.

In Teil 2 werden wir auf die philosophischen Quellen eingehen, denen Marx wichtige Gedanken und Motive entnimmt. Wir werden zunächst Aristoteles, Thomas Hobbes, John Locke, Jean-Jacques Rousseau und Adam Smith in den Kapiteln 11 bis 17 behandeln. Die Autoren, die wir dort vorstellen, werden wir nur unter dem Gesichtspunkt diskutieren, was sie zu einer Theorie der Ökonomie beitragen.

Das ausführlichste Kapitel des Teils 2, Kapitel 17, wird sich Hegels Auffassung der Wirtschaft widmen. Hegel ist unter den neuzeitlichen Philosophen wohl derjenige, der neben Smith am meisten zur Wirtschaft zu sagen hat und der vor allem eine systematische philosophische Theorie der Wirtschaft entwickelt.

In der Konfrontation mit Hegel zeigen sich weniger spezifische Defizite des marxschen Ansatzes. Vielmehr zeigt sich darin, dass man bei einer ähnlich kritischen Diagnose der modernen Wirtschaft zu anderen, gut begründeten Schlussfolgerungen kommen kann. In Teil 3 werden wir auf Aspekte des gegenwärtigen Unbehagens am Kapitalismus und die Macht der Politik eingehen. Der Gegenstand des Kapitels 18 ist die Finanzkrise von 2008, in der sich einerseits Defizite der marxschen Kapitalanalyse und andererseits ein erheblicher Einfluss der Politik erkennen lassen. Thema der folgenden Kapitel 19 und 20 sind Forschungen von Thomas Piketty und Fernand Braudel, die beide auf je eigene Weise an Marx anknüpfen, jedoch in Bezug zur Politik zu anderen Schlussfolgerungen kommen. Braudel gelangt darüber hinaus zu einem Verständnis des Kapitalismus, das in zentralen Punkten dem marxschen entgegengesetzt ist. Kapitel 21 fragt vor diesem Hintergrund, ob der Ansatz Hegels nicht eine tragfähige Alternative zur marxschen Auffassung darstellt, und Kapitel 22 versucht eine Einschätzung der Grenzen und der Möglichkeiten der Politik angesichts moderner Marktwirtschaften. Teil 4, Kapitel 23, schließt mit einem Fazit der marxschen Leistungen.

2. Die Schwierigkeit zu verstehen, was Marx will

Jede Kritik der modernen Marktwirtschaft muss sich mit der Position von Karl Marx auseinandersetzen. Marx ist ohne Zweifel, was seine Wirkung und seinen Einfluss angeht, deren wichtigster Kritiker. So liegt es in der Öffentlichkeit offenbar nahe, jede Kritik des Kapitalismus irgendwie mit Marx in Verbindung zu bringen. Im Jahr 2005 kritisierte der damalige Vorsitzende der SPD, Franz Müntefering, in publikumswirksamer Weise die Praxis von Private-Equity-Unternehmen; solche Firmen kaufen Unternehmen auf, restrukturieren sie, um sie gewinnbringend zu veräußern. Dabei gehen meistens Arbeitsplätze in den betreffenden Unternehmen verloren. Müntefering nannte dieses Tun moralisch anstößig und brandmarkte die Private-Equity Firmen als »Heuschrecken«. Die Tageszeitung *Welt am Sonntag* parodierte in einer Karikatur den Zeitungskopf der sowjetischen *Prawda*, in dem sie den Profilen von Marx, Engels und Lenin noch das von Müntefering hinzufügte.

Diese Episode zeigt einerseits die immer noch große, wenn auch untergründige Popularität von Marx. Andererseits offenbart sie ein vollkommenes Missverständnis seiner Theorie. Marx hätte kaum jemals Unternehmer oder deren Akteure als unmoralisch kritisiert, und am Treiben der Private-Equity-Unternehmen hätte er vermutlich nichts Ungewöhnliches gefunden. Man darf vielmehr annehmen, dass er deren Tun sogar begrüßt hätte, weil das aus seiner Sicht schneller zum Zusammenbruch des kapitalistischen Systems geführt hätte. Denn Marx hätte darin nur die Dynamik der kapitalistischen Entwicklung gesehen, die er im *Manifest der Kommunistischen Partei* unverhohlen bewunderte.

An solch typischen Missverständnissen seiner eigenen Position ist Marx allerdings nicht unschuldig. Das Werk von Marx zu erschließen, ist nicht leicht. Und das liegt vor allem an dessen Vielschichtigkeit. Denn Marx neigt charakteristischerweise dazu, ganz unterschiedliche Elemente, die sogar zuweilen im Widerspruch zueinander stehen, miteinander zu verbinden oder zu verquicken. Das stößt indessen den Leser[12] nicht nur ab, sondern macht Marx im Gegenteil gerade attraktiv. Das Verwirrende der marxschen Kombinationen kann leicht als Tiefgründigkeit und Zeugnis tiefer Einsicht erscheinen, und im Einzelfall ist

---

[12] Wenn wir »Leser« schreiben, ist immer »Leser« und »Leserin« gemeint. Wir verwenden generische Ausdrücke geschlechtsneutral.

es oft schwer zu entscheiden, ob man es mit einem vorschnellen Urteil oder einer wirklichen Erkenntnis zu tun hat.

Das herausragende Beispiel für Marx' Doppelgesichtigkeit ist die Verbindung von kühler wissenschaftlicher Analyse und religiös gefärbter politischer Agitation. Gerade diese Kombination hat Marx für Viele unwiderstehlich gemacht: »Aber im Kleid des Analytikers zu predigen und mit einem Blick auf die Herzen zu analysieren, dies schuf eine leidenschaftliche Anhängerschaft und gab den Marxisten jenes größte Geschenk, das in der Überzeugung besteht, dass das, was man ist und wofür man einsteht, niemals unterliegen, sondern am Ende siegreich sein wird.« (Schumpeter, 1980: 21)[13] Was wir bei Marx sehen, ist eine Verbindung von Prophetie und wissenschaftlicher Analyse, die deshalb so wirkungsvoll ist, weil sie suggeriert, die künftige Erfüllung der Prophezeiung auch noch wissenschaftlich beweisen zu können. So sagt Marx im *Manifest der Kommunistischen Partei* den endgültigen Sieg des Proletariats über die Bourgeoisie als ein »notwendig« eintretendes Ereignis voraus. Diese Voraussage wird im 1. Band des *Kapital* wiederholt (MEW 23: 791), doch wie der Marx durchaus gewogene Megnad Desai (2002) konstatiert, bieten die tatsächlichen ökonomischen Analysen in diesem Buch für solche Voraussagen überhaupt keine Grundlage.

Weitere Beispiele für eine Verbindung ganz heterogener Elemente finden sich leicht. So weiß man insbesondere in den ersten Kapiteln des 1. Bandes des *Kapital* oft nicht, ob man es mit einer wirtschaftswissenschaftlichen Analyse oder einem philosophischen Text zu tun hat. Oder: Jon Elster, der Marx ebenfalls mit Sympathie begegnet (1986: Kapitel 2), hat bemerkt, dass Marx diametral entgegengesetzte Erklärungsansätze nebeneinander verwendet. So findet sich ein Verfahren, das

---

[13] Zu Marx' Ton bemerkt Schumpeter (1980: 44): »Überdies ist das harte Metall der Wirtschaftstheorie in Marxens Büchern in solch einen Reichtum dampfender Phrasen eingetaucht, dass es eine ihm von Natur aus nicht eigene Temperatur erreicht.«

heute in den Wirtschaftswissenschaften als methodologischer Individualismus bezeichnet wird, neben funktionalistischen oder »holistischen« Erklärungen, in denen z. B. die Kapitalakkumulation aus dem Begriff des Wertes abgeleitet wird. Ähnliches beobachtet Elster auch an Marx' Auffassung von Geschichte: »Marx had both an empirical theory of history and a speculative philosophy of history.« (ibid.: 103) Infolgedessen weiß man oft nicht, ob man es bei dem marxschen »historischen Materialismus« mit einer analytischen Geschichtstheorie oder einer Version der »Weltgeschichte als Heilsgeschehen« (Löwith 1979) zu tun hat. Wir werden sehen, wie Marx in der Theorie der kapitalistischen Marktwirtschaft eine qualitativ soziologische und eine quantitativ ökonomische Analyse in verwirrender Weise durcheinander führt. Man fragt sich also, mit was für einem Unternehmen man es hier zu tun hat: Ist es eine wissenschaftliche Analyse der modernen Wirtschaft oder eine philosophische Beschreibung, wie sie uns etwa Hegel gibt? Es ist aber – jedenfalls in Marx' eigener Ansicht der Sache – weder das eine noch das andere, es ist eine Transformation von Philosophie und Wissenschaft, der Versuch, etwas ganz Neues, noch nie Dagewesenes zu entwickeln.[14]

Der Ursprung dieses Neuen ist jedoch die Philosophie. Marx' Haltung zur Philosophie drückt am besten seine 11. These über Feuerbach aus: »Die Philosophen haben die Welt nur verschieden interpretiert, es kömmt drauf an, sie zu verändern.« (MEW 3: 7; vgl. Fetscher 1966.I: 141) Dieser Satz ist programmatisch für Marx' ganzes Unternehmen. Marx war der Auffassung, dass die Philosophie als eine Interpretation der Wirklichkeit mit Hegel zu einem Höhepunkt und gleichzeitig zu einem Abschluss gelangt war. Hegel hatte die Wirklichkeit gerade als Vernünftiges erkennen wollen, er hatte in ihr Tendenzen ge-

---

[14] So urteilt etwa Berlin (1963/1971: 320) »Das Ergebnis war ein merkwürdiges Gemisch aus ökonomischer Theorie, Geschichte, Soziologie und Propaganda, das sich in keine der anerkannten Kategorien einordnen läßt.«

sehen, die am Werke waren, sich aber noch nicht vollständig realisiert hatten. Marx zieht daraus den Schluss, dass sich die Philosophie transformieren müsse in ein Tun, das diese Tendenzen befördert und ihnen zum Durchbruch verhilft. Das aber heißt, dass sich die Philosophie in ein Verändern der Wirklichkeit transformieren muss. Die Wirklichkeit verändern können wir aber nur, wenn wir sie wissenschaftlich begreifen und durchdringen. Weil Marx der Auffassung ist, die Grundstruktur der Wirklichkeit, d. h. der sozialen Wirklichkeit des Menschen sei das Ökonomische, erhält nun die Wissenschaft von diesem Ökonomischen, nämlich die Politische Ökonomie, in der marxschen Transformation der Philosophie eine Schlüsselstellung. Die Welt verändern, heißt also zuerst, wirtschaftswissenschaftliche Forschung zu betreiben. Deshalb hat Marx sich nicht mehr als einen Philosophen verstanden, sondern sein Hauptwerk, *Das Kapital*, als Beitrag zur Politischen Ökonomie aufgefasst. Doch dieser Beitrag zur Wissenschaft ist gleichsam philosophisch überdeterminiert. Wir möchten zwei wichtige Aspekte dieser Überdetermination nennen:

1. Marx stellt die Ökonomik in den Dienst einer fundamentalen Veränderung der Wirklichkeit. Es handelt sich dabei aber um etwas ganz anderes als um angewandte Wissenschaft, die immer nur punktuelle Verbesserungen eines gegebenen Zustands herbeiführen kann. Wir haben oben gesagt, dass diese Veränderung der Welt von Marx gleichsam als das Testament der Philosophie angesehen wird. So könnte man sagen, dass Marx die Ökonomik zu einem Testamentsvollstrecker der Philosophie macht.

2. Marx nähert sich der Ökonomik als akademisch gebildeter Philosoph. Ein großer Teil seiner ökonomischen Forschung bezieht sich auf bereits vorhandene ökonomische Theorien; diese unterwirft er seiner Kritik. Er will zu wissenschaftlichem Fortschritt gelangen, indem er in diesen Theorien immanente Widersprüche aufdeckt, ungelösten Fragen nachgeht und dann diese Widersprüche auflöst und so zu Antworten auf diese ungelösten Fragen kommt. Der Untertitel des *Kapital*, *Kritik der*

Politischen Ökonomie, hat so einen Doppelsinn: Er meint zum einen eine kritische Beurteilung der realen (der kapitalistischen) Ökonomie und zum anderen eine Kritik der Wissenschaft, die sich mit der realen Wirtschaft beschäftigt.

Was will Marx also? Er will einerseits eine einheitliche Gesellschaftswissenschaft entwickeln, in die die Philosophie transformiert wird. Andererseits will er die Revolutionierung der Gesellschaft. Die neue philosophisch imprägnierte Gesellschaftswissenschaft soll dazu ein Vehikel sein.

Die Größe der Aufgaben, die Marx sich gestellt hat, hat etwas Herkulisches:

- eine neue Theorie der Ökonomie, die wichtige Elemente der praktischen Philosophie aufnimmt,
- eine Theorie der geschichtlichen Entwicklung,
- eine soziologische Theorie der Klassen, des Wissens und Bewusstseins sowie
- ein Konzept der Ideologie.

Dabei wirken seine Bemühungen aber oft vergeblich; das ist vielleicht am deutlichsten in der Ökonomik zu erkennen, wo Marx mit ungeheurem Aufwand immer wieder versucht, auf der Basis von Arbeitswerten eine Preistheorie zu entwickeln, ohne dass dies wirklich überzeugen kann. Das lässt Marx weniger dem Herakles als eher dem Sisyphos gleichen. Vieles wirkt bei Marx überdies nur angestoßen oder skizziert, viele seiner Überlegungen kommen über Ansätze nicht hinaus. Selbst wohlgesonnene Interpreten wie Jon Elster und John Roemer (1988: 2, 7) bekunden ihr Erschrecken über Marx' mangelnde Sorge um argumentative Konsistenz:

»Marx's intellectual energy was not matched by a comparable level of intellectual discipline. His intellectual profile is a complex blend of relentless search for truth, wishful thinking, and polemic intent.« (Elster 1986: 2)

»As always when reading Marx, one is struck by admiration for the brilliance of his intellect and dumbfounded by his lack for consistency.« (ibid.: 138)

»His utopian attitude and lack of intellectual control prevented him from carrying out the theoretical and practical tasks he had set for himself, but without these qualities he would not even have tried. He suffered the cost; we are the beneficiaries.« (ibid.: 200)

Mit dieser Physiognomie des marxschen Werkes geht einher, dass Marx sehr häufig Erwartungen weckt, die er nicht einlöst. So gilt für Vieles, was Marx geschrieben hat, das, was Desai (2002: 38) über Marx' frühe Kritik der hegelschen *Rechtsphilosophie* sagt: »On his marriage to Jenny von Westphalia, he managed to write his first major work, but like many of his other works, it was unpublished in his lifetime: a critique of Hegel's *Philosophy of Right*, the Master's last complete publication. It is a fragment, but Marx had promised his friends an earth-shattering critique of Hegel that would settle scores once and for all. And as often in his later life, he promised more than he could deliver.«

Bei all dieser Kritik sollten wir aber nicht vergessen, dass wir, wie Elster sagt, tatsächlich »beneficiaries« sind. Marx hatte profunde Einsichten in die dynamische Natur der kapitalistischen Wirtschaft und den Charakter der dort herrschenden Abhängigkeitsverhältnisse erlangt.

Schließlich noch eine Bemerkung: Wir nehmen in unserer Darstellung bewusst Wiederholungen in Kauf, um den marxschen Positionen, den Schwierigkeiten und der Vielschichtigkeit sowie dem Facettenreichtum seines Werkes besser gerecht zu werden.

3. Marx und Hegel

Wir haben anfangs auf Marx' besondere Stellung zu Hegel hingewiesen. Hegels Philosophie ist eines der anspruchsvollsten Unternehmen der Philosophiegeschichte; denn er hat nicht weniger versucht, als das Ganze des philosophischen Wissens in einem System darzustellen, und zwar in einem Kreis, in dem der Gang der Argumentation ihren (unvermittelten und unmittelbaren) Anfang wieder einholt und nachträglich begründet. Er hat dieses System daher in einer *Enzyklopädie* [von griechisch *kyklos*, Kreis, die Verf.] *der philosophischen Wissenschaften* dargestellt. Auf dieses Unternehmen können und müssen wir hier nicht näher eingehen, zumal Marx mit Hegel nicht auf dieser Ebene konkurriert oder an ihn anknüpfen wollte.

Wenn Marx sich explizit auf Hegel bezieht, so ist auch dies – wie vieles bei ihm – immer von Polemik gefärbt. Denn Marx versucht stets, sich von Hegel abzugrenzen. Auch hierauf wollen wir an dieser Stelle nicht näher eingehen, wollen jedoch bemerken, dass uns diese Abgrenzungen häufig irreführend erscheinen – so wie z. B. die Abgrenzung des marxschen »Materialismus« von Hegels »Idealismus«[15], einer Opposition, die alles andere als klar ist (s. u. Kapitel 4). Die wirklichen Differenzen zwischen Marx und Hegel bestehen oft in anderen wichtigen Punkten, die Marx nicht explizit thematisiert – so z. B. in der Einschätzung der modernen Wirtschaft.

Georg Wilhelm Friedrich Hegel ist ohne Zweifel ein bedeutender, wenn auch umstrittener Philosoph, der um 1830 die zeitgenössische Philosophie in Deutschland weitgehend dominiert hat. Diese Dominanz ging so weit, dass sich nach seinem Tod im Jahre 1831 die Philosophen in Links- und Rechtshegelianer gruppierten. Auch Marx war von der Größe Hegels überzeugt. Nach seiner Auffassung war die ganze bisherige Philosophie in Hegels Lehre zu einer vollendeten Gestalt gekommen, so dass, wenn Marx von Philosophie spricht, er meistens Hegel meint.

Zwei Aspekte der hegelschen Philosophie wollen wir hervorheben, die für Marx besonders bedeutsam sind, nämlich erstens die »dialektische Methode« (MEW 23: 27) und zweitens Hegels Geschichtsphilosophie.

---

[15] Marx bemerkt etwa in einem Brief an Ludwig Kugelmann vom 6.3.1868, »daß meine Entwicklungsmethode *nicht* die Hegelsche ist, da ich Materialist, Hegel Idealist.« (Marx/Engels 1954: 159)

3.1 Dialektik

Im Nachwort zur 2. Auflage des *Kapital* bezeichnet Marx sein eigenes Verfahren in diesem Buch als eine »Anwendung« der »dialektischen Methode«, die Hegel »zuerst in umfassender und bewußter Weise dargestellt hat« (ibid.). Zwar habe die »Dialektik in Hegels Händen« eine »Mystifikation« erlitten, doch müsse man von Hegel sagen, »daß er ihre [der Dialektik] allgemeinen Bewegungsformen in umfassender und bewußter Weise dargestellt hat« (ibid.). Worin besteht nun diese »dialektische Methode«? Vor allem in der marxistischen Tradition sind zur Erläuterung dieser Methode eine Reihe simpler, wenn auch griffiger Formeln in Umlauf gebracht worden. Wenn es schon nicht die notorische Trias von »These – Antithese – Synthese« ist, dann doch solche wie der »Umschlag von Quantität in Qualität« (MEW 20: 111 ff.) oder die »Negation der Negation« (MEW 20: 120 ff.). In seinem »*Anti-Dühring*« stellt Friedrich Engels die Dialektik dem »metaphysischen Denken« gegenüber. Dieses sei ein Denken in festen »unvermittelten Gegensätzen« (MEW 20: 21). Für den »Metaphysiker« »existiert ein Ding entweder, oder es existiert nicht: ein Ding kann ebenso wenig zugleich es selbst und ein anderes sein« (ibid.). Dieses »metaphysische Denken« ist für Engels freilich nur das Denken des »sogenannten gesunden Menschenverstandes«; es ist ein statisches Denken, das zugleich alle Bestimmungen und Begriffe, deren es sich bedient, voneinander isoliert. Dagegen ist die Dialektik dynamisch, insofern sie nämlich »die Dinge und ihre begrifflichen Abbilder wesentlich in ihrem Zusammenhang, ihrer Verkettung, ihrer Bewegung, ihrem Entstehn und Vergehn auffaßt« (MEW 20: 22). Formulierungen wie diese mögen Karl Popper zu der Ansicht geführt haben, die Dialektik sei schlicht eine Lehre, nach der »Alles mit Allem zusammenhängt«.[16]

---

[16] Elster (1986: 38–39) diskutiert unter dem Titel *Dialectics* eine Reihe durchaus heterogener Grundsätze des marxschen Verfahrens, darunter die Theorie »sozialer Widersprüche« und »the analysis of the structure

Was Marx an der zitierten Stelle des Nachworts zum *Kapital* über die Dialektik sagt, unterscheidet sich nicht wesentlich von den Auskünften, welche Engels im »*Anti-Dühring*« gibt. Auch für ihn scheint es das Wesentliche der Dialektik, daß sie »jede gewordene Form im Flusse der Bewegung, also auch nach ihrer vergänglichen Seite auffaßt« (MEW 23: 28). Das aber, was Marx tatsächlich tut und von Hegel übernimmt, ist etwas anderes als die »Anwendung« der von Engels zusammengestellten Formeln. Es ist eine Eigentümlichkeit des hegelschen Denkens, die Hegel jedoch niemals als eine »dialektische Methode« bezeichnet hat.

Das, worauf Marx mit dem Begriff »dialektische Methode« anspielt, ist etwas, das Hegel für einen Grundzug des Denkens überhaupt hält. Über diesen Grundzug des Denkens gibt Hegel zu Beginn seiner *Enzyklopädie der philosophischen Wissenschaften* Auskunft, wenn er »das Logische«, also das, was das Denken als Denken charakterisiert, erläutert: »Das *Logische* hat der Form nach drei Seiten: 1) *die abstrakte* oder *verständige,* 2) *die dialektische* oder *negativ-vernünftige,* 3) *die spekulative* oder *positiv-vernünftige.*« (§79; Hegel 1969.8: 168) Damit ist gemeint, dass das Denken Bestimmungen oder Begriffe findet, die es zunächst als feste Bestimmungen nimmt, voneinander unterscheidet und festzuhalten sucht. Die »*abstrakte* oder *verständige*« Seite des Denkens wäre damit in etwa das, was Engels (s. o.) das »metaphysische Denken« nennt. Nun aber, so Hegel, »gehen« diese festen Bestimmungen in die ihnen »entgegengesetzten« über oder »schlagen« in sie »um« (§81; Hegel 1969.8: 172). Das ist für Hegel das Dialektische. So zeigt Hegel, dass wir so etwas wie *Identität* nur denken können, wenn wir

---

of unintended consequences«, die Marx zu einem »precision tool for the study of social change« entwickelt habe. Daneben steht die *dialectical deduction,* der Elster freilich mit Skepsis begegnet: In dieser dialektischen Deduktion »Marx attempts to deduce the main economic categories from one another in a manner inspired by Hegel's procedure in *The Science of Logic*«. Elster behauptet indessen nicht, dass dies alles eine einheitliche »dialektische Methode« ergäbe.

zugleich und in einem damit auch deren Gegenteil, den *Unterschied* oder die *Differenz*, denken (§§ 115, 116; Hegel 1969.8: 236–239). Das ist die dialektische Seite des Denkens, wobei nun die dritte, *spekulative* oder *positiv-vernünftige* Seite des Denkens darin besteht, daß es den Widerspruch oder die einander entgegengesetzten Bestimmungen, in die es in der Dialektik gerät, wiederum in einer höheren oder komplexeren Einheit zusammendenkt; hierin fasst das Denken »die Einheit der Bestimmungen in ihrer Entgegensetzung auf« (§ 82; Hegel 1969.8: 176). Wollte Hegel nun sein Denken mit einem Wort charakterisieren, so würde er es nicht als dialektisch, sondern vielmehr als spekulativ bezeichnen; gleichwohl dominiert das dialektische Moment in manchen Passagen seines Werks, wie wir es auch in Kapitel 17, Abschnitten 17.2 bis 17.4 an seiner Darstellung der modernen Wirtschaft sehen werden. Und es ist dieser Zug des hegelschen Denkens, den wir auch bei Marx wiederfinden werden, und diesen Zug deutet Marx selbst an, wenn er im zitierten Nachwort zum *Kapital* einräumt, »hier und da im Kapitel über die Werttheorie mit der ihm [Hegel, die Verf.] eigentümlichen Ausdrucksweise« »kokettiert« zu haben (MEW 23: 28).[17]

3.2 Geschichtsphilosophie

Die Geschichtsphilosophie ist ein neuzeitliches Phänomen. Weder die Antike noch das Mittelalter kannten eine Philosophie der Weltgeschichte. Denn gegenüber der beständigen und geordneten Welt der Natur ist die Welt der Geschichte eine Sphäre der Veränderung, die nicht von der Notwendigkeit, sondern von der Zufälligkeit beherrscht wird; die Geschichte erscheint

---

[17] Löwith (1978: 106) bemerkt: »Wie sehr er [sc. Marx] an Hegel geschult ist, zeigen aber weniger seine durch Feuerbach beeinflussten Frühschriften, die sich unmittelbar auf Hegel beziehen, als vielmehr das ›Kapital‹, dessen Analysen, trotz ihrer inhaltlichen Entferntheit von Hegel, nicht denkbar sind ohne die Einverleibung von Hegels Art, ein Phänomen zum Begriff zu bringen.«

auf den ersten Blick als ein Chaos unterschiedlicher und gegensätzlicher Taten, Absichten und Zwecke. Dieses Chaos widersetzt sich dem denkenden Zugriff; als »ein Gewebe von Unsinn für den höhern Denker« hat Goethe es bezeichnet, dem die Arbeit des Historikers als ein »Mischmasch von Irrtum und Gewalt« galt (vgl. Löwith 1978: 247).

Für Goethe hat die Weltgeschichte als solche keinen Sinn. Ist das aber so, dann ist eine *Philosophie* der Weltgeschichte ein Ding der Unmöglichkeit, denn die Philosophie kann sich nur mit Dingen befassen, die einen solchen Sinn haben. Für Hegel liegt der Sinn der Geschichte darin, dass Vernunft in ihr ist: »Der einzige Gedanke, den die Philosophie mitbringt, ist aber der einfache Gedanke der Vernunft, daß die Vernunft die Welt beherrsche, daß es also auch in der Weltgeschichte vernünftig zugegangen sei. Diese Überzeugung und Einsicht ist eine Voraussetzung in Ansehung der Geschichte überhaupt.« (Hegel 1969.12: 20) Was vernünftig ist, das ist in irgendeiner Weise geordnet und oft auf einen Zweck bezogen, und Hegel behauptet tatsächlich einen solchen »Endzweck [...], worauf in der Weltgeschichte hingearbeitet worden« (Hegel 1969.12: 33) ist. Einen »Endzweck« in einem Gewirr von entgegengesetzten Absichten und Taten zu erkennen, ist eine Herausforderung für das spekulative Denken, das »die Einheit der Bestimmungen in ihrer Entgegensetzung auffaßt«. Die Einheit ist hier der »Endzweck« der Geschichte oder der »Fortschritt im Bewußtsein der Freiheit«, den die *Philosophie* der Weltgeschichte noch in deren verworrensten Ereignissen erkennen soll.

Woher kommt dieser Gedanke eines Sinns oder Endzwecks der Geschichte? In seiner Studie *Weltgeschichte und Heilsgeschehen* hat Karl Löwith (1979) die These vertreten, dass die moderne und neuzeitliche Geschichtsphilosophie eine säkularisierte Heilsgeschichte sei, also eine weltliche Version der Idee, dass es Gott der Herr ist, der die Geschichte nach einem verborgenen Plan lenkt und darin seine Erwählten zum ewigen Heil führt. Hegel bezeugt dieser Idee wenigstens seine Reverenz (Hegel 1969.12: 327 f.). Löwiths These, die Geschichtsphilosophie – insbesondere diejenige Hegels – sei letztlich nur eine modifizierte verkappte christliche Heilsgeschichte, ist in der Literatur umstritten.[18] Diese Frage muss uns hier aber auch nicht beschäftigen, aber immerhin kann man die Idee der christlichen Heilsgeschichte als ein Modell dafür nehmen, was man unter einer mit Sinn erfüllten Weltgeschichte verstehen kann.

Zunächst einmal ist Hegels Philosophie der Weltgeschichte für Marx in methodischer Hinsicht von Bedeutung, nämlich was das Verhältnis der Ziele und Absichten der Handelnden zum Sinn des Geschehens betrifft, das sich aus ihrem Handeln ergibt.

Methodisches zur Geschichtsphilosophie

Es ist ein Gemeinplatz der Historie, dass die wirkliche Bedeutung geschichtlicher Prozesse nur selten mit den Absichten und Zwecken der darin Handelnden übereinstimmt. Man kann die Zeit zwischen 1350 und 1800 in Europa als die Epoche der Entstehung des Nationalstaates bezeichnen, ohne damit zu unterstellen, die Verwirklichung des Nationalstaates sei das Ziel der zentralen Akteure in dieser Zeit gewesen; diese Akteure wollten in der Regel vielmehr meist etwas anderes. Über solche Einsichten geht Hegel jedoch noch hinaus, wenn er von einem Sinn und Endzweck der Geschichte spricht. Hegel nennt die Geschichte die »Tat« des Geistes (Hegel 1969.7: 504; *Rechtsphilosophie* §343) bzw. des »Weltgeistes« (506; §348). Nur in diesem allgemeinen Weltgeist liegt daher zunächst dieser Zweck, und allein die Philosophie vermag diesen Zweck einzusehen, während er für die handelnden Individuen »verborgen und nicht Objekt und Zweck« ist (ibid.). Die Individuen sind also Agenten eines Geistes, der zwar ein Geist in ihnen selbst ist (etwa in dem Sinne, in dem man etwa von einem »Geist der Zeiten« spricht), aber doch etwas von ihrem individuellen Bewusstsein Verschiedenes ist.

Hegels Philosophie der Weltgeschichte bietet somit ein

---

[18] Eine andere Sicht der Dinge als Löwith entwickelt etwa Fulda (2003).

Muster dessen, was Karl Popper (1971: 14–16) und Jon Elster (1986: 22) eine »ganzheitliche« oder holistische Deutung bzw. Erklärung sozialer Phänomene nennen. Danach lassen sich diese Phänomene in keiner Weise von den Absichten und Handlungen der Individuen her deuten oder erklären, sondern nur aus einem davon verschiedenen, umfassenden Prinzip oder einer umfassenden Entität. Der Gegenbegriff zu einer holistischen Deutung bzw. Erklärung ist der methodologische Individualismus, der soziale Phänomene auf individuelle Handlungen zurückführt – was indessen nicht heißt, dass das jeweilige Phänomen bewusst von den Individuen herbeigeführt würde. Ein Beispiel einer methodologisch individualistischen Erklärung ist Adam Smiths Figur der unsichtbaren Hand, durch die individueller Eigennutz allgemeinen Wohlstand produziert. Diese Produktion geschieht zwar unbeabsichtigt; doch um diesen Zusammenhang zu verstehen, muss man nicht auf ein von den individuellen Handlungen und Absichten verschiedenes Prinzip zurückgreifen.

Wir werden jedoch in Kapitel 7, Abschnitt 7.4, sehen, dass Marx bei der Exposition des Kapitalbegriffs nicht nur auf methodologisch individualistische Erklärungen wie Smith, sondern auch auf holistische Deutungen (Ben Fine und Alfredo Saad-Filho 2012: 3) à la Hegel zurückgreift.

Hegel und die »Vernunft in der Geschichte«

Hegels Geschichtsphilosophie ist für Marx freilich nicht nur in methodischer Hinsicht von Bedeutung. Denn Hegel hat als Erster die Geschichte als einen Gegenstand eines eigentlichen philosophischen Interesses begriffen, und daran schließt Marx an, indem er Hegel zugleich weit überbietet: »Wir kennen nur eine einzige Wissenschaft, die Wissenschaft der Geschichte.« So heißt es zu Beginn der *Deutschen Ideologie* (MEW 3: 18). Die Wissenschaft der Geschichte ist, wie Löwith (1990: 205) bemerkt, »für Marx die einzige Wissenschaft, weil sie [sc. die Geschichte] die alles umfassende Offenbarung des Menschenwesens ist«. Hier steht Marx offensichtlich unter Hegels Einfluss, denn eine Offenbarung ist die Geschichte in gewissem Sinn auch für Hegel. Manche, darunter Marx selbst, halten daher die marxsche »Wissenschaft der Geschichte« für eine konsequente Fortentwicklung der Philosophie der Geschichte Hegels. Doch die Sache ist komplizierter. Um das deutlich zu machen, müssen wir zunächst auf Hegels Philosophie der Geschichte näher eingehen.

Wie schon erwähnt, hat Hegel Vorlesungen über die Philosophie der Geschichte gehalten und darin erklärt, eine Philosophie der Geschichte sei nur insofern möglich als Vernunft in der Geschichte sei, »daß die Vernunft die Welt beherrsche, daß es also auch in der Weltgeschichte vernünftig zugegangen sei« (Hegel 1969.12: 20). Diese Aussage ist erläuterungsbedürftig, denn sie setzt das von Kant entwickelte Vernunftverständnis voraus.

Vor Kant war die Vernunft vor allem als ein Vermögen, richtige Schlüsse zu ziehen, begriffen worden. So ist für Hobbes die Vernunft ein Mittel, das uns gestattet, die Zwecke besser zu erreichen, die uns unsere Natur vorgibt. Wir werden also eher angenehm und sicher leben können, wenn wir unsere Vernunft gebrauchen. Die Vernunft ist in dieser Perspektive abhängig von unseren jeweiligen Zielen, die ganz unterschiedlich sein können, z. B. gut oder böse. Deswegen hat Luther gegen die »Hure Vernunft« polemisiert,[19] die jedermann zu willen sei. Jedoch hat Luther bereits gesehen, dass die Vernunft auch »Herrin« sein will,[20] und Kant hat es dann unternommen zu zeigen, dass die Vernunft tatsächlich eine »Herrin« ist und nicht nur anderen dient. Denn Kant legt zunächst dar, dass die Vernunft ein »Vermögen des Unbedingten« ist. Die Vernunft stellt die fundamentalen Fragen nach Gott, nach dem Ursprung der Welt, ob es Freiheit gibt etc. Vor allem aber zeigt Kant, dass die Vernunft uns aus sich selbst ein moralisch unbedingtes Gesetz gibt, also

---

[19] Sie sei die »höchste Hur, die der Teufel hat« (Luther 2007: 126).
[20] De Servo Arbitrio, Luther (2006: Bd. 1, z. B. 416/7).

aus sich selbst bestimmt, was gut und böse ist. Die Vernunft beweist, dass Menschen als vernünftige Wesen frei sind. Und Kant entwickelt aus dieser These ein Vernunftrecht und damit die Idee einer vernünftigen sozialen und politischen Ordnung, die freien Wesen angemessen ist. Das, was Hegel Kant noch hinzufügt, ist der Gedanke, dass die Vernunft auch die Macht hat, sich selbst in einer solchen Ordnung zu verwirklichen.

Den Grundsatz von Hegels Philosophie drückt daher das bekannte Diktum aus der Vorrede der Rechtsphilosophie aus: »Was vernünftig ist, das ist wirklich; und was wirklich ist, das ist vernünftig.« (Hegel 1970: 24) Dieser Satz meint, dass es keinen echten Gegensatz zwischen der wirklichen Welt, in der wir leben, und der Vernunft gibt. Auf der einen Seite kann nur das vernünftig sein, was auch fähig ist, wirklich zu werden – unerfüllbare moralische Forderungen etwa sind demnach nicht vernünftig –, und auf der anderen Seite können reale Gegebenheiten nur dann eine beständige Wirklichkeit sein, wenn sie Vernunft in sich haben.

Diese Einheit von Vernunft und Wirklichkeit hat Hegel als eine begriffen, die sich geschichtlich herausbildet. Die Philosophie der Geschichte muss nach Hegel zeigen, wie sich die Vernunft im Gange der Geschichte in der Wirklichkeit zur Geltung bringt oder wie die Vernunft die Wirklichkeit zu ihrer eigenen Gestalt macht. Die vernünftige Wirklichkeit ist für Hegel auch die Wirklichkeit der Freiheit und deswegen hat Hegel, wie oben gesagt, die Freiheit als den »Endzweck« bezeichnet, »worauf in der Weltgeschichte hingearbeitet worden« (Hegel 1970a: 33) sei. Im Altertum sei nur einer frei gewesen, nämlich der Despot, in der griechischen Antike schon einige, nämlich die Bürger der Polis, die moderne Zeit aber habe erkannt, dass alle Menschen wesentlich frei sind (Hegel 1970a: 32). Diese Freiheit sah Hegel realisiert in der modernen bürgerlichen Gesellschaft mit ihrer Ökonomie und vor allem im modernen Staat, wie er sich nach der Französischen Revolution und der Napoleonischen Epoche herausgebildet hatte. Im letzten Abschnitt seiner *Rechtsphilosophie* mit dem Titel »Die Weltgeschichte« gliedert Hegel diese

Weltgeschichte in eine Abfolge von vier Reichen:»das *orienta-lische*, 2. das *griechische*, 3. das *römische*, 4. das *germanische*« (§ 354; Hegel 1970: 509), und im letzten dieser »Reiche« gelangt der (freie) Geist schließlich dazu,»in der Objektivität einheimisch und versöhnt zu sein« (§ 353; ibid.). Denn im »germanischen Reich«, das heißt in der europäischen Welt, ist »die wahrhafte Versöhnung objektiv geworden, welche den Staat zum Bilde und zur Wirklichkeit der Vernunft entfaltet« (§ 360; Hegel 1970: 512).

Hegels Geschichtsbetrachtung ist, insofern als sie Geschichte von einem »Endzweck« her versteht, eine teleologische. Die Geschichte ist einer philosophischen Befragung genau so weit zugänglich, »als Vernunft in ihr ist«, d.h. insofern als sich die Geschichte als eine verstehen lässt, in der die Vernunft ihr eigenes Ziel erreicht (was nicht ausschließt, dass es in der Geschichte auch viele zufällige Erscheinungen, Gräueltaten und Katastrophen geben kann). Zugleich aber ist diese Geschichtsbetrachtung bei Hegel rein retrospektiv. Philosophische Geschichte oder Weltgeschichte ist für Hegel immer die Geschichte des gegenwärtigen Geistes. Als Geschichtsphilosoph hat Hegel niemals Aussagen über die Zukunft getroffen.

Die »Vernunft in der Geschichte« bei Marx

Mit seiner Auffassung von der Vernünftigkeit des Wirklichen hatte sich Hegel aber von der faktischen Realität in gewisser Weise abhängig gemacht.[21] Seine Gegenwartsdiagnose konnte offenbar nur überzeugen, solange die realen Staaten auch tatsächlich einigermaßen jener Konzeption des Staates entsprachen oder sich auf sie zu bewegten, welche Hegels *Rechtsphilosophie* entwickelt hatte. Dieser Staat war eine konstitutionelle Monarchie mit parlamentarischer Gesetzgebung, und Hegel hatte seine politische Philosophie durchaus im Blick auf Preußen, in dessen Hauptstadt Berlin er lehrte, entwickelt. War indessen die Reali-

---

[21] Vgl. dazu Löwith (1978: z. B. 185).

tät des preußischen Staates schon 1821 ein gutes Stück von Hegels Vorstellungen entfernt, so sollte sich diese Kluft in den Folgejahren noch weiter vergrößern. Die Staaten Deutschlands einschließlich Österreichs zeigten immer mehr reaktionäre Züge. Und von Hegel, der in seiner politischen Philosophie die Errungenschaften der Französischen Revolution bewahren wollte, sollte man bald sagen können, er habe die Philosophie zur »wissenschaftlichen Behausung des Geistes preußischer Restauration« gemacht.[22]

Die Staaten Deutschlands gerieten in zunehmenden Gegensatz zur politischen und literarischen Intelligenz. Diese Tendenz reflektierte sich in der hegelschen Schule, welche die Philosophie um 1830 weitgehend beherrschte, in dem Gegensatz von Rechts- und Linkshegelianern, auch als »Alt-« und »Junghegelianer« bezeichnet. Holzschnittartig gesagt, bestand dieser Gegensatz in Folgendem: Die Rechtshegelianer wollten die politische und soziale Wirklichkeit als eine vernünftige gegen die Kritik politischer Intellektueller verteidigen und betrachteten diese Kritik als Manifestation einer eitlen und wirklichkeitsfremden Subjektivität. Die Linkshegelianer klagten im Gegenzug die Realität als eine vernunftwidrige an und forderten deren Reform oder Umgestaltung im Sinne der philosophischen Vernunft. Beide Richtungen stimmten jedoch darin überein, dass sie einen Gegensatz annahmen zwischen der staatlichen und gesellschaftlichen Verfassung und der dieser Verfassung kritisch gegenüberstehenden Subjektivität. Damit wurde aber sowohl bei den Linken wie den Rechten der hegelschen Schule Hegels Idee der Einheit von Vernunft und Wirklichkeit aufgegeben; denn anscheinend war die Wirklichkeit nun unvernünftig und die Vernunft ohnmächtig. Oder, in der Version der Rechtshegelianer: Der an sich vernünftigen Wirklichkeit stand eine unvernünftige Intelligenz gegenüber.

Wie steht nun Marx in diesem Streit? Von seinem ganzen

---

[22] Rudolf Haym, *Vorlesungen über Hegel und seine Zeit* (1857), zit. nach Ritter (1977: 183).

intellektuellen Profil her steht der junge Marx den Linkshege-lianern viel näher als den Rechten, doch man kann ihn dieser Gruppe nicht wirklich zurechnen. Er scheint vielmehr einer der ganz wenigen zu sein, die an jener hegelschen Einheit von Vernunft und Wirklichkeit festgehalten haben.[23] Dabei teilt Marx die linkshegelianische Kritik an den »deutschen Zuständen«. Diese Zustände »stehn *unter dem Niveau der Geschichte, sie sind unter aller Kritik*« (MEW 1: 380). Was aber führt Marx gegen diese Zustände ins Feld? Marx beruft sich nicht auf philosophische Ideen. Auch er orientiert sich an Hegel und damit an einer Wirklichkeit, die eine Wirklichkeit der Vernunft ist. Nur ist diese Wirklichkeit nach Marx nicht die der realen staatlichen und gesellschaftlichen Zustände, sondern die Wirklichkeit einer Bewegung, die »diese Zustände aufhebt« (MEW 3: 35), d. h. transformiert oder revolutionär verändert.

Das Festhalten am hegelschen Vernünftigen verlangt daher die Transformation der Philosophie in eine Praxis *à la hauteur des principes* (MEW 1: 385), d. h. in eine Praxis, die die Prinzipien der Philosophie in sich bewahrt, weil das Wirkliche, das zugleich vernünftig ist, nicht einfach da ist und nur erkannt werden muss. Aus Marx' Sicht muss das vernünftige Wirkliche vielmehr erst aktiv herbeigeführt werden. Doch damit diese Herbeiführung nicht als bloßer Voluntarismus erscheint, muss dann aber auch die wirkliche Bewegung namhaft gemacht werden, die den gegenwärtigen unvernünftigen Zustand aufhebt. Darin liegt nach Marx das Programm der Aufhebung der Philosophie. Gerade um an ihrem hegelschen Kern festhalten zu können, muss die Philosophie aufgehoben werden – und zwar im hegelschen Sinne, d. h. einerseits bewahrt, aber anderseits verwandelt werden.[24]

---

[23] Löwith (1978: 109) stellt fest: »Denn Hegels Prinzip: die Einheit von Vernunft und Wirklichkeit und die Wirklichkeit als Einheit von Wesen und Existenz ist auch das Prinzip von Marx.«

[24] Marx denkt nach Kolakowski (1977: 123) aus der »Perspektive der Aufhebung der Philosophie durch ihre Einverleibung in den historischen Prozeß«.

Man muss dann aber fragen: Warum hält Marx nicht inhaltlich am hegelschen Programm fest und sagt nicht einfach, Hegels Vision des vernünftigen bürgerlichen Staates sei nur etwas zu früh gekommen? Wohl weil er den bürgerlichen Staat selbst als etwas Transitorisches ansieht. Hierin hat Marx später in Schumpeter (1980: 226) einen Nachfolger gefunden; Schumpeter neigt dazu, den Kapitalismus für die letzte Stufe des Feudalismus zu halten und den bürgerlichen Staat für eine instabile Struktur. Für Marx gründet diese Instabilität in der kapitalistischen Ökonomie oder in dem, was Hegel bürgerliche Gesellschaft nennt (siehe Kapitel 17).[25]

Diese bürgerliche Gesellschaft sieht indes nicht erst Marx, sondern schon Hegel von »Gegensätzen und Widersprüchen« bestimmt. Im Widerspruch zueinander stehen hier nach Hegel u.a. das besondere Interesse der einzelnen Bürger und das der Allgemeinheit (Hegel 1969.7: 340; *Rechtsphilosophie* §184), und es gibt vor allem den »Gegensatz von Not und Luxus« (Löwith 1978: 182; vgl. *Rechtsphilosophie* §185; Hegel 1969.7: 341). Hegel hatte indes die These vertreten, dass sich die »inneren Widersprüche der bürgerlichen Gesellschaft noch vermitteln und versöhnen« lassen (Löwith 1990: 219), und zwar in dem sie »gewältigenden Staat« (Hegel 1969.7: 343), also einem Staat, der zuletzt doch für einen harmonischen Ausgleich der dort herrschenden Interessengegensätze sorgt.[26] Dass der Staat so etwas könnte, erwartet Marx nicht mehr. Bürgerliche Gesellschaft und Staat sind für Marx keine Gestalt einer wirklichkeitsmächtigen Vernunft mehr. Die Vernunft liegt vielmehr in einer Bewegung, die diesen Staat und diese Gesellschaft, wie Marx glaubt, überwinden wird. Und diese Bewegung ist die kom-

---

[25] Marx und Schumpeter halten beide die Bourgeoisie für »unfähig zu herrschen« (MEW 4: 473). »[O]hne Schutz irgendeiner nichtbourgeoisen Gruppe ist die Bourgeoisie politisch hilflos und unfähig, nicht nur die Nation zu führen, sondern auch für ihr besonderes Klasseninteresse zu sorgen. Was so viel heißt wie, daß sie einen Herren braucht.« (Schumpeter 1980: 225)

[26] Was nicht bedeutet, dass diese Gegensätze verschwinden.

munistische Bewegung des Proletariats. Das Proletariat »*ist* die *faktische* Auflösung dieser Weltordnung« (MEW 1: 391; vgl. Kolakowski 1977: 146–150). Dadurch bekommen die Geschichte und ihr prozesshafter Charakter für Marx ein ungleich größeres Gewicht als für Hegel. Hegel meint, eine vernünftige Gestalt in ihrem Sein zu erkennen und auf ihre geschichtliche Genese zurückzublicken, während Marx sich als Zeuge eines dynamischen Werdens sieht, dessen Resultat noch nicht erkennbar ist, sondern sich nur in den Grundzügen antizipieren lässt.

Für Karl Löwith (1897–1973), einen bedeutenden deutschsprachigen Philosophen des 20. Jahrhunderts, ist deshalb »der ›historische Materialismus‹ von Marx [...] die extremste und darum besonders lehrreiche Form eines radikal geschichtlichen Denkens, wie es aus Hegels Philosophie des geschichtlichen Geistes hervorging« (1990: 245). Von Hegels Geschichtsphilosophie unterscheidet sich Marx' geschichtliches Denken jedoch grundsätzlich. Hegels Geschichtsphilosophie ist retrospektiv. Und sie ist Geschichte des Geistes, der sich in der Geschichte als überindividueller Geist der Freiheit selbst erkennt und verwirklicht. Für Marx ist die Geschichte Geschichte des Menschen, aber nicht so, wie die Geschichte für Hegel Geschichte des Geistes ist. Bei Marx manifestiert die Geschichte nicht das »Wesen des Menschen«; eher ist der Mensch hier ein »Produkt« seiner Geschichte. In diesem Sinne ist »Geschichte« bei Marx stärker von Darwins Entwicklungsgedanken als von Hegel inspiriert. Denn die Entwicklung führt nicht zu einem bestimmten Ziel; sie unterliegt »Gesetzen« – die Marx, Engels zufolge, ja auch gefunden hat – und führt über die Gegenwart hinaus in eine offene Zukunft.[27]

---

[27] Wenn man jedoch meint, dass die geschichtliche Entwicklung Gesetzen folgt, dann kann man die Zukunft auch vorhersehen. Löwith unterstellt Marx sogar den Anspruch auf vollkommene Voraussicht der Zukunft; denn Marx glaube, »das Kommende und Künftige genau voraus zu wissen und den ›neuen Menschen‹ einer ganz neuen Gesellschaft durch eine radikale Kritik des Bestehenden und eine revolutionäre Aktion gesellschaftlich herstellen zu können.« (1990: 245)

Für Hegel ist die Geschichte als *Gegenstand der Philosophie* die Geschichte des *gegenwärtigen* Geistes; sie schließt mit der Gegenwart ab.[28] Marx dagegen will uns etwas über die künftige Geschichte sagen. Und seine Formel hierfür ist die Verwirklichung nicht der Vernunft, sondern der Philosophie. Was soll das eigentlich heißen?

»Aufhebung« und »Verwirklichung« der Philosophie

Marx hatte in seiner Schrift *Der achtzehnte Brumaire des Louis Bonaparte* erklärt: »Die Menschen machen ihre Geschichte, aber sie machen sie nicht aus freien Stücken.« (MEW 8: 115) Doch er ist ganz offenbar der Auffassung, dass es für ihn und seine Zeitgenossen nun möglich sei, diese Geschichte *»à la hauteur des principes«*, das heißt nach den Prinzipien der Philosophie, zu gestalten (s. o.), und zwar in einer revolutionären Praxis. In dieser revolutionären Praxis wird nach Marx die Philosophie verwirklicht, aber so, dass sie zugleich als Philosophie »aufgehoben« wird (MEW 1: 384), denn die Philosophie muss sich selbst in diese Praxis verwandeln. Auch dieser Gedanke der Aufhebung und Verwirklichung der Philosophie entspringt einer marxschen Interpretation der hegelschen Geschichtsphilosophie und setzt diese Geschichtsphilosophie voraus.

Hegel hatte an der Universität nicht nur über die Philosophie der Geschichte, sondern auch über die Geschichte der Philosophie Vorlesungen gehalten. Diese Geschichte der Philosophie ist nun selbst eine *philosophische* Geschichte. Das heißt, Hegel versucht darin zu zeigen, dass in der historischen Abfolge philosophischer Autoren, Schulen und Richtungen selbst Vernunft liegt. Die Geschichte der Philosophie ist, mit anderen Worten, selbst ein wesentlicher Teil der in der Geschichte sich vollziehenden Selbsterkenntnis des Geistes. Hegels Darstellung der Geschichte der Philosophie endet nolens volens mit seinem

---

[28] Was nicht so verstanden werden darf, als sei Hegel der Meinung, die Geschichte sei mit ihm schlechthin an ihr Ende gekommen.

eigenen philosophischen Denken. So konnte der Eindruck entstehen, Hegel betrachte seine eigene Philosophie als den unüberschreitbaren Gipfelpunkt einer von der Vernunft selbst bestimmten Entwicklung des philosophischen Denkens seit Platon.[29]

Die Meinung, Hegel halte nicht nur sein eigenes Philosophieren für die Vollendung des philosophischen Denkens schlechthin, sondern dieses Denken sei möglicherweise tatsächlich eine solche Vollendung, wurde durch die Geschichte der Philosophie *nach Hegel* begünstigt. Denn diese Geschichte wurde allgemein nicht als harmonische Entwicklung gesehen, sondern schien durch einen *Bruch* bestimmt. *Von Hegel zu Nietzsche. Der revolutionäre Bruch im Denken des 19. Jahrhunderts* lautet der Titel eines der Hauptwerke von Karl Löwith (1978). Mit Hegel schien tatsächlich in der Philosophie und in der Geistesgeschichte etwas zu Ende gekommen zu sein.

Marx hat die Dinge schon früh in dieser Weise gesehen. Er hat gleichsam die Perspektive der hegelschen *philosophischen* Philosophiegeschichte auf diese selbst eingenommen. Für Marx hat sich die Philosophie in Hegel vollendet und muss nun notwendigerweise sowohl aufgehoben als auch verwirklicht werden. Die Philosophie muss ihr Element wechseln, von der »Interpretation« der Wirklichkeit zu deren Veränderung, wie die 11. These über Feuerbach fordert. Dies macht Marx gegen die in seinen Augen kraftlose und epigonenhafte Philosophie der Jung- und Alt-, der Links- und Rechtshegelianer geltend. »Im Unterschied zu den andern Junghegelianern, die Hegel nur zum Teil reformieren wollten, gewann Marx aus der Geschichte die Einsicht, daß es um die Philosophie als solche ging. ›Die halben Gemüter‹ [...], haben in solchen Zeiten die umgekehrte Ansicht ganzer Feldherren. Sie glauben durch Verminderung der Streitkräfte den Schaden wiederherstellen zu können, durch Zersplit-

---

[29] »Auf jeden Fall glaubte er [sc. Hegel] nach Meinung vieler das Ende geistiger Entwicklung gekommen und leugnete die Zukunft.« (Fulda 2003: 16)

terung, durch einen Friedenstraktat mit den realen Bedürfnissen, während Themistokles – d. i. Marx selber – ›als Athen‹ d. i. der Philosophie – ›Verwüstung drohte, die Athener bewog, es vollends zu verlassen und zur See, auf einem andern Element‹ – d. i. auf dem Element der politischen und ökonomischen Praxis, die es jetzt als das ›was ist‹, zu begreifen gilt – ›ein neues Athen‹ – d. i. eine ganz neue Art von Philosophie, die im bisherigen Sinn keine mehr ist – ›zu gründen‹.« (Löwith 1978: 108, vgl. MEW Ergänzungsband I: 216/7)

Die folgenreiche Transformation der Philosophie in politisch-ökonomische Theorie und Praxis, die Marx schon früh skizziert, setzt die hegelsche Auffassung von Philosophie voraus. Denn von *der* Philosophie, die sich nicht nur aufheben, sondern auch *verwirklichen* lässt, kann man nur sprechen, wenn man mit dem Terminus »Philosophie« nicht nur ein Tätigkeitsfeld bezeichnet, sondern wenn die Philosophie insgesamt als *eine*, als »sich wissende Vernunft« begriffen werden kann (Hegel 1969.10: 394), wenn also die Philosophie nicht nur dem Tun, sondern auch der Sache und ihrem Gehalt nach *eine* ist. Denn »aufheben« kann man das Philosophieren, indem man es in ein anderes Tun, etwa die politische Praxis überführt. Doch man kann nicht »die Philosophie verwirklichen«, wenn Descartes, Hume, Kant und Hegel jeweils nur etwas Anderes, Unterschiedliches und letztlich einander Widersprechendes sagen.

Hegels Geschichte der Philosophie ist die Geschichte der *einen Philosophie* und nicht nur eine Geschichte des philosophischen Denkens, wie andererseits diese Geschichte erweisen soll, dass es diese eine Philosophie gibt. Erst vor diesem Hintergrund wird der Gedanke einer »in Hegel fertig gewordenen Philosophie« (Löwith 1978: 109) sinnvoll, mag er nun richtig sein oder nicht. Doch die Philosophie, die Marx aufheben und verwirklichen will, ist für ihn eben die »in Hegel fertig gewordene«. Wenn Marx von Philosophie *sans phrase* spricht, dann meint er Hegel – und er muss Hegel meinen.

Marx behauptet im Grunde Folgendes: Ich tue gegenüber Hegel und aller Philosophie etwas ganz Neues, und dieses Neue ist keineswegs ein Produkt der Willkür, sondern notwendig vorgezeichnet durch die Geschichte der Philosophie, die mit Hegel zu einem Abschluss gekommen ist. Diese Sicht der Dinge ist recht einflussreich gewesen. So steht Löwiths (1978) Buch *Von Hegel zu Nietzsche* ganz unter ihrem Eindruck. Doch diese marxsche Perspektive setzt einerseits die hegelsche Geschichte der Philosophie und andererseits eine gewisse Fehldeutung von Hegels Geschichte der Philosophie voraus. Hegel hatte zeigen wollen: In der Philosophie als Ganzer geht es nur um Eines, nämlich um die Selbsterkenntnis der Vernunft oder des Geistes. Und jetzt, d. h. zu der Zeit, in der Hegel philosophiert, ist es möglich, diese Einheit der Philosophie einzusehen. Was Hegel aber nicht sagen wollte, ist, dass die Philosophie mit ihm selbst zu einem Ende oder zur Vollendung gelangt sei. Und dies ist auch nicht der Gehalt der hegelschen Geschichte der Philosophie. Genau so aber werden Hegel und die hegelsche Philosophie von Marx verstanden. Marx nimmt Hegel als die tatsächliche Vollendung der Philosophie und will diese auf ihre Verwirklichung hin überschreiten. Aber dieses Programm ist nur überzeugend, wenn mit Hegel die Philosophie wirklich zu ihrem Abschluss und zu ihrer Vollendung gelangt ist.

Hier sieht man einmal mehr, wie verwickelt Marx' Verhältnis zu Hegel ist. Gerade in den Punkten, in denen er seine Unabhängigkeit und die Neuheit seines Ansatzes gegen Hegel herausstreicht, erkennt man doch die große Abhängigkeit, in der sich eigentümlicherweise die Aufnahme hegelscher Thesen mit deren, wenn auch zweifellos origineller Fehldeutung verbindet. Marx baut auf einer bestimmten These Hegels über die Philosophie auf. Er gibt aber dieser These eine Interpretation, die Hegel gar nicht im Sinne hatte. Diese Interpretation schreiben Hegel auch andere zu, und sie lautet, Hegel habe sich als Vollendung der Philosophie gesehen. Die meisten Hegelkritiker betrachten dieses Hegel unterstellte Selbstverständnis als hybride und unsinnig. Aber Marx hält diese angebliche Selbsteinschätzung Hegels für durchaus korrekt: In seinen Augen hat Hegel die Philosophie wirklich vollendet. Jetzt bleibt nur noch, die Philosophie aufzuheben und zu verwirklichen.

4. Historischer Materialismus

Marx war von Hause aus kein Ökonom. Er begann 1835 in Bonn zuerst Rechtswissenschaften (Berlin 1960/1971: 304–6) zu studieren und ging nach drei Semestern nach Berlin, wo er nach zwei weiteren Semestern zur Philosophie wechselte. Dies muss man berücksichtigen, wenn man seine eigentümliche Behandlung der Ökonomie und der Wirtschaftswissenschaften verstehen will. Für ökonomische Fragen ist Marx erst durch Friedrich Engels (1820–1895) sensibilisiert worden, den er im Alter von 26 Jahren 1844 in Paris kennengelernt hat (vgl. MEW 2: 690). Engels war als Sohn eines Textilfabrikanten mit wirtschaftlichen Fragen vertraut und hatte eigene Anschauungen über das Elend der Fabrikarbeiter im frühen 19. Jahrhundert erworben, die sich in seinem Buch *Die Lage der arbeitenden Klasse in England* niederschlugen. Und Engels und nicht Marx war es auch, der zuerst den Gedanken einer Kritik der Politischen Ökonomie in seiner Schrift *Umrisse zu einer Kritik der Nationalökonomie* aus dem Jahr 1844 skizzierte. Die Nationalökonomie bezeichnete Engels dort als eine »komplette Bereicherungswissenschaft« (MEW 1: 499). Marx und Engels entwickeln nun eine Sicht der menschlichen Gesellschaft, in der die Ökonomie zu einem basalen Phänomen und die Wirtschaftswissenschaft zu einer Schlüsseldisziplin für das Verständnis des menschlichen Lebens im Ganzen werden. Und dies geschieht in der von beiden erstmals in der *Deutschen Ideologie* entwickelten sogenannten »materialistischen Geschichtsauffassung«.

Was dieser Ausdruck meint, erschließt sich nicht auf den ersten Blick; um ihn zu verstehen, müssen wir etwas weiter ausholen. Marx ist ein Intellektueller des *Deutschen Vormärz*. Mit diesem Begriff bezeichnet man Schriftsteller, die sich etwa in der Zeit vor der Revolution von 1848 an liberalen republikanischen, insbesondere französischen Ideen orientierten und die alle mit den repressiven Regimes der in Deutschland herrschenden Restaurationsperiode in Konflikt gerieten. Bedeutende Vertreter des Vormärz wie David Friedrich Strauß (1808–1874), Bruno Bauer (1809–1876), Arnold Ruge (1802–1880) und Max Stirner (1806–1856) waren in der Philosophie Hegels geschult und wandten diese Philosophie kritisch gegen die deutschen Zustände. Diese Intellektuellen wurden gemeinhin als Links- oder Junghegelianer bezeichnet.[30] Die Gegenwartsdiagnose der Linkshegelianer sah, zumindest aus Marx' Perspektive, so aus: Die reaktionären und unterdrückerischen Verhältnisse in Deutschland sind wesentlich die Folge eines ebenso reaktionären Bewusstseins der Menschen. Dieses Bewusstsein ist bestimmt durch die Religion. Die Religion, so die Linkshegelianer, hält die Menschen zu einem kritiklosen Gehorsam gegenüber der Obrigkeit und ebenso zur Hinnahme von Leid und Ungerechtigkeit an, indem sie sie auf eine Heilung der irdischen Gebrechen in einem imaginären Jenseits vertröstet. Wolle man die schlechten deutschen Zustände ändern, dann müsse man vor allem das Bewusstsein der Menschen ändern.[31] Man müsse ihre von der Religion genährten illusionären Hoffnungen zerstören. Und deswegen sahen diese Intellektuellen ihre Aufgabe zu allererst in einer Kritik der Religion.[32] Offenbar waren Strauß und Bauer

---

[30] Im Gegensatz zu den sogenannten Rechts- oder Althegelianern, die unter Berufung auf Hegel die herrschenden Zustände gerade als vernünftig rechtfertigen wollten (s. o. Kapitel 3).

[31] »Die Junghegelianer belebten solcherweise aufs neue die republikanische Utopie der Aufklärung und glaubten, daß durch Erziehung und Einführung der politischen Freiheiten alle sozialen Probleme gelöst werden könnten, ohne die Eigentumsverhältnisse anzutasten, in denen die materielle Produktion und der Güteraustausch sich vollziehen.« (Kolakowski 1977: 111)

[32] »Die gesamte deutsche philosophische Kritik von Strauß bis Stirner beschränkt sich auf Kritik der *religiösen* Vorstellungen.« (MEW 3: 19)

der Meinung, dass das *Bewusstsein* das *Sein* bestimmt, und
diese Auffassung bezeichnet Marx als Idealismus.[33]

Gegen diesen »Idealismus« hat Marx einen praktischen und
einen theoretischen Einwand. In praktischer Hinsicht wird die
Kritik der Linkshegelianer keineswegs etwas an den schlechten
Zuständen ändern: »Diese Forderung, das Bewußtsein zu verändern, läuft auf die Forderung hinaus, das Bestehende anders
zu interpretieren, d. h. es vermittelst einer anderen Interpretation anzuerkennen.« (MEW 3: 20) Dass wir über die Welt anders
denken, führt noch nicht dazu, dass wir sie verändern. In theoretischer Hinsicht haben die Linkshegelianer eine unangemesse-
ne Auffassung von der Philosophie und dem Denken selbst:
»Keinem von diesen Philosophen ist es eingefallen, nach dem
Zusammenhange der deutschen Philosophie mit der Wirklichkeit, nach dem Zusammenhange ihrer Kritik mit ihrer eigenen
materiellen Umgebung zu fragen.« (ibid.) Marx behauptet nämlich, dass das Bewusstsein nicht isoliert zu betrachten sei; denn
es sei nur ein Element in konkreten Lebensverhältnissen, die
wiederum durch Herrschaftsstrukturen, Konsum- und Produktionsweisen bestimmt sind. Diese Lebensverhältnisse werden als

---

[33] Dieser Gebrauch des Idealismusbegriffs bei Marx ist sehr eng, wenn
nicht schief. Allgemein bezeichnet der philosophische Begriff *Idealismus*
Denkrichtungen, nach denen das Denken der primäre Gegenstand der
Philosophie sein müsse und sich jede objektive Wirklichkeit nur von diesem Denken her erschließt. Bei diesem Denken muss es sich nicht unbedingt um ein subjektives Denken oder um das Bewusstsein der Menschen
handeln. Es gibt objektive Gedanken; so etwa sind Naturgesetze eine gedankliche Struktur. Man kann deshalb auch die Physik Newtons als idealistisch im Sinne des philosophischen Idealismusbegriffs ansehen. Auch
Hegel ist ein Vertreter des Idealismus, und er spricht sogar von einem die
Wirtschaft »regierenden Verstand« (1970: 347). Aber damit meint er
nicht den Verstand der Wirtschaftssubjekte, sondern ebenfalls die dort
wirkenden Gesetze, also eine Art objektiven Verstand. Hegel hat niemals
gesagt, dass »das Bewußtsein das Sein bestimmt«. Auch für Hegel bestimmt das Sein umgekehrt das Bewusstsein, nur ist für ihn das Sein eben
wesentlich Gedanke oder ein Denken, das nicht immer das Denken eines
Subjekts sein muss.

geschichtlich entstanden betrachtet. Die Perspektive, welche die konkreten Lebensverhältnisse ins Zentrum stellt, nennt Marx *Materialismus*, und weil der Akzent auf der Geschichte liegt, spricht Marx von materialistischer Geschichtsauffassung.[34]

Das basale Faktum für diesen Materialismus ist nun, dass die Menschen *produzierende* Wesen sind: »Man kann die Menschen durch das Bewußtsein, durch die Religion, durch was man sonst will, von den Tieren unterscheiden. Sie selbst fangen an, sich von den Tieren zu unterscheiden, sobald sie anfangen, ihre Lebensmittel zu *produzieren*, ein Schritt, der durch ihre körperliche Organisation bedingt ist. Indem die Menschen ihre Lebensmittel produzieren, produzieren sie indirekt ihr materielles Leben selbst.« (ibid.: 21)

Der Produktionsbegriff wird von Marx – in einer Weise – äußerst weit gefasst: Denn produziert werden hier nicht nur materielle Güter oder wirtschaftliche Leistungen. Zur indirek-

---

[34] Engels hat später in einem englischen Text diesen Ausdruck als »historical materialism« wiedergegeben. Durch Rückübersetzung ins Deutsche wurde dann aus der »materialistischen Geschichtsauffassung« der weitaus geläufigere Ausdruck »historischer Materialismus«. – Marx' materialistische Geschichtsauffassung oder der »historische Materialismus« ist im Übrigen keine Version eines philosophischen, metaphysischen oder ontologischen Materialismus (vgl. Schmidt 1962: 12). Das heißt, Marx hat niemals versucht, Geist oder Bewusstsein auf die Materie zurückzuführen und als eine Funktion der Materie zu verstehen, wie sie Gegenstand der neuzeitlich-modernen Naturwissenschaften ist. Elster (1986: 190) bemerkt: »There is no coherent and interesting sense in which any of the central views in Marxism are ›materialist‹. No Marxist philosopher has offered any useful insights on the problems of philosophical materialism, such as the mind-body problem, the sense-data problem, and the like.«
Der historische Materialismus ist daher, obwohl religionskritisch, nicht als solcher antireligiös oder atheistisch (auch wenn Marx persönlich sicher Atheist gewesen ist), und es liegt kein Widerspruch darin, wenn katholische Priester in Lateinamerika sich selbst als Marxisten bezeichnen. Einen ontologischen »dialektischen Materialismus« hat erst Engels in seinen Schriften zur *Dialektik der Natur* und im »*Anti-Dühring*« (beide in MEW 20) entwickelt.

ten Produktion des materiellen Lebens gehört zunächst, dass die Menschen auch ihre Bedürfnisse selbst produzieren (ibid.: 28). Aus der Produktion erwachsen auch bestimmte »[g]esellschaftliche und politische Verhältnisse« (ibid.: 25). Diese Verhältnisse umfassen Besitz-, Eigentums- und Herrschaftsstrukturen. Und das Besondere an Marx' Auffassung liegt darin, dass es immer die Produktionsweise ist, die den Zusammenhang unter diesen Strukturen stiftet.

- Die *Produktionsweise* ist die Art,
- wie die Menschen mit bestimmten Fertigkeiten und Mitteln sowie Materialien, den sogenannten *Produktivkräften*, ihre Arbeit organisieren und teilen.
- Und die daraus erwachsenden gesellschaftlichen, rechtlichen und politischen Verhältnisse nennt Marx *Produktionsverhältnisse*.

So ist er insbesondere der Meinung, dass die Teilung der Arbeit jeweils bestimmte Eigentumsformen impliziert. Petry (1916: 9) definiert deshalb das Produktionsverhältnis so: »[E]s ist das eigentümliche soziale Verhältnis, das zwischen den am arbeitsteiligen Produktionsprozeß beteiligten Menschen durch die reale rechtliche Verteilung der technischen Bedingungen des Arbeitsprozesses besteht.« Der Begriff Produktionsweise ist ein umfassender Begriff, mit dem Marx verschiedene Gesellschaftsepochen voneinander unterscheidet – nämlich feudale, kapitalistische und sozialistische Produktionsweise (MEW 13: 9).

Dem Begriff des Produktionsverhältnisses liegt der Gedanke zugrunde, dass die Produktivkräfte, die Formen der Arbeitsteilung, Eigentums-, Rechts- und Herrschaftsverhältnisse stets ein Ganzes bilden und nicht unabhängig voneinander sich verändern oder verändert werden können. Man kann eine primitive Agrarwirtschaft nicht kapitalistisch organisieren oder gar dort den Sozialismus einführen. Entscheidend aber ist der Gedanke, dass Ökonomie, Recht und Herrschaft nicht voneinander zu trennen sind. Für Marx ist ein Produktionsverhältnis immer ein Verhältnis der »Verfügung über fremde Arbeitskraft« (MEW 3: 32). Arbeitsteilung und Eigentum auf der einen und

Herrschaft auf der anderen Seite sind für Marx nur zwei Seiten ein und desselben Phänomens. Ändern sich Herrschaftsformen, dann ändern sich Produktionsformen und umgekehrt. Und weil in dieser Einheit die Produktion und ihre jeweilige Gestalt die Grundtatsache bilden, ist die Politische Ökonomie die Kardinaldisziplin der Gesellschaftswissenschaft schlechthin: »Die Gesamtheit dieser Produktionsverhältnisse bildet die ökonomische Struktur der Gesellschaft, die reale Basis, worauf sich ein juristischer und politischer Überbau erhebt, und welcher bestimmte gesellschaftliche Bewußtseinsformen entsprechen. Die Produktionsweise des materiellen Lebens bedingt den sozialen, politischen und geistigen Lebensprozeß überhaupt. Es ist nicht das Bewußtsein der Menschen, das ihr Sein, sondern umgekehrt ihr gesellschaftliches Sein, das ihr Bewußtsein bestimmt.« (MEW 13: 8–9)

Produktionsverhältnisse sind nichts Natürliches, sie sind vielmehr alle geschichtlich entstanden; ihre Entstehung, Veränderung, Transformation hängen dabei von der Entwicklung der Produktivkräfte ab. Deswegen verwirft Marx entschieden die Auffassung der von ihm so bezeichneten »bürgerlichen Ökonomen«, die Strukturen der warentauschenden Marktwirtschaft seien dem Menschen irgendwie natürlich und entsprängen einem natürlichen Hang zum Tausch (vgl. etwa Smith 1978: 16). Es gab vor der Marktwirtschaft andere Produktionsverhältnisse und es wird, so Marx, auch andere nach ihr geben. Aus diesem Charakter der historischen Geschichtsauffassung ergeben sich bereits die leitenden Gesichtspunkte der marxschen Kritik der Politischen Ökonomie, die sich als eine kritische Destruktion der kapitalistischen Gesellschaft und der ihr zugehörigen Wirtschaftswissenschaft versteht.

5. Marx' Antwort auf die Frage »Was ist Wirtschaft?«

Im letzten Kapitel über die materialistische Geschichtsauffassung hat sich gezeigt, dass der Begriff der Produktion in dieser Auffassung das Fundament bildet. Die Produktion bestimmt das Leben der Menschen im Ganzen, das heißt einschließlich der institutionellen und rechtlichen Verfassung dieses Lebens. Aus der Dominanz der Produktion ergibt sich auch die Schlüsselstellung der Politischen Ökonomie für das Verständnis des menschlichen Lebens. Doch welche Auffassung von Wirtschaft ist darin impliziert?

In der Philosophie der Wirtschaft geht es immer um zwei Dinge:
1.   Menschen haben Bedürfnisse, und
2.   Menschen brauchen Mittel, um diese Bedürfnisse zu befriedigen.

In der Regel müssen die Mittel durch Arbeit, das heißt für Marx durch Produktion, hervorgebracht werden. Für Aristoteles besteht die Ökonomie zu einem Gutteil in der Herbeischaffung von Mitteln für die Bedürfnisse des menschlichen Lebens. Diese Auffassung teilt auch Adam Smith. Smith unterscheidet sich von Aristoteles nur darin, dass er die Wirtschaft nicht als statisch, sondern als dynamisch betrachtet. Gütertausch und immer weiter fortschreitende Arbeitsteilung ermöglichen es, die Produktion von Gütern immer weiter zu steigern und dadurch die menschlichen Bedürfnisse immer besser zu befriedigen. Diese Bedürfnisse werden indessen nicht nur von Aristoteles, sondern auch von Smith als grundsätzlich invariant betrachtet. Über einen Grundbedarf an Nahrung, Kleidung und Wohnung hinaus gibt es zwar eine Reihe von Luxusbedürfnissen, doch dieser Luxus ist etwas Chimärisches, den der in der stoischen Philosophie gebildete Weise, als den Smith wohl sich selbst gesehen hat, geringschätzt.[35]

---

[35] »Wenn wir die wirkliche Befriedigung, die alle diese Dinge [sc. die Luxusgegenstände] zu gewähren im Stande sind, [...] in Betracht zie-

Für Smith ist die Wirtschaft ein menschliches Produzieren, das von dem Streben nach immer besseren Lebensbedingungen getrieben ist. Das eigentliche Interessante an der Wirtschaft ist daher für Smith die Produktionsweise, und in dieser Auffassung der Sache folgt ihm auch Marx. Marx betrachtet die Wirtschaft ebenso wie Smith als ein dynamisches Geschehen, und der Motor der Dynamik ist die Produktion. Anders als Aristoteles und Smith jedoch sieht Marx die Bedürfnisse selbst als etwas Produziertes an, bereits die *Deutsche Ideologie* spricht von der »Erzeugung neuer Bedürfnisse« (MEW 3: 28). Anders gesprochen, die Produktion stellt nicht nur Güter für die Konsumtion bereit, sondern produziert diese Konsumtion selbst. Das ist der letzte Sinn der Bemerkungen über Produktion und Konsumtion in der *Einleitung zur Kritik der Politischen Ökonomie* (MEW 13), einer Reihe dialektischer Fingerübungen über die Identität von Produktion und Konsumtion:

»Die Produktion liefert dem Bedürfnis nicht nur ein Material, sondern sie liefert dem Material auch ein Bedürfnis. Wenn die Konsumtion aus ihrer ersten Naturrohheit und Unmittelbarkeit heraustritt – und das Verweilen in derselben wäre selbst noch das Resultat einer in der Naturrohheit steckenden Produktion –, so ist sie selbst als Trieb vermittelt durch den Gegenstand. Das Bedürfnis, das sie nach ihm fühlt, ist durch die Wahrnehmung desselben geschaffen. Der Kunstgegenstand – ebenso jedes andre Produkt – schafft ein kunstsinniges und schönheitsgenußfähiges Publikum. Die Produktion produziert daher nicht nur einen Gegenstand für das Subjekt, sondern auch ein Subjekt für den Gegenstand.« (Marx, *Einleitung zur Kritik der Politischen Ökonomie*, MEW 13: 624)[36]

---

hen, […], so wird sie uns immer im höchsten Grade verächtlich und geringfügig erscheinen.« (Smith 1985: 315)

[36] Wie sehr diese Sicht im Marxismus auch heute noch die herrschende ist, zeigen folgenden Zitate aus dem Übersichtsaufsatz über »Consumerism« von Paula Cerni. Cerni (2012: 79) betrachtet »consumption as an essential humanizing activity, yet one that is inevitably shaped by each particular historical mode of production.« »Because Marxism's nuanced

Marx schreibt also dem menschlichen Bedürfnis selbst eine Formbarkeit und Dynamik zu, aber – und das ist für sein Denken charakteristisch – diese Dynamik sieht er allein in der Produktion begründet. Die Dynamik der Bedürfnisse ist also ein Sekundärphänomen. Damit steht Marx in einem Gegensatz zu anderen Auffassungen, die ebenfalls Bedürfnisse als formbar und einer dynamischen Entwicklung unterliegend sehen, diese Dynamik aber nicht auf Entwicklungen der Produktion zurückführen. Der Ökonom Johann Georg Schlosser (1839–1899) macht geltend, dass menschliche Bedürfnisse immer ein Moment von Imagination haben. Bedürfnisse sind nicht nur von einer natürlichen Notdurft, sondern auch von spontaner Phantasie bestimmt. Menschen stellen sich Bedürfnisse und deren Befriedigung vor und suchen dann, diese Vorstellungen zu realisieren. Schlosser sah darin die wesentliche Triebkraft der wirtschaftlichen Entwicklung.[37] Auf eine weitere Quelle der dynamischen Entwicklung von Bedürfnissen, die nicht in der Güterproduktion liegt, hat Jean-Jacques Rousseau aufmerksam gemacht. Im gesellschaftlichen Leben, so Rousseau, haben Menschen den Drang, sich miteinander zu vergleichen und sich voreinander auszuzeichnen, unter anderem durch demonstrativen Luxuskonsum. Mit anderen Worten, die Menschen treiben »conspicuous consumption« (Veblen 1899).

Was Rousseau und Veblen im Auge haben, ist ein Phänomen, das wir heute auch als Prestigekonsum bezeichnen: Man fährt bestimmte Automarken, trinkt erlesene Weine, unternimmt Luxusreisen, um als besonders wohlhabend, sportlich, unkonventionell oder als Kunstkenner oder Connaisseur zu erscheinen.

Die Entwicklung von Bedürfnissen muss also nicht immer durch die Produktion getrieben sein, sondern kann auch durch

---

political critique of consumerism rests on a programme of radical economic change, its theory necessarily brings to the fore the determination of consumption by production. [...] The mode of consumption, therefore, is an aspect of the overall mode of production.« (ibid.: 80)

[37] Vgl. dazu Binswanger (1986), Faber und Manstetten (2003: 186 f.).

die menschliche Imagination und Erfindungskraft oder gesellschaftliche Beziehungen und Standards bestimmt sein. Vor allem Hegel hat deutlich gesehen, wie das gesellschaftliche Leben Bedürfnisse erzeugen kann: »Eine Uhr kann man einen Luxusartikel nennen und in einfachen Verhältnissen kann solche sehr wohl entbehrt werden; nicht aber im verwickeltern Verhältnisse.« (Hegel 1983: 153)

Vor diesem Hintergrund kann man das Spezifische der marxschen Auffassung von Wirtschaft in der Dominanz sehen, die sie der Produktion einräumt. Produktion ist für Marx die willentliche Hervorbringung von Gegenständen in der Bearbeitung und Beherrschung eines formbaren Materials. Was Marx im Auge hat, wenn er von Produktion spricht, ist Handwerk, Manufaktur und Industrie. Das zeigen alle seine Schriften zur Ökonomie, in denen auch die anschaulichen Beispiele alle dieser Sphäre entnommen werden (Leinwand, Rock etc.). Nicht nur Dienstleistungen finden in diesem Verständnis der Wirtschaft keine Berücksichtigung.[38] Marx' Produktionsbegriff ist darüber hinaus auch für die Landwirtschaft zu eng. Denn die Landwirtschaft hat es nicht mit einem formbaren Material zu tun, sondern mit einer organisch wachsenden Natur. Bei der Landwirtschaft tut, wie Hegel bemerkt, »die Natur die Hauptsache, und der eigene Fleiß [also die produktive Arbeit, die Verf.] ist dagegen das Untergeordnete« (Hegel 1969.7: 356). In dieser Konzentration auf die Produktion im engeren Sinne bei Marx scheinen, wie wir hier wenigstens andeuten wollen, weitreichende Folgen zu liegen. Bedürfnisse, die durch menschliche Imagination und Kreativität oder durch gesellschaftliche Standards oder menschliches Prestigestreben bestimmt sind, haben etwas Unberechenbares an sich. Die Produktion ist dagegen das klassische Feld rationaler Organisation: Jede Produktion kann und muss man planen. Wenn die Produktion aber auch die Bedürfnisse mitproduziert, kann man offenbar auch diese organisieren und planen. Marx hat sich zwar nirgendwo über die wirtschaftliche

---

[38] Das ist im Übrigen bei Adam Smith nicht anders.

Verfassung der sozialistischen oder kommunistischen Gesellschaft geäußert, doch kann man wohl behaupten, dass seine Auffassung der Wirtschaft es zumindest begünstigt, sich die sozialistische oder kommunistische Wirtschaft als eine Planwirtschaft vorzustellen. Auf diese Überlegungen werden wir in unserem letzten Kapitel zurückkommen.

6. Grundlegendes zu Marx' Theorie der Wirtschaft

Die marxsche Theorie der Wirtschaft ist viel mehr als eine gewöhnliche Wirtschaftstheorie. Sie beansprucht, zugleich eine Theorie der Gesellschaft im Ganzen einschließlich der Phänomene der Politik und der Wissenschaft und der Philosophie selbst zu sein. Bevor wir uns damit im Einzelnen auseinandersetzen, geben wir in diesem Kapitel einen einführenden Überblick über die Besonderheiten der marxschen *Kritik der Politischen Ökonomie.*

Marx' Zugang zur Wirtschaft unterscheidet sich signifikant von dem aller Philosophen vor ihm wie z.B. Aristoteles, Hobbes, Locke, Rousseau, Smith und Hegel. Marx gibt uns eine Kritik der Politischen Ökonomie. Doch Marx will uns mit der Kritik zugleich eine erklärende Theorie der modernen Wirtschaft geben. Und diese Theorie wird nicht etwa in ein philosophisches System integriert, sondern vielmehr in den Dienst einer revolutionären Veränderung der Welt gestellt, so dass man auch beim Ökonomen Marx nie weiß, ob man es mit einem Wissenschaftler, einem politischen Agitator oder am Ende doch nur mit einem Philosophen zu tun hat, der sich auf Felder verirrt hat, die ihm eigentlich fremd sind.

Friedrich Engels hat Marx als den Begründer des »wissenschaftlichen Sozialismus« bezeichnet. Denn Marx soll mit den Mitteln einer kritisch weiterentwickelten Wirtschaftswissenschaft das unvermeidliche Ende der kapitalistischen Produktionsweise sowie deren ebenso unvermeidliche Transformation in eine sozialistische bzw. kommunistische Gesellschaft demonstriert haben. Für viele liberale Denker hingegen hat Marx das Wesen der modernen Marktwirtschaft gar nicht verstanden und leichtfertig eine sozialistische Planwirtschaft propagiert, die nicht nur freiheitsfeindlich, sondern auch ineffizient ist. Nach Auffassung dieser Denker haben der Misserfolg und das Verschwinden der sozialistischen Systeme in Europa den marxschen Ansatz definitiv widerlegt.[39]

Was ist von dieser Kritik zu halten? Zunächst muss man feststellen, dass Marx niemals konkrete Vorstellungen oder gar eine ausgearbeitete Theorie der sozialistischen Wirtschaft entwickelt hat. Dazu finden sich nur einige wenige kursorische und vage Bemerkungen in der *Deutschen Ideologie*, im *Kapital* und in der *Kritik des Gothaer Programms*. Deswegen wird man Marx kaum für das ökonomische Scheitern des sozialistischen Experimentes verantwortlich machen können, selbst wenn seine einseitige Betonung der Produktion im Wirtschaftsgeschehen planwirtschaftliche Vorstellungen begünstigt. Doch Marx hat sich auch selbst nicht als Theoretiker des Sozialismus gesehen, sondern als Kritiker und Analytiker der kapitalistischen Gesellschaft. Ihr nähert er sich mit einer Kritik der Politischen Ökonomie, die die klassische, »bürgerliche« Wirtschaftswissenschaft nicht so sehr verwirft, als vielmehr überbieten sollte. Vor allem aber mit diesem Anspruch – und das scheint uns das eigentlich Gravierende – scheint Marx gescheitert zu sein. Denn Marx arbeitet nach der Auffassung der überwältigenden Mehrheit der zeitgenössischen Ökonomen, und das gilt sogar für nicht wenige Marxisten, mit einem für die Analyse der realen Wirtschaft untauglichen Instrument. Dieses Instrument ist die Arbeitswertlehre. Nach dieser Lehre bestimmt sich der Wert von Gütern, die als Waren ausgetauscht werden, durch die in ihnen vergegenständlichte Arbeit, und die Wertgröße entspricht genau der zu ihrer Produktion erforderlichen »gesellschaftlich notwendigen« Arbeitszeit.

---

[39] Vgl. Roemer (1994) für eine gegenteilige Auffassung.

Diese Lehre hat Marx von David Ricardo (1772–1823) übernommen. Die eigentliche Neuerung gegenüber Ricardo besteht freilich darin, dass Marx die Arbeitswertlehre auf die Arbeit selbst anwendet, also auf das *Vermögen, Werte zu produzieren*. Nun sagt Marx, der Wert der Arbeitskraft, nämlich der Wert der zu ihrer Reproduktion erforderlichen Güter sei geringer als der Wert, den die Arbeitskraft selbst hervorbringe. Diese Differenz nennt Marx den Mehrwert. Und diesen Mehrwert eignet sich in Form des Profits der Kapitalist an, der die Arbeitskraft vom Arbeiter kauft und für seine Zwecke nutzt. Das Problem dieser Wertanalyse liegt zunächst darin, dass der Profit nur realisiert werden kann in einer Tauschwirtschaft, in der Preise gezahlt werden. Der Wert ist eine innere Qualität der Ware, der Preis ein äußerlich wahrnehmbares Datum, und Marx muss behaupten, dass der Wert den Preis bestimmt. Wir werden unten in Abschnitt 8.1 darlegen, dass diese Behauptung nur unter ganz restriktiven und in der Wirklichkeit so gut wie nie gegebenen Bedingungen zutrifft.

Überdies hat Marx im nicht von ihm zu Lebzeiten, sondern erst nach seinem Tode von Engels publizierten dritten Band des *Kapitals* eine Theorie der Profitrate entwickelt, in der der Profit eben nicht dem im ersten Band dargestellten Mehrwert entspricht. Marx hat versucht, diesen offenkundigen Widerspruch aufzulösen oder besser gesagt zu kaschieren, was für viele Zweideutigkeiten und große Verwirrung gesorgt und das Verständnis seines Werkes ungemein erschwert hat. Wie wir unten in Kapitel 8 und 9 noch ausführlich zeigen werden, ist dieser Widerspruch nicht aufzulösen. So kann gegen Marx geltend gemacht werden, dass sein theoretischer Ansatz nicht dazu taugt, eine quantitative Analyse der Wirtschaft zu geben und eine wissenschaftlich befriedigende Beschreibung der Wirtschaft zu leisten.

Machen schon auf der einen Seite das Missverhältnis zwischen Wertanalyse und Preistheorie sowie Marx' Versuche, die Spannung zwischen beiden zu verdecken, die Lektüre seiner Texte mühsam, so kompliziert sich die Sache noch einmal durch die eigentliche Ambiguität des marxschen Wertbegriffes oder, wie Petry (1916: 28) sagt, durch den »Januskopf der marxschen Werttheorie«.

Marx hat immer heftig gegen die subjektive Werttheorie in der Politischen Ökonomie polemisiert, die Gütern insofern einen Wert beilegt, als diese von den Wirtschaftssubjekten geschätzt werden. Marx ist Vertreter einer objektiven Werttheorie, und, wie schon gesagt, gründet für Marx der Wert der Dinge in ihrer Eigenschaft, Arbeitsprodukte zu sein. Die Ambiguität dieses Wertbegriffes liegt nun darin, dass Marx auf der einen Seite diesen Begriff rein affirmativ nimmt und auf seiner Basis eine wissenschaftliche Analyse der kapitalistischen Ökonomie geben will, die den Anspruch erhebt, nach rein wissenschaftlichen Maßstäben der sogenannten bürgerlichen Nationalökonomie überlegen zu sein. Auf der anderen Seite aber will Marx eine grundlegende Kritik dieser Kategorie des Wertes leisten. Eine Konfusion entsteht nun daraus, dass Marx einerseits den Wert ganz konventionell als Grundbegriff seiner Analyse benutzt, aber diesen Begriff andererseits kritisch problematisiert und diese beiden Seiten nicht klar voneinander trennt. Dies soll im Folgenden erläutert werden.

Zunächst fällt auf, dass Marx die Eigenschaft der Dinge, Arbeitsprodukt zu sein, nur für eine notwendige, aber keinesfalls hinreichende Bedingung dafür hält, dass sie Wert haben. Wert haben Arbeitsprodukte nur als Waren, d.h. als Güter, die für den Austausch auf einem Markt produziert werden (MEW 23: 55). Ein Schrank zum Beispiel, den der Schreiner für den Eigengebrauch herstellt, hat also für Marx merkwürdigerweise keinen Wert. Warum nicht? Marx meint, der Wert sei in Wahrheit »etwas rein Gesellschaftliches« (MEW 23: 71) und basiere auf einem gesellschaftlichen Verhältnis. So ist der Wert die »Substanz« der Ware und zugleich etwas ganz Fragwürdiges. Denn dadurch, dass Waren einen Wert haben, wird nach Marx ein reales Abhängigkeitsverhältnis zwischen den Menschen, ein spezifisches Verhältnis der Arbeitsteilung und der wechselseitigen Verfügung über fremde Arbeitskraft verdeckt. Deswegen ist der Wert eine dialektische Kategorie: Er ist der Ausdruck eines spezifischen gesellschaftlichen Verhältnisses, das er zugleich verhüllt; denn der Wert lässt ein reales Abhängigkeitsverhältnis zwischen den Menschen als eine gesellschaftliche Beziehung zwischen Sachen erscheinen, worin die Menschen sich als voneinander unabhängige Produzenten gegenüberstehen. Der Wertbegriff bei Marx drückt also in etwa dasselbe aus, wie wenn Hegel (1983: 150) sagt, die Freiheit in der bürgerlichen Gesellschaft und ihrer Ökonomie sei »zugleich die höchste Abhängigkeit«. Bei Marx hat dieser Gedanke indes noch die besondere Pointe, dass für ihn das Abhängigkeitsverhältnis immer ein Verhältnis der Verfügung über fremde Arbeitskraft ist (MEW 3: 32). Verfügung über fremde Arbeitskraft aber ist für Marx das Wesen oder der Kern jeder Form der Herrschaft. Im Wertbegriff will Marx die Freiheit und Abhängigkeit in der kapitalistischen Wirtschaft als einen Schein entlarven, mit dem sich ein Herrschaftsverhältnis tarnt.

Man sieht leicht, dass es zu großer Verwirrung führen kann, wenn auf der einen Seite eine derartige Fundamentalkritik der bürgerlichen Ökonomie betrieben wird, deren Motive auf Hegel und noch stärker auf Rousseau zurückgehen und auf der anderen Seite damit zugleich eine wirtschaftswissenschaftliche Analyse betrieben wird, die als eine Variante der auf Ricardo zurückgehenden Arbeitswertlehre (Schumpeter 1980: 46) daherkommt.

Qualitative versus quantitative Wertbetrachtung

Soweit wir sehen, hat Franz Petry (1889–1915) diese beiden Seiten bei Marx klar erkannt und auseinandergehalten. Petry (1916: 45) unterscheidet eine qualitative Wertbetrachtung von einer quantitativen Anwendung des »Wertgesetzes«. Die qualitative Analyse des Wertes fragt danach, wie der Wert beschaffen ist, d. h. wie er unterschiedliche Privatarbeiten miteinander in Beziehung setzt. Die quantitative Analyse beschäftigt sich mit der Wertgröße, fragt also nach dem Wieviel und beschäftigt sich damit, in welchem zahlenmäßigen Verhältnis sich unterschiedliche Dinge als Wertgegenstände zueinander befinden. Auf der quantitativen Wertanalyse beruhen die »harten« Aussagen der marxschen Politischen Ökonomie wie das Gesetz des tendenziellen Falls der Profitrate, das »allgemeine Gesetz der kapitalistischen Akkumulation« (MEW 23: 640–740) und das »Gesetz des steigenden Wachstums des konstanten Kapitalteils [Maschinen, Anlagen] im Verhältnis zum variablen [Arbeit]« (ibid.: 651).

In der qualitativen »Wertbetrachtung« gibt Marx nach Petry eine »soziologische Analyse«, worin er »die unter den äußeren Formen des Konkurrenzsystems versteckte Organisationsform der menschlichen Arbeit herauspräparieren« will (ibid.: 29). In der quantitativen Analyse stellt uns Marx eine wenig taugliche ökonomische Theorie vor. Die Leistung von Marx liegt für uns eindeutig in der von Petry so bezeichneten qualitativen Wertbetrachtung.[40]

7. Analyse der kapitalistischen Produktionsweise

7.1 Die warentauschende Gesellschaft

Gebrauchswert und Tauschwert

Marx beginnt seine Analyse mit den Phänomenen. Der erste Satz des *Kapitals* lautet: »Der Reichtum der Gesellschaften, in welchen kapitalistische Produktionsweise herrscht, erscheint als eine ungeheure Warensammlung, die einzelne Ware als seine

---

[40] In diesem Sinne argumentiert auch Heinrich (2006: 208): »Wird die marxsche Werttheorie dagegen als eine quantitative Arbeitsmengentheorie aufgefaßt, deren wesentliche Aufgabe darin gesehen wird, den Nachweis zu führen, daß sich der Profit auf ein bestimmtes Quantum unbezahlter Arbeit zurückführen läßt [...], dann wird Marx auf das theoretische Niveau eines ›sozialistischen Ricardianers‹ reduziert. Marx stellt aber die viel fundamentalere Frage, in welcher Weise in einer Gesellschaft von Privatproduzenten ein kohärenter gesellschaftlicher Zusammenhang hergestellt wird.«

Elementarform.« (MEW 23: 49) Nähern wir uns unbefangen der modernen Gesellschaft, so sehen wir darin einen ungeheuren, allen früheren Gesellschaften unbekannten Reichtum. Aber dies ist nicht ein Reichtum einfach an Gütern, sondern an bestimmten Gütern, an Waren nämlich, also an Gütern, die alle für den Austausch auf Märkten bestimmt sind. Marx beschäftigt sich also zunächst mit der Ware als solcher, bzw. mit der Gesellschaft, die solche Waren tauscht. Diese warentauschende Gesellschaft, wie sie uns das erste Kapitel des *Kapitals* vorstellt, besteht aus lauter einzelnen, voneinander unabhängigen Produzenten, die alle über Privateigentum verfügen und ihre Produkte untereinander tauschen. Eine solche Gesellschaft hat es natürlich geschichtlich nie gegeben, weil sich der Warentausch immer mit etwas anderem überlagert hat, wie etwa der Subsistenzwirtschaft, feudalen Abhängigkeitsverhältnissen oder kapitalistischer Produktion. Von diesem allem sieht aber Marx zunächst ab. Das Bild der warentauschenden Gesellschaft ist indes der Wirtschaft nicht unähnlich, die Adam Smith (1775/1978) in den ersten Kapiteln im *Wohlstand der Nationen* beschreibt: Zwischen den einzelnen Produzenten herrscht Arbeitsteilung, jeder produziert für andere und ist umgekehrt auf deren Produkte angewiesen. Die Ware selbst wird von Marx in Anlehnung an Aristoteles bestimmt. Aristoteles (1994: 62; 1257 a 6–15) spricht im ersten Buch der *Politik* von einem doppelten Gebrauch, den man von den Dingen machen kann: Einmal kann man nützliche Dinge direkt verwenden, indem man etwa die Schuhe anzieht und damit herumgeht, oder indirekt, indem man sie gegen andere nützliche Dinge eintauscht. Auf diese aristotelische Unterscheidung geht Marx' Differenzierung von Gebrauchswert und Tauschwert zurück, die beide jeder Ware zukommen. Die Ware ist als Gut ein nützliches Ding, oder sie hat einen *Gebrauchswert*, und dass sie sich gegen einen anderen Nutzgegenstand, gegen eine andere Ware eintauschen lässt, ist ihr *Tauschwert*. Gebrauchswerte »bilden [...] die stofflichen Träger des – Tauschwerts« (MEW 23: 50).

Warentauschende Gesellschaft: eine verkehrte Welt

Das Eigentümliche an Marx' Analyse ist nun, dass sie einen Ge-
gensatz behauptet zwischen dem Grundcharakter menschlicher
Produktion und der Form, die diese Produktion in der waren-
tauschenden Gesellschaft annimmt. Für Marx ist menschliche
Produktion immer ein soziales Phänomenen. Sie ist stets ar-
beitsteilige Kooperation, und meistens ist sie verbunden mit
Ausbeutung und Herrschaft. Jede Tätigkeit ist daher ein »Glied
der gesellschaftlichen Gesamtarbeit« (MEW 23: 87). Dieser
Herrschaftscharakter arbeitsteiliger Kooperation ist in feudalen
Produktionsverhältnissen oder etwa in der zentral durch den
Pharao gelenkten Wirtschaft Altägyptens ganz offensichtlich.
Nicht so jedoch in der Tauschgesellschaft. Hier gibt es dem Anschein nach nur individuelle unabhängige Privatarbeit und keine offensichtliche und zentrale Koordination. Diese Privatarbeit
hält Marx aber nur für die Erscheinungsform ihres Gegenteiles,
nämlich für die Erscheinungsform gesellschaftlicher Arbeit.
Deshalb ist die warentauschende Gesellschaft eine »verkehrte
Welt«. Sie ist eine verkehrte Welt, weil sich in ihr die Verhältnisse der Personen als »gesellschaftliche Verhältnisse der Sachen« (ibid.) darstellen. Nicht Menschen, sondern Waren beziehen sich hier aufeinander.

Waren als Erscheinungsform von Wert

Waren haben einen Tauschwert. »Der Tauschwert erscheint zunächst als das quantitative Verhältnis, worin sich Gebrauchswerte einer Art gegen Gebrauchswerte anderer Art austauschen.«
(MEW 23: 50) Im Austausch werden Waren oder ihre Tauschwerte einander gleichgesetzt. Sie »drücken ein Gleiches aus«,
und »der Tauschwert kann überhaupt nur die Ausdrucksweise,
die ›Erscheinungsform‹ eines von ihm unterscheidbaren Gehalts
sein« (ibid.: 51). Dieser Gehalt ist der *Wert* der Waren. Waren
sind Wertgegenstände. Dies bedeutet für Marx, dass sie als sinnliche Gegenstände oder als Gebrauchswerte (der konkrete Ge-

genstand der Ware und ihr Gebrauchswert sind für Marx einerlei), wie Marx sagt, *Erscheinungsform* von Wert sind (MEW 23: 70). Warum gebraucht Marx diese eigentümliche Sprache? Wieso haben Gegenstände als Waren nicht nur unter anderen Eigenschaften auch die Eigenschaft, Wert zu haben, sondern sind die *Erscheinungsform* dieses Werts? Die warentauschende Gesellschaft wird von Marx in der Sprache der philosophischen Metaphysik beschrieben, in der sinnliche Gegenstände die Erscheinungsform eines nichtsinnlichen Wesens sind. Marx spricht so bei der Analyse der Ware ebenfalls von »Erscheinung«, von einer nichtsinnlichen »Substanz« der Ware und von der Ware als einem »sinnlich übersinnlichem Ding« (MEW 23: 85–6). Das ist für einen Denker, der sich selbst als Materialisten bezeichnet, bemerkenswert. Die metaphysische Ausdrucksweise hat indes eine kritische oder ironische Pointe. Um das zu verstehen, müssen wir etwas weiter ausholen.

Wie Hegel in der *Wissenschaft der Logik* bemerkt, ist auch die »an und für sich seiende Welt die verkehrte der erscheinenden« (Hegel 1969.6: 161). Hegel hat ganz Recht; denn Platon, der erste Metaphysiker, lehrt: Nicht die sinnlichen Dinge sind das wahrhaft Wirkliche, sondern die Idee dieser Dinge, und die sinnlichen Dinge selbst sind nur deren unwirkliche Schatten. So ist ein einzelner, sinnlicher Baum nur ein Abglanz der Idee des Baumes. Oder man kann den einzelnen Baum als Erscheinungsform der Wesenheit des Baumes verstehen. So würde es Aristoteles ausdrücken. Kant dagegen spricht in der *Kritik der reinen Vernunft* von einem Ding, wie es in unserer Erscheinung gegeben ist im Gegensatz dazu, was das *Ding an sich* ist, welches wir nach Kant freilich nicht als solches erkennen können. In jedem Falle sagt die Metaphysik, dass die Dinge nicht einfach das sind, als was sie sich sinnlich präsentieren; denn sie haben ein sinnlich nicht fassbares Wesen. Auch wenn man einen Baum zersägt und sein Inneres nach außen kehrt, wird man niemals auf dieses *metaphysische Innere*, nämlich die Idee oder das Wesen des Baumes stoßen.

Die Metaphysik stellt also die Dinge gleichsam auf den

Kopf, und diese Struktur der Metaphysik überträgt Marx nun auf die Ware. Die Ware ist ein sinnliches Ding oder ein sinnlicher Gegenstand, doch sie ist die Erscheinungsform von etwas anderem. Das Wesen der Ware ist der Wert. Auch die marxsche Warenanalyse stellt die Dinge auf den Kopf: Der Wert ist bei Waren keine Eigenschaft der Dinge, die sie unter anderen hätten, sondern er ist ihr Wesen. Er ist das Innere der Dinge, das, was sie als »Dinge an sich« sind: »Könnten die Waren sprechen, so würden sie sagen, unser Gebrauchswert mag den Menschen interessieren. Er kommt uns nicht als Dingen zu. Was uns dinglich zukommt, ist unser Wert. Unser eigener Verkehr als Warendinge beweist das. Wir beziehen uns nur als Tauschwerte aufeinander.« (MEW 23: 97)

Den Gebrauchswert der Waren machen im Gegensatz zu ihrem Wert ihre sinnlichen Eigenschaften aus, und so sagt Marx: »Gebrauchswert wird zur Erscheinungsform seines Gegenteils, des Werts.« (MEW 23: 70) Der Wert aber ist nichts Sinnliches. Man kann ihn nicht anfassen. Doch der Wert ist auch kein bloßes Gedankending. Marx ist natürlich nicht der Meinung, dass natürliche Dinge nur der Schatten ihrer Idee sind, wie Plato sagt; für Marx wäre diese Idee nichts als eine gedankliche Abstraktion. Mit dem Wert verhält es sich anders, weil der Wert, wie Marx unterstellt, tatsächliche Austauschverhältnisse bestimmt. Doch während es für Plato in der Natur des Kosmos liegt, dass sinnliche Dinge nur Schatten ihrer Idee sind, ist der Wert für Marx etwas »rein Gesellschaftliches« (MEW 23: 71); es liegt nicht in der Natur von Gegenständen oder Produkten, Wert zu haben. Der Wert ist nur ein Produkt der Struktur des Warentausches, der gesellschaftliche Produktion als Privatproduktion maskiert.

Falscher Schein und realer Schein

Nun müssen wir noch einen Schritt weiter gehen. In der Metaphysik geht es nicht nur um Wesen und Erscheinung, sondern auch um einen (falschen) Schein. Bei Plato liegt dieser Schein darin, dass man die Erscheinung für das Eigentliche, das Wirkliche hält. Das Wirkliche ist aber nach Plato die Idee, und die sinnlichen Dinge sind nur deren Erscheinung oder ein Schatten der Idee. In unserer natürlichen Wahrnehmung halten wir zwar diese sinnlichen Dinge für das Wirkliche – wie etwa eine Tasse, die ich in der Hand halte – und »die Idee der Tasse« für etwas davon Abgezogenes, eine gedankliche Abstraktion. Diese »natürliche Ansicht« der Sache ist für Plato jedoch scheinhaft, also letztlich falsch. Während der Begriff *Erscheinung* affirmativ gemeint ist, weil diese einen klaren Bezug zum Wesen der Sache hat, bedeutet »Schein« dagegen stets einen wesenlosen Schein; so ist der Schein eine Täuschung, denn er ist wesenlos, das heißt er täuscht ein Sein vor. Scheinhaft ist daher für Plato nicht die Erscheinung als solche, sondern dass wir in unserer natürlichen Weltsicht diese Erscheinung für die Sache selbst halten.

Auch Marx spricht nicht nur von Wesen und Erscheinung, sondern ebenfalls von einem Schein. Doch Marx ist kein Platoniker, und bei ihm ist die Angelegenheit komplizierter. Marx führt die Metaphysik in einer ironischen Brechung vor, und darin ist er ganz von Hegel geprägt. Im zweiten Teil seiner *Wissenschaft der Logik*, der die Logik des Wesens zum Gegenstand hat, hatte Hegel zeigen wollen, dass die gedankliche Struktur von Wesen und Erscheinung als Ganze vom Schein oder vom Scheinen bestimmt ist. Wesen und Erscheinung sind bei Hegel Reflexionsbestimmungen, weil sie nur in Beziehung zueinander überhaupt gedacht werden können, oder wie Hegel sagt, ineinander reflektieren. Das Wesen ist eben etwas, das erscheint oder »hinter« der Erscheinung steht, und die Erscheinung ist andererseits stets die Erscheinung eines Wesens. Es ist also gar nicht so, wie die Metaphysik glaubte, dass das Wesen das Wirkliche, Ursprüngliche, und die Erscheinung nur etwas davon Abgeleitetes ist. Bei Reflexion, was wörtlich »Zurückbeugung« heißt, soll man dabei durchaus an die notwendig täuschende Reflexion in einem Spiegel denken, der uns etwas zeigt, das dort, wo wir es zu erblicken glauben, gar nicht ist: Ich sehe ja im Spiegel nur mich und nicht einen Anderen, der mir gegenübersteht, auch wenn es für mein Auge genau so aussieht. Pointiert könnte man daher sagen, auch Wesen und Erscheinung sind nur gleichsam Spiegelbilder, Reflexionen voneinander.

Hegel legt nun weiter dar, dass dieser Schein in der Beziehung von Wesen und Erscheinung sich notwendig in unserem Denken erzeugt, also nicht nur ein Fehler ist, der dem Denken unterläuft. Und das greift Marx auf. Das heißt nun: Der Schein, der sich mit der Metaphysik der Ware verbindet, besteht nicht darin, dass wir nicht sehen würden, dass der sinnliche Warengegenstand, der Gebrauchswert nur eine Erscheinungsform von Wert ist. Es ist vielmehr umgekehrt: Diesem Schein unterliegen wir paradoxerweise genau dann, wenn wir als warentauschende Akteure sinnliche Gegenstände, als Waren, das heißt, als *Wert*gegenstände oder als Träger von Wert betrachten. Denn dann scheinen nicht wir uns auf andere Menschen, sondern vielmehr unsere Waren sich auf andere Waren, die Waren sich also »als Tauschwerte aufeinander« zu beziehen. Und im Wert, der Gegenstände zu einer »Gallerte« menschlicher Arbeit macht, nimmt diese Arbeit, die in Wahrheit gesellschaftliche Arbeit ist, den falschen Schein an, individuelle Privatarbeit zu sein. Doch dieser Schein ist nicht einfach eine falsche Ansicht von der Sache, die wir haben können oder auch nicht, sondern er erzeugt sich notwendig durch den Austausch von Waren selbst: Er ist ein *realer Schein*.

Das Verschwinden des falschen Scheins im Sozialismus und Kommunismus

Der *reale* Schein ist also ein Schein, der nicht bloß in den Köpfen, sondern auch in der realen Welt existiert. Die wissenschaftliche Analyse dieses Scheins bringt diesen deshalb auch nicht zum Verschwinden, sie »verscheucht keineswegs den gegenständlichen Schein der gesellschaftlichen Charaktere der Arbeit« (MEW 23: 88). Auch wenn Karl Marx selbst, der uns den Schein durchschauen gelehrt hat, zum Beispiel auf dem Markt Nahrungsmittel für seine Familie einkauft, bewegt er sich weiter in dieser scheinhaften Welt, in der der Wert die Substanz alltäglich sinnlicher Gegenstände ist. Es ist also nicht ausreichend, wie die Linkshegelianer glaubten, das falsche Bewusstsein über sich selbst aufzuklären und in ein wahres Bewusstsein zu verwandeln, um die falsche Metaphysik aus der Welt zu schaffen. Diese falsche, aber reale Metaphysik der Ware verschwindet erst durch einen Wandel des Produktionsverhältnisses – etwa hin zu einem »Verein freier Menschen [...], die mit gemeinschaftlichen Produktionsmitteln arbeiten und ihre vielen individuellen Arbeitskräfte selbstbewußt als eine gesellschaftliche Arbeitskraft verausgaben« (MEW 23: 92–3) – einer Chiffre für Sozialismus oder Kommunismus. Im Sozialismus nämlich sind »die gesellschaftlichen Beziehungen der Menschen zu ihren Arbeiten und ihren Arbeitsprodukten [...] durchsichtig einfach in der Produktion als auch in der Distribution« (MEW 23: 93). Im Sozialismus oder Kommunismus[41] als einem »Verein freier Menschen« (MEW 23: 92) gibt es keine Waren mehr, die Dinge haben keinen Wert, sie sind einfach nur sie selbst. Die falsche Metaphysik, der falsche Schein sind verschwunden.

»Der Wert der Ware [...] stellt menschliche Arbeit schlechthin dar« (MEW 23: 59); er ist selbst folglich nur ein Ausdruck geronnener Arbeit. Dass Marx andere Faktoren wie die Grundrente und Kapitalrente unberücksichtigt lässt, geht darauf zurück, dass Marx sich in seiner soziologischen Analyse nur für die »versteckte Organisationsform der Arbeit« (Petry 1916: 29) interessiert. Diese Analyseperspektive ist rein *qualitativer* Natur. Probleme im marxschen Werk entstanden daraus, dass er den Wert, den er ausschließlich an die Arbeit band, zum Grundbegriff seiner *quantitativen* Analyse realer Austauschverhältnisse machen wollte.

»Wenn ich sage, Rock, Stiefel usw. beziehen sich auf Leinwand als die allgemeine Verkörperung abstrakter menschlicher

---

[41] Bei Marx selbst wird zwischen Sozialismus und Kommunismus noch nicht streng unterschieden.

Arbeit, so springt die Verrücktheit dieses Ausdrucks ins Auge. Aber wenn die Produzenten von Rock, Stiefel usw. diese Waren auf Leinwand – oder auf Gold und Silber, was nichts an der Sache ändert – als allgemeines Äquivalent beziehn, erscheint ihnen die Beziehung ihrer Privatarbeiten zu der gesellschaftlichen Gesamtarbeit genau in dieser verrückten Form.« (MEW 23: 90) Was Marx hier als »verrückt« bezeichnet, ist die Austauschrelation, in der Gegenstände allein Waren sind und einen Wert haben: »Um Ware zu werden, muß das Produkt [...] durch den Austausch übertragen werden.« (MEW 23:55) Stärker kann man kaum ausdrücken, dass man den Wert selbst keineswegs affirmativ sieht, sondern ihn in einer kritischen Perspektive als Element einer höchst fragwürdigen Form gesellschaftlicher Kooperation versteht. Überwindung kapitalistischer Produktionsweise heißt daher auch, dass die Gesellschaft gleichsam von einer Geisteskrankheit kuriert wird. Diese kritisch distanzierende Perspektive auf eine Kategorie der Politischen Ökonomie, nämlich den Wert, und ihre Denunziation als Signum einer Pathologie muss man in Gedanken haben, wenn man sich Marx' Kapitalanalyse zuwendet, in der sich diese »Verrücktheit«, der offenbar schon der einfache Warentausch unterliegt, noch einmal steigern wird (siehe unten Abschnitt 7.4).

Erste Einschätzung der Theorie der
warentauschenden Gesellschaft

Nach diesen allgemeinen und grundsätzlichen Überlegungen versuchen wir eine erste Einschätzung, eine Bestandsaufnahme der marxschen Theorie der warentauschenden Gesellschaft. Es zeigt sich, dass wir in Marx' Theorie der Ware eine qualitative und eine quantitative Ebene unterscheiden und auseinanderhalten müssen. Zur *quantitativen* Analyse trägt diese Untersuchung der warentauschenden Gesellschaft nicht viel bei, sieht man einmal ab davon, dass hier die Arbeitswertlehre formuliert wird. Der Schwerpunkt und das eigentliche Interessante liegen in der *qualitativen* Analyse. Marx will nämlich darlegen, dass die Struktur des Warentausches systematisch reale gesellschaftliche Abhängigkeitsverhältnisse als Beziehung voneinander unabhängiger Produzenten und Privateigentümer maskiert und damit »mystifiziert«; denn schon in der *Deutschen Ideologie* haben Marx und Engels (MEW 3: 23) erklärt, dass Eigentum stets »Verfügung über fremde Arbeitskraft« impliziert.

Von daher ergibt sich eine aufschlussreiche Perspektive auf Marx' Idee der *kommunistischen Gesellschaft*. Diese wird, wie Marx wiederholt erklärt, das Privateigentum und die private Produktion aufheben und damit jene »Befreiung vom Eigentum« (MEW 1: 369), welche Marx in seiner Schrift *Zur Judenfrage* an den »sogenannten Menschenrechten« vermisst hatte (ibid.: 366). Die Aufhebung des Eigentums ist für Marx kein Freiheitsverlust; denn in der kommunistischen Gesellschaft treten nur gesellschaftliche Abhängigkeitsverhältnisse deutlich hervor, die in der warentauschenden oder kapitalistischen Gesellschaft auch schon bestehen und nur durch einen *Schein individueller Freiheit* verdeckt sind. Hier herrschen »Gleichheit und Freiheit, die sich ausweisen als Ungleichheit und Unfreiheit« (Grundrisse: 160). Von der Beseitigung dieses Scheins erwartet Marx daher eine wirkliche Befreiung. Anders als noch Hegel (1969.7: 102), für den die Freiheit der Person nur wirkliche Freiheit ist, wenn die Person Eigentum hat, sieht Marx in individueller Freiheit und Eigentum also nur eine scheinhafte Freiheit, gegen die er eine gemeinschaftliche oder gesellschaftliche Freiheit (MEW 23:, 92–93) als die wahre Freiheit ausspielt. Eine problematische und verhängnisvolle Seite des Marxismus findet sich hier angelegt. Denn auch wenn die individuelle Freiheit scheinhafte Züge hat und tatsächlich, wie es Hegel und auch schon im Grunde Adam Smith gesehen haben, ebenso Abhängigkeit von anderen ist – und auch wenn die Fähigkeit, gemeinschaftlich und koordiniert zu handeln, einen Freiheitsgewinn darstellt; in der Praxis hat die Denunziation der individuellen Freiheit immer zur Unterdrückung und Zerstörung von Freiheit überhaupt geführt. Wir wollen nicht sagen, dass die kollektive Freiheit nur eine scheinhafte Idee ist. Doch wenn man sie gegen die individuelle Freiheit ausspielt, dann wird zuerst die individuelle Freiheit verschwinden und dann auch die kollektive.

7.2 Die »logisch-historische Methode« und der Übergang von der Ware zum Geld

Logisch-historische Methode

Die im vorigen Abschnitt behandelte Analyse der einfachen warentauschenden Gesellschaft ist die Basis der marxschen Theorie der kapitalistischen Produktion. Meek (1967/1974: 17) bemerkt, Marx beschreibe die Entstehung dieser Produktionsweise so, als ob diese plötzlich über die Struktur des einfachen Warentausches hereinbräche. Das ist richtig gesehen, aber warum tut Marx das? Ist es nicht paradox, dass Marx einerseits geschichtlich denkt und argumentiert und andererseits dennoch die tatsächliche geschichtliche Entwicklung zu ignorieren scheint? Geschichtlich hat sich nämlich die kapitalistische Produktion nicht in einer Gesellschaft entwickelt, die aus einfachen privaten (Waren-)Produzenten besteht.

Eine Deutung dieses anscheinend paradoxen Vorgehens von Marx hat Friedrich Engels in seiner Rezension der marxschen Schrift »Zur Kritik der Politischen Ökonomie« von 1859 gegeben, einer Schrift, die eine frühe Fassung der ersten drei Kapitel des späteren ersten Bandes des *Kapital* darstellt. Engels hat Marx' Vorgehen dort in einer Weise charakterisiert, die später im Marxismus als »logisch-historische Methode« bezeichnet worden ist. Die von Marx befolgte Methode gehe auf Hegel zurück, der als erster »in der Geschichte eine Entwicklung, einen innern Zusammenhang nachzuweisen versuchte« (MEW 13: 474). Marx habe Hegels »Methode« nur »von ihren idealistischen Umhüllungen« »entkleidet« (ibid.). Denn nach Engels und auch nach Marx selbst spielt sich bei Hegel alles immer nur in Gedanken oder eben in der Idee ab, während Marx und Engels für sich in Anspruch nehmen, auch die Wirklichkeit im

Blick zu haben. Wir werden gleich darauf zu sprechen kommen, was von dieser Selbsteinschätzung zu halten ist.

Aber warum ist die »logisch-historische Methode« bei Marx das adäquate Verfahren und was ist ihre Besonderheit? Dem Konzept der »logisch-historischen Methode« liegt nach Engels die Überzeugung zugrunde, dass die Geschichte, wenn auch »oft sprungweise und im Zickzack« (MEW 13: 475), einer bestimmten Logik folgt und – in Engels' wie meist etwas vergröbernden, aber griffigen Formulierungen[42] – »im ganzen und großen auch von den einfachsten zu den komplizierteren Verhältnissen fortgeht« (ibid.: 474). Die »logisch-historische Methode« aber schält diese Logik der geschichtlichen Entwicklung heraus, indem sie sie »der historischen Form und der störenden Zufälligkeiten« »entkleidet«, und sie »war also allein am Platz«, wie Engels feststellt (ibid.: 475; vgl. auch Reichelt 1970: 133). Doch was heißt hier »logisch«? Wie sieht der logische Zusammenhang zwischen kapitalistischer Produktionsweise und Warentausch aus?

Im Hinblick auf dieses Problem finden sich auch bei Marx Bemerkungen zur Methode, die etwa zeitgleich mit Engels Rezension entstanden und die noch etwas erhellender sind als Engels' ein wenig holzschnittartige Formulierungen. Die von Marx selbst nicht veröffentlichte, unvollendet gebliebene *Einleitung zur Kritik der Politischen Ökonomie* enthält einen Abschnitt mit dem Titel »Die Methode der Politischen Ökonomie« (MEW 13: 631). Dort stellt Marx zwei entgegengesetzte Verfahrensweisen oder Methoden der Politischen Ökonomie einander gegenüber. Die erste dieser Methoden beginnt beim »Realen und Konkreten«, das sie gleichsam in immer einfachere Bestandteile zerlegt. So gelange man »von dem vorgestellten Konkreten auf

---

[42] Es ist in der Literatur eine vieldiskutierte Frage, ob oder inwieweit Engels Marx' Gedanken richtig interpretiert. Wir neigen im Allgemeinen der Meinung Hannah Arendts (1994: 28) zu, dass Engels »entgegen der unter Marx-Forschern verbreiteten Ansicht Marx' Gedanken immer adäquat, wenn auch manchmal in einer verkürzenden, spruchartig popularisierenden Form wiedergibt«.

immer dünnere Abstrakta, bis ich bei den einfachsten Bestimmungen angelangt wäre«. Diese einfachen Bestimmungen wären dann die Elemente, aus denen sich das Konkrete aufbaut. Doch diese Methode »zeigt sich [...] bei näherer Betrachtung [als] falsch«. Denn die »einfachen Bestimmungen« setzen immer schon das Ganze des Konkreten voraus. »Z. B. die einfachste ökonomische Kategorie, sage z. B. Tauschwert, unterstellt Bevölkerung, Bevölkerung produzierend in bestimmten Verhältnissen; auch gewisse Sorte von Familien-, Gemeinde- oder Staatswesen etc.« (ibid.: 632). Mit anderen Worten: die »einfachen Bestimmungen« sind nicht logische Voraussetzungen des Konkreten, sondern setzen umgekehrt dies Konkrete voraus; sie sind nur als dessen Elemente überhaupt verständlich. Bezogen auf die Ware würde das heißen: Die Ware ist ein reales Ding und der Warentausch ist ein realer Vorgang. Die kapitalistische Produktion ist auch etwas Reales, aber etwas viel Komplexeres als Ware und Warentausch. Aber sie lässt sich nicht einfach aus Ware und Warentausch ableiten; vielmehr können wir Ware und Warentausch erst wirklich verstehen, wenn wir wissen, was kapitalistische Produktion ist. Und für die Realität bedeutet das, einen entwickelten Warentausch gibt es nur in der kapitalistischen Produktionsweise, ebenso wie eine entwickelte Geldwirtschaft. Das schließt aber nicht aus, dass Warentausch und Geldwirtschaft schon auftreten, bevor es eine entwickelte kapitalistische Produktion gibt (ibid.: 633). Doch das ist für Marx eine »historische Zufälligkeit« und als solche nicht erheblich.

Das Komplexe ergibt sich also nicht aus dem Einfachen, vielmehr ist es selbst der »Schlüssel« zu diesem Einfachen: »Die bürgerliche Ökonomie liefert so den Schlüssel zur antiken etc.« (MEW 13: 636) Und wie steht das nun zur Geschichte, die »von den einfachsten zu den komplizierteren Verhältnissen fortgeht«?

Marx erzählt ja in den ersten Kapiteln des *Kapitals* keine *Geschichte*, weder eine reale noch ein fiktive, in der sich Geldwirtschaft und kapitalistische Produktion aus dem Warentausch entwickeln. Marx will auch nicht die kapitalistische Produktion aus den Elementen Warentausch und Geldwirtschaft konstruieren. Vielmehr will er zeigen, daß die Analyse der Ware aus sich selbst, nämlich »logisch«, zum Begriff des Geldes und des Kapitals führt.

»Logisch« ist hier nicht im Sinn der formalen Logik zu verstehen. Vielmehr ist der Gebrauch, den insbesondere Engels von diesem Begriff macht, von Hegels *Wissenschaft der Logik* inspiriert. Dort behandelt Hegel die fundamentalen Bestimmungen, in denen wir denken und die Wirklichkeit begreifen. Das Denken ist in Hegels Verständnis prozessual (Fulda 2003: 101) – wir haben oben in Abschnitt 3.1. unter dem Titel »Dialektik« schon Einiges dazu gesagt. Das Denken geht nach Hegel immer von einfachen Bestimmungen zu reicheren, komplexeren über. Die Beziehung der komplexen zu den einfachen Bestimmungen, wie etwa Wesen zu Sein, ist eine doppelte. Einerseits ist die komplexe Bestimmung im Gang des Denkens aus der einfachen »hervorgegangen« und daher das Resultat, also irgendwie abgeleitet und abhängig von der einfachen Bestimmung. Aber dieses Abhängigkeitsverhältnis kehrt sich nun um. Denn in Wahrheit ist es andererseits die komplexere Denkbestimmung, die es erst ermöglicht, die einfache angemessen zu denken. Der Gedanke des Seins führt uns zwar auf den des Wesens, doch erst wenn wir verstanden haben, was das Wesen ist, können wir nach Hegel einen angemesseneren Begriff vom Sein haben. Deswegen kann auch das Wesen als der Grund des Seins angesehen werden.

Dieses Verfahren befolgt Hegel nicht nur in der Logik, die es mit reinen Denkbestimmungen zu tun hat, sondern auch in seiner Realphilosophie, in der es um wirkliche Dinge und Verhältnisse, wie die Natur, den Geist, das Recht etc. geht. Ein Blick auf Hegels *Rechtsphilosophie* kann das verdeutlichen. Dort ergibt sich der Begriff des Staates aus dem der »bürgerlichen Gesellschaft«. Das bedeutet auch bei Hegel nicht, dass der Staat aus einer Gesellschaft von Privatpersonen mit einer Marktwirtschaft hervorgeht, wie dies in der Regel in der Theorie des Gesellschaftsvertrages skizziert wird (Hegel 1969.7: 400; vgl. Petersen 1996: 247 f.). Hegel legt vielmehr dar, dass die Analyse der bürgerlichen Gesellschaft notwendig auf den Begriff des Staates führt und der Staat als einer gedacht werden muss, der eine bürgerliche Gesellschaft von Privatpersonen und Marktakteuren enthält. Darin erweist sich der Staat als »wahrhafter Grund« der bürgerlichen Gesellschaft (Hegel 1969.7: 397).

Übergang von der Ware zum Geld

In dieser Weise ist auch im *Kapital* die kapitalistische Produktion der »Grund« des einfachen Warentauschs und das Geld der Grund des Austauschverhältnisses, in dem die Waren ihren Wert darstellen. Auch das Geld ergibt sich als Resultat der Warenanalyse (MEW 23: 83 f.). Doch wie bei Hegel ist auch das Resultat, bei Marx das Geld, dasjenige, das erst ein adäquates Begreifen der einfacheren Bestimmung, nämlich der Ware, erlaubt.[43]

Diese komplexe Struktur der marxschen Warenanalyse ist nun auch der Grund für eine Kontroverse, die um sie in der Marxliteratur geführt wird. Die Frage ist dabei, ob Marx eine monetäre oder promonetäre Werttheorie vertritt.[44] *Monetäre Werttheorie* bedeutet: Waren haben Wert nur in ihrem Bezug auf das Geld; ohne Geld gibt es so etwas wie einen Warenwert gar nicht. In einer *prämonetären Werttheorie* haben Waren einen Wert, auch ohne dass Geld ins Spiel kommt: Der Wert von Gütern oder Waren ist ganz unabhängig von realen Austauschprozessen und eventuell auch vom Geld.[45]

---

[43] Vgl. Reichelt (1970: 134): »Der Kapitalbegriff wird also vorausgesetzt, um jene historische Entwicklung des Kapitals nachzuzeichnen, die zum Kapitalismus führte, und damit auch zu jenen Verhältnissen, auf deren Grundlage überhaupt die Formulierung dieses Begriffs möglich war.«

[44] Die Kontroverse ist gut dokumentiert bei Heinrich (2006: 196–251; Kap. 6: »Die monetäre Werttheorie«).

[45] Heinrich (2006: 220, 250) vertritt die These, dass Marx im Gegensatz zur Klassik eine »monetäre Werttheorie« vertritt, also bereits die Warenanalyse eine Geldtheorie voraussetze.

Es ist charakteristisch für Marx' Verfahren, dass sich für beide Ansichten Argumente finden lassen. Denn zunächst entwickelt Marx die Werttheorie, ohne auf das Geld zurückzugreifen. Waren »drücken« ihren Wert in einer anderen Ware »aus«, wie Leinwand in einem Rock (MEW 23: 63). Das erscheint soweit als prämonetäre Werttheorie. Doch ist diese Aussage nicht als Element einer Theorie des Naturaltauschs zu verstehen. Denn es lässt sich argumentieren, dass die das Wertmaß bildende »abstrakte Arbeit« (MEW 23: 72) sich letztlich nur im Geld als einer »Ware, deren Naturalform zugleich unmittelbar gesellschaftliche Verwirklichungsform der menschlichen Arbeit in abstracto ist« (ibid.: 156), ausdrücken kann.[46] Demgemäß ergibt sich das Geld tatsächlich »logisch« aus dem Begriff der Ware. Insofern wäre die marxsche Werttheorie monetär zu interpretieren.

Wir haben es also bei Marx mit einem »logischen« Übergang vom Gedanken der Relation Ware zu Ware zu einer Struktur zu tun, in der die Waren ihren Wert in Geld darstellen oder »ausdrücken«. Doch das ist, wie Marx hervorhebt, kein Übergang des reinen Denkens. Der Übergang vollzieht sich vielmehr »historisch«, nämlich im wirklichen Tun der »Warenbesitzer«; diese »haben schon gehandelt, bevor sie gedacht haben« (MEW 23: 101). Denn nur ihre »gesellschaftliche Tat kann eine bestimmte Ware zum allgemeinen Äquivalent machen.«[47] Das ist also das, was die »logisch-historische Methode« eigentlich meint: Es gibt ein Geschehen, dass sich beobachten lässt und

---

[46] Heinrich (2006: 219) stellt daher zutreffend fest: »›Abstrakte Arbeitszeit‹ ist derjenige Anteil der vom individuellen Produzenten privat verausgabten konkreten Arbeitszeit, der im Tausch als Bestandteil der gesellschaftlichen Gesamtarbeit anerkannt wird. Und diese Anerkennung – und damit auch die Messung ›abstrakter‹ Arbeitszeit« – erfolgt […] nur vermittels des Geldes.«

[47] Ibid. Vgl. Heinrich (2006: 231): »Nicht als Resultat der Wertformanalyse ergibt sich Geld, sondern erst als Resultat des Austauschprozesses, der zwar willentlichen aber durch die Gesetze der Warenwelt bestimmten Handlungen der Warenbesitzer.«

von dem der Historiker berichten kann, das aber einem inneren, »logischen« Zusammenhang folgt.

Dieses Verfahren hat nun weitaus mehr mit Hegel zu tun, als Marx einzuräumen bereit ist (ibid.: 632). Marx neigt nämlich dazu, das »wirkliche Tun« als das »Materialistische« seiner Darstellung gegen Hegels Idealismus herauszustreichen, in dem Alles im Gedanken des Philosophen geschehe (MEW 13: 632): »Hegel geriet daher auf die Illusion, das Reale als Resultat des sich in sich zusammenfassenden, in sich vertiefenden und aus sich selbst sich selbst bewegenden Denkens zu fassen.« Doch diese Charakterisierung Hegels ist irreführend. Denn rein gedankliche Übergänge kennt Hegel nur in der *Wissenschaft der Logik*, die eben Denkbestimmungen untersucht, nicht aber in der Realphilosophie. Dort, und namentlich in seiner *Rechtsphilosophie*, sind Übergänge stets an ein reales Geschehen gebunden. Wenn Hegel in der *Rechtsphilosophie* etwa sagt, dass sich in der bürgerlichen Gesellschaft »das Allgemeine« gegen die Besonderheit der »Privatpersonen« gemäß einem (»logischen«) »Interesse der Idee« durchsetze, so geschieht das auch für Hegel durch ein bestimmtes (wenn man so will »historisches«) Handeln dieser Privatpersonen, die in der Bildung ihr Wissen und Wollen in formeller Weise allgemein machen, sich nämlich an allgemeine gesellschaftliche Erfordernisse anpassen (Hegel 1969.7: 343).

Die große Nähe zu Hegel zeigt sich trotz Marx' Abgrenzungsversuchen darin, dass auch bei ihm in einem »historischen« Geschehen – der »Tat« der »Warenbesitzer« – das »logische« Moment das Entscheidende bleibt. Aus der »gesellschaftlichen Tat« der Warenbesitzer wird unversehens »die gesellschaftliche Aktion aller anderen Waren«. D. h. die Waren sind plötzlich die Akteure, und es ist die Aktion der Waren, die »eine bestimmte Ware aus[schließt], worin sie [die Waren] allseitig ihre Werte darstellen« (MEW 23: 101). Wegen der Dominanz des »logischen« Moments ist der Übergang von der Ware zum Geld bei Marx also auch nicht als eine reale oder fiktive Geschichte zu verstehen: Marx will keineswegs behaupten, der

Geldgebrauch habe sich aus dem Naturaltausch Ware gegen Ware entwickelt.

7.3 Geld

Kapitalistische Produktion ist eine Produktion, die durch das Geld vermittelt wird. Ihre Analyse setzt daher eine Theorie des Geldes voraus. Marx hat eine solche Geldtheorie entwickelt. In der Philosophie gehört Marx damit zu den seltenen Autoren, die sich nicht nur mit der Wirtschaft befassen, sondern auch dem Geld als solchem Aufmerksamkeit widmen. Ansätze zu einer Theorie des Geldes findet man vor Marx nur bei Aristoteles, bei John Locke, Immanuel Kant und bei Adam Smith (*Wohlstand der Nationen*, Kapitel 4).[48] Bei Hegel, der ja immerhin eine philosophische Theorie der modernen Wirtschaft entwickelt, kommt das Geld dagegen fast überhaupt nicht vor.[49]

Geld: Tauschmittel oder Schuldschein?

In den philosophischen Geldtheorien wird das Geld in der Regel doppelt bestimmt. Zum einen ist es ein Maß entweder des Wertes der Waren oder (bei Aristoteles) des Bedürfnisses (Aristoteles 1995: 112 f.; Nikomachische Ethik 1133 a 18 ff.). Zum anderen wird das Geld als Tauschmittel gesehen, das in komplexeren Verhältnissen den Austausch von Gegenständen erleichtert (Aristoteles 1994: 63; Politik 1257 a 32–1257 b 1). Daher sagt die konventionelle Geldtheorie, das Geld entwickle sich aus

---

[48] Auch nach Marx hat das Geld wenig Interesse bei Philosophen erregt. Georg Simmels *Philosophie des Geldes* (2008) ist ein Solitär. In der Gegenwart ist das Buch von David Graeber, *Schulden*, 2011, zwar kein philosophisches Buch, aber es ist für die Frage nach dem Wesen des Geldes von philosophischem Interesse.

[49] Beiläufig erwähnt Hegel an einer Stelle der *Rechtsphilosophie* »das allgemeine Tauschmittel, das Geld, in welchem der abstrakte Wert aller Waren wirklich ist« (Hegel 1969.7: 357).

dem Naturaltausch. Ein einzelnes Produkt oder eine einzelne Ware, das oder die bestimmte Anforderungen an Haltbarkeit, Verfügbarkeit, Teilbarkeit und Knappheit besonders gut erfüllt, wird dann zu Geld (Aristoteles (Politik) 1994, loc. cit.; Smith 1978: 25; Mankiw 2000: 178 f.), oder zu einer »Geldware« (Marx, z. B. MEW 23: 109). Typischerweise bilden diese Geldware die Edelmetalle Gold und Silber, die bezüglich der oben angegeben Eigenschaften alle anderen Güter übertreffen. In diesem Sinne ist Gold als Geld eine besondere Ware, es ist »selbst zu den nutzbaren Dingen gehörig« (Aristoteles (Politik) 1994, loc. cit.), wobei der ursprüngliche Gebrauch dieser Ware, sie etwa als Schmuck zu nutzen, gegenüber der Funktion, gegen alles andere eingetauscht werden zu können, zurücktritt.

Diese Geschichte, die das Geld aus dem Naturaltausch hervorgehen lässt, betont beim Geld seine *Substanz*. Geld ist ein besonderer Gegenstand allein aufgrund des Umstandes, dass es die oben genannten vier Eigenschaften hat. Moderne Autoren wie Georg Simmel (2008/1907) und David Graeber (2012) stellen aber die *Funktion* des Geldes, also nicht, was die Substanz des Geldes ist, sondern was es bewirkt und wie es soziale Beziehungen stiftet, in den Vordergrund und kommen von daher zu einer anderen Auffassung darüber, was Geld eigentlich ist. Sie sehen nämlich beide das Wesen des Geldes im Kredit. Simmel (2008: 396) meint, der Wert des Geldes liege in dem Versprechen, dass jeder dieses Geld im Austausch gegen etwas anderes nehmen wird.

Graeber schließlich vertritt die Auffassung, das Geld habe seinen Ursprung nicht in symmetrischen Tauschverhältnissen, sondern vielmehr in asymmetrischen Schuldverhältnissen. Geld sei daher ursprünglich ein Kreditverhältnis oder dessen Dokument in Form eines Schuldscheins, und die Existenz von Münzgeld, also eine Geldsubstanz, setze solche Schuldverhältnisse voraus und nicht etwa umgekehrt.

Graeber argumentiert wie die konventionelle Geldtheorie historisch. Er betrachtet jedoch die Erzählung von der Herkunft des Geldes aus dem Naturaltausch als eine irreführende Fiktion.

Die ursprüngliche Interaktion zwischen Menschen sei nicht der Austausch von Gütern, wie Adam Smith das behauptet. Graeber sieht diese ursprüngliche Interaktion vielmehr darin, dass sich Menschen gegeneinander verschulden. Solche Strukturen haben wir etwa im Neuen Testament im Gleichnis vom ungerechten Verwalter (Lukas 16, 1–9) vor uns, in dem die Schuldner dem Herrn des Verwalters nicht Geld schulden, sondern Weizen, Gerste oder dergleichen. Geld kommt in diesem Gleichnis noch gar nicht vor. Den Gebrauch von Münzgeld führt Graeber darauf zurück, dass Staaten ihren Untertanen eine Steuerschuld auferlegen und gleichzeitig Münzen in Umlauf bringen, mit denen diese Steuerschuld bezahlt werden muss (Graeber 2012: 56 f., vgl. 11). Dies wird auch in dem Gleichnis vom Zinsgroschen im Matthäusevangelium (22, 15–22) angesprochen. Der Groschen ist die »Steuermünze«, und von ihr sagt Jesus: »Gebt dem Kaiser, was des Kaisers ist.«

Graeber (2012: 29, 47) erzählt die Geschichte des Geldes also genau andersherum als Aristoteles und Smith. Diese sagen, es gebe zunächst eine bestimmte Ware, in der alle anderen Waren ihren Wert messen und die dann als Tauschmittel benutzt wird, nämlich als Geld. Wenn es aber erst einmal Geld gibt, dann entwickeln sich auch Kreditverhältnisse. Nach Graeber dagegen gab es zuerst Kreditverhältnisse, dann das Münzgeld, und den Naturaltausch gebe es nur in Verhältnissen, in denen Geld bereits bekannt ist, in denen aber Menschen »keinen Zugang zu geldlichen Zahlungsmitteln hatten« (Graeber 2012: 47) oder man der existierenden Währung nicht mehr vertraute.

Die beiden unterschiedlichen Perspektiven auf das Geld spannen gleichsam den Raum auf, in dem sich Marx' eigene Geldtheorie bewegt. Auf den ersten Blick kann es so aussehen, als folge Marx dabei der Variante von Adam Smith. Das Geld ist auch für Marx eine Ware, die zur »gesellschaftlichen Äquivalentform« (MEW 23: 103) aller anderen Waren wird. In dieser Geldware stellen die Waren ihren eigenen Wert dar, und zugleich ist das Geld ein Tauschmittel. Am Ende sieht aber auch Marx das Geld als Zahlungsmittel in einer Kreditfunktion.

Sagt Marx also mehr oder weniger das gleiche wie Smith? So ist es nicht, denn auch beim Geld folgt Marx der »logisch-historischen Methode« (vgl. oben Abschnitt 7.2). Er vertritt also die Auffassung, dass sich Geld und Geldgebrauch logisch aus dem Warentausch entwickeln und eben nicht historisch: Das erste Kapitel über die Ware im ersten Band des *Kapital* ist eben keine Beschreibung eines ursprünglichen Naturaltauschs, aus dem dann die Geldwirtschaft geschichtlich entsprungen wäre. Zudem scheint Marx der Überzeugung zu sein, dass wir erst in der Kreditfunktion erkennen, was Geld wirklich ist.

Exkurs: Teleologie bei Hegel

Vorbild nicht nur für die Methode, sondern auch für die Anlage des dritten Kapitels, des Geldkapitels, im *Kapital* (MEW 23) ist einmal mehr Hegel. Ohne die Ähnlichkeiten überstrapazieren zu wollen, stellen wir fest, dass Marx in diesem Kapitel dem Abschnitt der hegelschen *Logik* über die Teleologie Teil 2, 2. Abschnitt, 3. Kapitel folgt. Die Teleologie ist die Lehre vom Zweck, auf sie müssen wir kurz eingehen, weil sie in Marx' Argumentationsstrategie eine wichtige Funktion hat. In der Teleologie geht es, wie gesagt, um den Zweck, und der Zweck ist für Hegel wie auch für Kant nicht zuerst ein Ziel, das man im Handeln erreichen will, sondern etwas von der Struktur eines willentlich hergestellten Produktes. In diesem Sinne ist der Zweck des Baumeisters das Haus, das er plant und bauen will. Der Zweck ist danach also ein äußerer Gegenstand, dessen Form aber aus einem Begriff oder einer geistigen Konzeption stammt.

Hegel beginnt die Analyse des teleologischen Prozesses mit dem »subjektiven Zweck«. Subjektiv ist bei Hegel vom ursprünglichen Wortsinn her gedacht. Das *Subiectum* ist ursprünglich das Zugrundeliegende. Der subjektive Zweck ist daher dasjenige, das die Zwecktätigkeit trägt und sie für uns verständlich macht. Wenn wir einen Menschen mit Gerätschaften hantieren sehen, dann verstehen wir sein Tun, wenn wir

wissen, dass er in seinem Garten einen kleinen Schuppen errichten will. Der subjektive Zweck ist der noch nicht realisierte
Zweck, also etwa, um das Beispiel des letzten Absatzes wieder
aufzugreifen, der Plan des Hauses, wie er dem Baumeister vor
Augen steht.[50] Dieser Gedanke des subjektiven Zwecks führt
zum Begriff des *Mittels*, durch dessen Einsatz der subjektive
Zweck dann schließlich zu einem »ausgeführten Zweck« wird.
Der subjektive Zweck ist also der Gegenbegriff zum ausgeführten Zweck.

Zwecke sind häufig selbst Mittel für andere Zwecke; ein
Haus z. B. kann mir zum Wohnen dienen, oder ich betrachte es
als eine Investition, die mir eine Rendite erwirtschaften soll. Wir
können das auch so ausdrücken: Das Haus ist kein letzter Zweck,
kein Endzweck. Ein Endzweck ist ein Zweck, der Zweck in sich,
also nicht nur wiederum ein Mittel für etwas Anderes ist. Nun
aber stellt Hegel die folgende These auf. Wenn wir überhaupt an
Zwecke denken, die ausgeführt oder realisiert werden, dann
müssen wir nicht nur den Gedanken eines Endzwecks ins Spiel
bringen, sondern auch den eines *Selbstzwecks*. Selbstzweck ist
etwas, das sich selbst zum Zweck hat und sich selbst hervorbringt. Ein Selbstzweck ist »an sich selbst gegenseitig ebenso-
sehr Zweck als Mittel, sein eigenes Produkt und dies Produkt
das Produzierende selbst« (Hegel 1969.4: 29). Ein Selbstzweck
sind zunächst einmal Menschen, die selbst Zwecke setzen können und sich in ihrem Tun selbst Zweck sind. Am Menschen
können wir den Begriff des Selbstzwecks verdeutlichen. Nehmen wir an, jemand hat sich zum Ziel gesetzt, ein Hochleis-
tungssportler zu werden. Darin ist er oder sie »sich selbst
Zweck«, nämlich er oder sie in einer bestimmten körperlichen
und geistigen Verfassung. Er oder sie wird nun trainieren, das

---

[50] »Was aber von vornherein den schlechtesten Baumeister vor der besten Biene auszeichnet, ist, dass er die Zelle in seinem Kopf gebaut hat,
bevor er sie in Wachs baut. Am Ende des Arbeitsprozesses kommt ein
Resultat heraus, das beim Beginn desselben schon in der Vorstellung des
Arbeiters, also schon ideell vorhanden war.« (MEW 23: 193)

heißt seinen Körper und seinen Geist *gebrauchen*, um sein Ziel zu erreichen. Hierin sind Körper und Geist Mittel und Zweck zugleich.

Hegels These, dass das Nachdenken über den Zweck letztlich zum Gedanken des Selbstzwecks führt, ist durch Immanuel Kants *Kritik der teleologischen Urteilskraft* inspiriert. Kant legt dort dar, dass wir die Welt nur nach der Logik von Mittel und Zweck betrachten können, wenn wir einen solchen Selbstzweck voraussetzen. Kant zeigt, dass wir uns natürliche Organismen nur als zweckmäßig organisiert oder als »Naturzwecke« vorstellen können (vgl. Kant 1983.V: 469 ff.; Petersen 1992: 104–113). Der Organismus ist nämlich ein Ganzes, in dem die Teile, nämlich die Organe, aneinander wechselseitig und damit zugleich das Ganze erhalten. Damit sind die Organe sowohl Mittel wie auch Zweck. Formal ist das Resultat der Diskussion der Teleologie bei Hegel also der Selbstzweck, bei dem »der Zweck in dem Mittel erreicht und im erfüllten Zwecke das Mittel und die Vermittlung erhalten ist« (Hegel 1969.6: 461).

Warum greift Marx hier auf Hegels Gedankenfigur zurück? Das 3. Kapitel, »Das Geld oder die Warenzirkulation« (kurz: das Geldkapitel) hat im ersten Band des *Kapitals* eine Schlüsselfunktion. Es soll zeigen, wie aus dem Warentausch, in dem das Geld nur ein Mittel im Austausch von Waren ist, sich der kapitalistische Austausch logisch ergibt, indem nach Marx das Geld nicht nur der letzte Zweck oder ein Endzweck ist, sondern sich in gewisser Weise auch als ein Selbstzweck (MEW 23: 167) selbst hervorbringt. Deswegen endet das Geldkapitel des *Kapitals* mit einer Formel, die bereits die des kapitalistischen Austauschs ist, nämlich Geld–Ware–Geld (G–W–G).

Das Geldkapital des *Kapitals* im Einzelnen

Das Geldkapital des *Kapitals* enthält drei Unterabschnitte, die überschrieben sind mit
- Maß der Werte,
- Zirkulationsmittel,

- Geld,

die wir im Folgenden behandeln werden.

Am Beginn des Geldkapitels steht Geld als »Maß der Werte« (MEW 23: 109). Die Waren – in der logischen Perspektive sind nicht die Menschen, die nur »ökonomische Charaktermasken« sind (ibid.: 100), die Akteure, sondern die Waren – »drücken« ihren Wert im Geld »aus« (ibid.: 115). Das hatte sich in der Analyse des Austauschprozesses ergeben. Als Maß der Werte ist das Geld nur vorgestelltes oder ideelles Geld. Das Geld ist hier tatsächlich so etwas wie ein subjektiver Zweck, nämlich ein subjektiver Zweck der Ware, oder besser: des Wertes als der »Substanz« der Ware. Die Ware drückt ihren Wert aus, jedoch in Geld, das nicht real, sondern nur »ideell«, als bloßes »Rechengeld« vorhanden ist (ibid.: 115). Aber: »Andrerseits funktioniert Gold [sc. das Geld, die Verf.] nur als ideelles Wertmaß, weil es sich bereits im Austauschprozeß als Geldware umtreibt. Im ideellen Maß der Werte lauert daher das harte Geld.« (ibid.: 118) Das Geld als »Maß der Werte« setzt also voraus, dass es als reales Geld bereits den Austausch *vermittelt*.

Das »harte Geld« ist das *Mittel*, nämlich ein »Zirkulationsmittel« (MEW 23: 118). Als solches vermittelt es die »Metamorphose der Waren« (ibid.: 119). Eine Ware wird im Austausch zu Geld (erste Metamorphose), und dieses Geld wird wieder zu einer anderen Ware (zweite Metamorphose). Wir haben hier die Bewegung Ware – Geld – Ware, oder W–G–W. Marx hebt hervor, dass wir so – anders als in einem Naturaltausch oder der Warenanalyse – zwei Transaktionen haben, nämlich Verkauf und Kauf als getrennte Vorgänge: »Die Zirkulation« »spaltet« den einfachen Austausch »in den Gegensatz von Verkauf und Kauf« (ibid.: 127).

Aus der Perspektive des Warenbesitzers ist die Bewegung W–G–W endlich. Der Warenbesitzer tauscht eine Ware gegen Geld, um mit diesem Geld eine andere Ware zu erstehen. Für den Warenbesitzer ist das Geld nur Mittel zu einem Zweck, nämlich eine gewünschte Ware zu erlangen. Damit ist der Austauschprozess für den Warenbesitzer abgeschlossen.

Neben dieser Perspektive des Warenbesitzers oder der Ware gibt es aber auch die des Geldes, also des Mittels selbst. Aus dieser zweiten Perspektive, die sich aus der Funktion des Geldes als Zirkulationsmittel ergibt, ist die Bewegung des Geldes unendlich. Das Geld befindet sich nämlich in einem ständigen »Umlauf« (ibid.: 128), da es ja nur dazu da ist, immer von neuem gegen Waren eingetauscht zu werden. In diesem Umlauf scheint aber das Geld selbst aktiv zu sein: Das Geld zirkuliert, und es zirkuliert zugleich »die an und für sich bewegungslosen Waren« (ibid.: 130). »Das Geld [...] als Zirkulationsmittel haust beständig in der Zirkulationssphäre und treibt sich beständig in ihr um.« (ibid.: 131)[51] In diesem Umlauf ist das Geld Münze oder »Wertzeichen«: »Aus der Funktion des Geldes als Zirkulationsmittel entspringt seine Münzgestalt.« (ibid.: 138)

Wir haben hier eine weitere Stufe des »realen Scheins« erreicht. Waren es beim Tausch zunächst nicht die Personen, sondern die Waren selbst, die sich als Gestalt von Wert aufeinander bezogen, so ist es nunmehr das Geld und ebenfalls nicht der Warenbesitzer, das die Waren zirkuliert und bewegt.

Erst als Münze hat das Geld eine selbständige Gestalt. Als Münze kann Geld gesammelt oder gehortet werden und seinerseits ein Zweck sein. Das ist das Thema des dritten Abschnitts des Geldkapitels. Man muss also annehmen, erst jetzt zu erfahren, was Geld eigentlich ist. Man hat also, so muss man Marx verstehen, keinen angemessenen Begriff vom Geld, wenn man in ihm nur ein Wertmaß und ein Zahlungsmittel sieht, wie das Aristoteles getan hat. Auch Marx beginnt, wie wir gesehen haben, mit den konventionellen Bestimmungen des Geldes als Wertmaß und als Tauschmittel. Auch hierin folgt er Hegels Vorbild, der gewöhnlich bei geläufigen Bestimmungen ansetzt, Wi-

---

[51] Simmel (2008: 431) drückt diesen Sachverhalt aus, indem er ebenfalls die aktive Rolle des Geldes betont: »Die bloße Möglichkeit unbegrenzter Verwendung, die das Geld wegen des absoluten Mangels an eigenem Inhalt nicht sowohl hat als ist, spricht sich positiv darin aus, dass es nicht ruhen mag, sondern wie von sich aus fortwährend zum Verwendetwerden drängt.«

dersprüche zwischen ihnen aufdeckt und diese dann zu einer
dritten Bestimmung hin überschreitet. Diese dritte Bestimmung
ist im Geldkapitel das Geld als Selbstzweck. Im dritten Abschnitt
zeigt Marx, wie das Geld als Zahlungsmittel in unendlicher Bewegung begriffen, zur Ruhe kommt und selbst ein Zweck an
sich selbst oder ein Selbstzweck wird. Ein solcher Zweck wird
das Geld zunächst in der »Schatzbildung« (ibid.: 144). Der
Schatzbildner ist nicht daran interessiert, das Geld in immer
neue Waren umzutauschen. Vielmehr wird ihm der Erwerb
von Geld zum Zweck an sich selbst (ibid.).[52]

Für den Schatzbildner ist das Geld ein letzter Zweck, und
Marx (ibid.) behauptet, ohne dies allerdings wirklich zu zeigen:
»Mit der ersten Entwicklung der Warenzirkulation selbst entwickelt sich die Notwendigkeit und die Leidenschaft«, das Geld
um seiner selbst willen zu erstreben. Beim Schatzbildner ist das
Geld allerdings an einem toten Punkt, es verliert seinen Mittelcharakter, wenn es nur als Besitz gehütet wird. Der Schatzbildner gerät nach Marx in einen *Widerspruch*. Ein Widerspruch ist
für Marx, der darin Hegel folgt, in der Regel nicht die gleichzeitige Behauptung einander ausschließender Sätze (»A ist X«
und »A ist nicht X«). Widersprüchlichkeit ist hier vielmehr eine
wesentliche Eigenschaft von Dingen, von Zielen, die jemand verfolgt, oder etwa von menschlichen Charakteren. Denn »die ge-
meine Erfahrung spricht es selbst aus, daß es wenigstens eine

---

[52] Auch Simmel (2008: 453) sieht, dass das Geld sich von einem Mittel in
einen absoluten Zweck verkehrt. Diejenige Figur, die dem Schatzbildner
bei Marx entspricht, ist bei Simmel (2008: 464) der Geizige; denn der
Geizige liebt das Geld um seiner selbst willen: »Das Geld aber soll dem
Geizhals von vornherein nichts über seinen bloßen Besitz hinaus leisten.
Das Geld als solches kennen wir genauer, als wir irgendeinen Gegenstand
sonst kennen; weil nämlich überhaupt nichts an ihm zu kennen ist, so
kann es uns auch nichts verbergen.« (ibid.: 466) »Die reinste Form des
Geizes ist vielmehr die, in der der Wille wirklich nicht über das Geld
hinausgeht, es auch nicht einmal in spielenden Gedanken als Mittel für
anderes behandelt, sondern die Macht, die es gerade als nicht ausgegebe-
nes repräsentiert, als definitiven und absolut befriedigenden Wert empfindet.« (ibid.: 468)

Menge widersprechender Dinge, widersprechender Einrichtungen usf. gebe« (Hegel 1969.6: 75 f.). Ein solches »widersprechendes Ding« ist für Marx auch das Geld. Denn »qualitativ oder seiner Form nach ist das Geld schrankenlos, d. h. allgemeiner Repräsentant des stofflichen Reichtums, weil in jede Ware unmittelbar umsetzbar. Aber zugleich ist jede wirkliche Geldsumme quantitativ beschränkt« (MEW 23: 147). Für Geld kann man jeden Gegenstand bekommen, doch »kann es schließlich nur für einen verwandt werden« (Simmel 2008: 431). In diesem Widerspruch bleibt der Schatzbildner gefangen: »Dieser Widerspruch zwischen der quantitativen Schranke und der Schrankenlosigkeit des Geldes treibt den Schatzbildner stets zurück zur Sisyphusarbeit der Akkumulation. Es geht ihm wie dem Welteroberer, der mit jedem Land nur eine neue Grenze erobert.« (ibid.: 147)

In allen Unterabschnitten des dritten Abschnitts des dritten Kapitels ist das Geld ein letzter Zweck. Aber das Geld ist wesentlich ein Mittel, und dieser Mittelcharakter tritt beim Schatzbildner ganz zurück. Doch wenn Marx das Geld als Zahlungsmittel betrachtet, erreicht er eine Struktur, in der, wie es Hegel (1969.6: 461) ausdrückte, »der Zweck in dem Mittel erreicht und im erfüllten Zwecke das Mittel und die Vermittlung erhalten ist«. Eine solche Einheit von Mittel und Zweck, wie Hegel sie hier beschreibt, finden wir im Geld, wenn es als Zahlungsmittel auftritt. Für Marx ist die Funktion des Geldes als Zahlungsmittel an eine Kreditbeziehung gebunden; gezahlt wird eine Forderung.

Die »Funktion des Geldes« (MEW 23: 151) als Zahlungsmittel ergibt sich somit »logisch« aus der Entwicklung des Geldbegriffs, doch ist sie zugleich wie eine realphilosophische Entwicklung bei Hegel an ein »historisches« Geschehen gebunden. Es führt ein kontingenter realer Prozess zum Geld als Zahlungsmittel: »Mit der Entwicklung der Warenzirkulation entwickeln sich jedoch Verhältnisse, wodurch die Veräußerung der Ware von der Realisierung ihres Preises zeitlich getrennt wird.« Es entstehen Schuldverhältnisse: »Der Verkäufer wird Gläubiger, der Käufer Schuldner.« (ibid.:149) Waren werden also auf Kredit gekauft. Der Käufer kauft eine Ware, ohne Geld zu haben. Und erst dann verkauft er eine andere Ware, um mit dem dabei erlösten Geld die erste Ware zu bezahlen. Das bedeutet in Marx' Schema: Der Käufer vertauscht die erste »Metamorphose der Ware« (ibid.: 118) (W–G) mit der zweiten (G–W), also er vollzieht zuerst (G–W) und dann (W–G), wobei in W–G und in G–W das »G« für Kreditgeld steht. Dadurch steht am Ende des Austauschprozesses nicht eine Ware, sondern das Geld. »Die Wertgestalt der Ware, Geld, wird also jetzt zum Selbstzweck des Verkaufs durch eine den Verhältnissen des Zirkulationsprozesses selbst entspringende, gesellschaftliche Notwendigkeit. Der Käufer verwandelt Geld zurück in Ware, bevor er Ware in Geld verwandelt hat, oder vollzieht die zweite Warenmetamorphose vor der ersten.« (ibid.: 150) »Das Zahlungsmittel tritt in die Zirkulation hinein, aber nachdem die Ware bereits aus ihr ausgetreten ist. Das Geld vermittelt nicht mehr den Prozeß. Es schließt ihn selbständig ab.« (ibid.: 150) Weil das Geld am Ende eines Austauschprozesses steht, ist es formal ein Endzweck (also ein Zweck, der nicht noch einmal ein Mittel für einen weiteren Zweck ist), weil eben der Prozess zweckgerichteten Handelns in ihm zum Abschluss kommt.

Das Geld ist aber nicht nur Endzweck, sondern auch Selbstzweck. Das sagt Marx ausdrücklich und mit Bedacht. Denn für den, der auf Kredit kauft, sieht es so aus, als ginge es im Austauschprozess nur um den Erwerb einer Ware. Für den Käufer ist die Ware der letzte Zweck, doch in der Perspektive des Kritikers der Politischen Ökonomie ist dies ein Prozess, in dem das Geld als ein *Selbstzweck* sich selbst erzeugt oder hervorbringt. Diese Struktur deutet bereits voraus auf die Selbstvermehrung des Geldes im Kapitalverhältnis, der wir uns im nächsten Abschnitt 7.4 zuwenden werden.

Endzweck des teleologischen Prozesses ist das Geld als Zahlungsmittel. Am Beginn des Prozesses steht Kreditgeld als nur vorgestelltes Geld, als »subjektiver Zweck«, um mit Hegel zu reden. Denn der Käufer »kauft als bloßer Repräsentant von Geld oder von künftigem Gelde.« (ibid.: 149) Dieses Geld hat er nämlich noch nicht. Die Ware, die er dann produziert oder anderswie erlangt, verkauft er dann, um mit dem nun erlösten (wirklichen) Geld den ursprünglichen Kauf bezahlen zu können. Diese Ware ist nur Mittel, um Geld zu erlangen, den eigentlichen Zweck zu erreichen. Die Nichtigkeit des Mittels, in diesem Fall der Ware oder des Gebrauchswerts, tritt hervor in der Krise des Zahlungssystems, der »Geldkrise«: »Der Gebrauchswert der Ware wird wertlos, und ihr Wert verschwindet vor seiner eigenen Wertform. Eben noch erklärte der Bürger in prosperitätstrunkenem Aufklärungsdünkel das Geld für leeren Wahn. Nur Ware ist Geld. Nur das Geld ist Ware! gellt's jetzt über den Weltmarkt. Wie der Hirsch schreit nach frischem Wasser, so schreit seine Seele nach Geld, dem einzigen Reichtum.«[53] (ibid.: 152)

Als Zahlungsmittel ist das Geld wesentlich »Kreditgeld« (ibid.: 153). Als Kreditgeld erhält das Geld »eigne Existenzformen« (ibid.: 154) in Form von »Schuldzertifikaten« (ibid.: 153), die selbst wiederum zirkulieren. In der Darstellung des Geldes als Zahlungsmittel, in welcher das Geld letzter Zweck der Transaktion ist, kommt Marx einer Kredittheorie des Geldes sehr nahe. Letztlich dieser Theorie folgen will Marx jedoch nicht. Er kommt am Ende des Geldkapitels etwas unvermittelt zum »Weltgeld« (ibid.: 156).

Als Weltgeld fällt das Geld »in die ursprüngliche Barrenform der edlen Metalle zurück«, nämlich in »Gold und Silber« (ibid.: 156 f.). Das Weltgeld ist also wieder Ware: »Erst auf dem Weltmarkt funktioniert das Geld in vollem Umfang als die Ware, deren Naturalform zugleich unmittelbar gesellschaftliche Verwirklichungsform der menschlichen Arbeit in abstracto ist. Seine Daseinsweise wird seinem Begriff adäquat.« (ibid.: 156)[54] Aber auch als »Weltgeld« ist das Geld tatsächlich vor allem Zahlungsmittel. »Die Funktion als Zahlungsmittel, zur

---

[53] Vgl. Psalm 42: »Wie der Hirsch lechzt nach frischem Wasser, so schreit meine Seele, Gott, zu dir.«

[54] Die Formulierung »seinem Begriff adäquat sein« ist natürlich auch wieder eine Reminiszenz an Hegel.

Ausgleichung internationaler Bilanzen, herrscht vor.« (ibid.: 157)

Wir haben eingangs dieses Kapitels gesagt, dass Marx' Geldtheorie sich zwischen dem Modell des Geldes als einer Ware, die den Substanzcharakter des Geldes betont, und einer entgegengesetzten bewegt, die vor allem die Funktion des Geldes für entscheidend hält und diese Funktion im Kredit sieht. Marx bietet eine Analyse, in der das Geld als Ware am Ausgangspunkt steht, in der der entfaltete Begriff des Geldes das Kreditgeld ist.[55]

Marx' Ökonomische Analyse philosophisch überdeterminiert

Marx' Analyse des Geldes bietet ein gutes Beispiel dafür, was wir eingangs eine »Überdeterminierung« seiner ökonomischen Analyse durch philosophische Motive genannt haben. Und es zeigt einmal mehr die Virtuosität, mit der Marx sich hegelsche Gedankenfiguren aneignet und diese variiert. Zugleich zeigt es aber auch den Sog, in den Marx durch solche Aneignung gerät. Denn in Marx' Analyse von Ware, Geld und Kapital folgen Begriffe »logisch« auseinander und bilden einen sehr komplexen Zusammenhang. Dieser erschließt sich erst vor dem Hintergrund der hegelschen Logik.[56] Doch diese Logik wird von Marx nicht einfach kopiert. Marx ist zu Hegel kongenial und kann

---

[55] Das wird in der marxfreundlichen Literatur gerne als Vorzug einer allumfassenden Theorie gedeutet:
»The three volumes of the *Capital* and the *Grundrisse* lay out a comprehensive theory of commodity money. [...] And it provided the foundations for the analysis of capitalist credit systems, credit money, and their relationship to the accumulation of capital.« (dos Santos 2012: 233)
[56] Das Geldkapitel im *Kapital* zeigt recht gut, dass der späte Marx sich Hegel eher annähert, als dass er sich von ihm entfernte. Denn das dritte Kapitel des *Kapital I*, das 1867 veröffentlicht wurde, ist die überarbeitete und gekürzte Fassung des zweiten Kapitels der Schrift *Zur Kritik der Politischen Ökonomie* von 1859 (MEW 13: 59–160), das auch eine identische Gliederung hat. Doch findet sich in der früheren Schrift nicht die Terminologie des Teleologie-Kapitels aus Hegels *Wissenschaft der Logik*.

deshalb Hegels Denkweise auf ganz neue Felder übertragen. Marx ist hierin unbestreitbar originell. Er gerät niemals in die Gefahr, den Meister zu kopieren oder Hegels Redeweise nur zu imitieren. Fraglich bleibt jedoch immer, was dabei für die Erkenntnis der Sache gewonnen ist. Marx hat eine ganz intime Beziehung zur hegelschen Logik, so dass er der Gefahr erliegt, die Deutung realer Phänomene mit dieser Logik kurzzuschließen – in einer Weise, wie Hegel das nicht getan hat. Von diesem Kurzschluss her scheint es dann nur »logisch«, vom Geld als Selbstzweck oder Endzweck zu einer Struktur fortzugehen, in der das Geld nicht nur Endzweck einer Bewegung ist, sondern sich als Selbstzweck selbst hervorbringt. Diese Struktur hatte sich formal in der Funktion des Geldes als Zahlungsmittel ergeben, in der das Geld sowohl am Anfang wie am Ende des Austauschprozesses steht: G–W–G. Sie ist die formale Struktur des Prozesses der kapitalistischen Produktion.

7.4 Grundstruktur des kapitalistischen Austausches

Wie geht Marx nun bei der Kapitalanalyse im Einzelnen vor? Interpreten wie Petry (1916) und Elster (1985, 1986), die Marx mit kritischer Sympathie begegnen, machen darauf aufmerksam, dass Marx sich unterschiedlicher Analysemethoden bedient. Eine dieser Methoden entspricht ziemlich genau dem, was die moderne Ökonomik methodologischen Individualismus nennt; diese Methode erklärt ökonomische Entwicklungen letztlich aus den Handlungen der Individuen. Methodologisch-individualistisch verfährt Marx unter anderem, wenn er die Wirkungen der Konkurrenz untersucht (Petry 1916: 55).

Dem methodologischen Individualismus steht eine Erklärungsweise gegenüber, die Elster (1986: 21) als »methodological holism« bezeichnet; darin werden abstrakte oder kollektive Entitäten als Mächte gesehen, die das Verhalten und Handeln der Menschen bestimmen, wenn diese nicht sogar selbst als Agenten der kollektiven Mächte auftreten.

Wie erklärt sich Marx nun die Entstehung der kapitalistischen Gesellschaft? Eine methodologisch individualistische Erklärung könnte darauf abheben, dass einzelne Warenbesitzer größere Geldbeträge anhäufen, die sie dann gegen Zinsen an Andere verleihen, oder dass sich nach und nach abhängige Beschäftigungsverhältnisse einstellen, in denen einzelne Produzenten andere gegen Lohn für sich arbeiten lassen. Diesen Weg geht Marx jedoch nicht.

Die »logisch-historische Methode« verfährt vielmehr – wie Elster sagen würde – holistisch. Marx will uns nämlich die kapitalistische Produktionsweise aus der Bewegung eines abstrakten, jedenfalls nichtmenschlichen Subjektes erklären. Und dieses Subjekt ist nichts anderes als der schon aus der Analyse der Ware bekannte Wert. Denn dieser Wert von Waren entwickelt, wie Marx meint, nun ein Eigenleben.

In der Analyse der kapitalistischen Produktion nimmt die Komplexität der philosophischen Bezüge noch einmal zu: das vierte Kapitel des ersten Bandes des *Kapital* entwickelt den Begriff des Kapitals. Diese Analyse nimmt indes nicht nur Motive der aristotelischen *Ethik* (Aristoteles 1995) und *Politik* (Aristoteles 1994) auf, sondern sie tut das auch noch in einer Weise, die wiederum von Hegel inspiriert ist. Denn Marx' Vorgehen ähnelt dem dreischrittigen Verfahren, in dem Hegel immer wieder einmal einen Begriff entwickelt.

(i)   Darin formuliert Hegel zunächst den Begriff einer Sache, um dann zu fragen, welcher reale Gegenstand oder Sachverhalt diesem Begriff entspricht.

(ii) Hegel kommt im zweiten Schritt zuerst auf Existenzformen eines solchen Begriffs, die ihm nicht vollkommen entsprechen und ihm vielleicht sogar in einzelnen Bestimmungen widersprechen.

(iii) Im dritten Schritt präsentiert Hegel dann eine Struktur, die dem Begriff vollkommen entspricht, oder der Begriff in

Einheit mit seiner »Objektivität« ist. Diese Einheit von Begriff und Objektivität nennt Hegel *Idee*.[57]

Dieses Verfahren Hegels wollen wir an zwei Beispielen erläutern.

1. In seinen *Vorlesungen über die Philosophie der Religion* entwickelt Hegel einen Begriff der Religion[58]:

*   In der Religion beziehen wir uns auf Gott, das Universum o.ä., jedenfalls auf eine absolute, alles umfassende Größe. Das heißt, wir müssen uns in Einheit mit dieser Größe oder mit Gott denken. Einheit von Mensch und Gott oder Gott und Mensch ist also der Begriff der Religion.

*   Wie sieht aber eine solche Einheit in der Realität aus? Das fragt sich Hegel im zweiten Schritt. Wir beziehen uns irgendwie auf Gott – im Gefühl, in der Anschauung der Natur oder der Kunst, in unserer Vorstellung oder unserem Denken. In allen diesen Formen bleibt aber eine Differenz zwischen uns und dem Gott, den wir fühlen, vorstellen oder denken. Die Einheit von Gott und Mensch ist hier nicht wirklich realisiert.

*   Eine wirkliche Einheit von Gott und Mensch besteht erst im Kultus. Im Kultus ist Gott gegenwärtig, und wir, wenn wir an diesem Kultus teilnehmen, sind in diese Gegenwart hineingenommen. Der Kultus ist also die angemessene Objektivität des Begriffs der Religion, und das heißt, er ist die *Idee der Religion*.

2. In gleicher Weise entwickelt Hegel zu Beginn seiner *Rechtsphilosophie* den Begriff des Willens:

*   Der Wille ist in seinem Begriff Denken, das sich zu etwas Bestimmtem entschließt, sich beschränkt. Doch diese Beschränkung bleibt Selbstbeschränkung, der Wille bleibt

---

[57] Das kann man zwar nicht als »die Methode der hegelschen Philosophie« bezeichnen, doch dieses Verfahren ist für Hegel typisch.

[58] Den Begriff der Religion hat Hegel in seinen Vorlesungen über die Jahre in unterschiedlicher Weise entwickelt. Wir folgen hier der Vorlesung von 1827 (vgl. Hegel 1993), die auch der von uns verwendeten Ausgabe der Werke Hegels zugrunde liegt.

bei sich und damit frei. Der Wille ist seiner Natur nach *freier* Wille; das ist sein Begriff.

- Frei ist der Wille nach seinem Begriff. Was aber ist die Realität dieses Begriffs? Anders gefragt: Was will der freie Wille denn? Welchen *Inhalt* gibt er sich? Der Wille ist zunächst »natürlicher Wille« (Hegel 1970: 62); seinen Inhalt bilden »die Triebe, Begierden, Neigungen, durch die der Wille sich von Natur bestimmt findet«. Der natürliche Wille ist also von einem ihm vorgegebenen Inhalt abhängig. Das gilt auch für die *Willkür,* die zwar zwischen verschiedenen Inhalten wählen kann (ibid.: 65), sich aber zuletzt doch an einen ihr fremden Inhalt binden muss. Deshalb sind weder natürlicher Wille noch Willkür wirklich frei. Der Willkür im Besonderen kann der »Determinismus« (ibid.: 66) vorhalten, dass sie in Wahrheit nicht frei ist, sondern durch den Inhalt bestimmt wird, den sie willkürlich wählt. Deshalb ist gerade die Willkür für Hegel nicht der wahre freie Wille, sondern »der Wille als der Widerspruch«.

- Wirklich frei ist nach Hegel nur ein Wille, der sich selbst, das heißt die eigene Freiheit will. Das nennt Hegel die »Idee des Willens«, und »der abstrakte Begriff der Idee des Willens ist überhaupt *der freie Wille, der den freien Willen will«* (ibid.: 79). Unseren freien Willen selbst, unsere Freiheit, aber wollen wir immer dann, wenn wir ein freier Mensch mit Rechten und Pflichten sein wollen. Darin ist also unser Wille nach Hegel wirklich frei.

Wir hoffen, wir haben dem Leser einen Eindruck davon geben können, wie Hegel Begriffe entwickelt. Blicken wir nun auf das vierte Kapitel des ersten Bandes des *Kapitals,* dann sehen wir, dass Marx mit dem ökonomischen Begriff des Kapitals in der gleichen Weise verfährt wie Hegel mit dem der Religion und dem Willen.

(i) Im ersten Abschnitt des vierten Kapitels exponiert Marx den Begriff des Kapitals als des sich selbst verwertenden Wertes.

(ii) Im zweiten Abschnitt »geht« der Begriff in die Realität »über«, d. h. es wird gefragt, welche Gestalt er sich in der Wirklichkeit gibt. Diese Realität des Kapitals ist der Austauschprozess, denn nur im wirklichen Austausch von Waren gegen Geld kann sich das Kapital vermehren. Diese Realität des Begriffes ist aber widersprüchlich und

(iii) erst der dritte Abschnitt bietet die Auflösung der Widersprüche in einer höheren Einheit, die wir in Anlehnung an Hegel die »Idee des Kapitals« nennen können.

Die Idee ist bei Hegel der Begriff, der sich selbst eine ihm angemessene Realität gegeben hat. So ist es auch bei Marx. Die dem Kapital angemessene Objektivität ist nicht nur der Kauf, sondern auch die Nutzung der Ware Arbeitskraft. Diese Objektivität ist also nicht der Austausch-, sondern der Produktionsprozess.

Marx entwickelt also zunächst den noch abstrakten Begriff des Kapitals. Dieser Begriff ist der »sich selbst verwertende Wert«. Und dann zeichnet Marx nach, wie dieser Begriff sich in dieser Wirklichkeit »realisiert«. Dass Marx hier ebenso verfährt wie Hegel, hat aber wieder eine kritische oder ironische Pointe, denn natürlich ist Marx' Verfahren auch eine Parodie des hegelschen. Marx hält eben die kapitalistische Gesellschaft für so verrückt, dass man sie nur mit einer solchen verrückten oder »idealistischen« Konstruktion erfassen kann.

(i) Der Begriff des Kapitals

Marx unterscheidet zunächst zwei Formen der Warenzirkulation, nämlich den einfachen Warenaustausch und den kapitalistischen Austausch. Und jetzt kommt Aristoteles ins Spiel. Denn Marx orientiert sich an der aristotelischen Unterscheidung von natürlicher und unnatürlicher Erwerbskunst. Nach Aristoteles (1994: 63; Politik 1257 a 28–31) ist es die Aufgabe der natürlichen Erwerbskunst, auch durch Tausch diejenigen Güter herbeizuschaffen, die man zu einem guten Leben braucht, selbst aber nicht produzieren kann. Man verkauft eine Ware, die man selbst nicht braucht, um für das daraus erlöste Geld eine andere Ware zu kaufen, der man bedarf. Die Erlangung dieser zweiten Ware ist das Ziel des Tauschs.

Die unnatürliche Erwerbskunst dagegen zielt offenbar gar nicht auf die Deckung eines solchen Bedarfs. Diese unnatürliche Erwerbskunst betreibt – nach Aristoteles – der Kaufmann. Der Kaufmann erwirbt eine Ware nur mit dem Ziel, sie teurer wieder zu verkaufen. Der Kaufmann ist also an der Ware als solcher überhaupt nicht interessiert; er will nur das Geld und zwar möglichst viel davon. Denn die unnatürliche Erwerbskunst ist nur »darauf gerichtet, wie und mit welchen Mitteln man beim Umsatz möglichst viel Gewinn machen könne«. »Daraus entsteht der Schein, als wäre die Erwerbskunst vorzugsweise auf das Geld gerichtet und die Aufgabe derselben, dass sie zu erkennen vermöge, woraus sich möglichst viel Geld ziehen lasse.« (Aristoteles 1994: 63; Politik 1257 b 4–7) Die unnatürliche Erwerbskunst ist nach Aristoteles pervers, weil sie Zweck und Mittel *verkehrt*. In der natürlichen und deshalb richtigen Erwerbskunst ist das Geld nur ein Mittel, um eine bestimmte Ware, den Zweck, zu erlangen, in der unnatürlichen wird dagegen das Geld, das doch nur ein Mittel sein sollte, zum eigentlichen Zweck.

Marx greift diese Unterscheidung in seinen Formeln für den einfachen Warentausch auf, der der natürlichen Erwerbskunst entspricht, und für den kapitalistischen Austausch, der der unnatürlichen entspricht. In der Terminologie des *Kapital* sind das: W–G–W (Ware–Geld–Ware) und G–W–G (Geld–Ware–Geld). In Marx' Darstellung der Sache ist aber nicht der Mensch, sondern der Wert aktiv.[59] Denn Marx behauptet, dass diese Beziehung zwischen Geld und Ware durch den Wert vermittelt wird. Beim einfachen Warenaustausch ist es ein und der-

---

[59] Im 3. Kapitel, dem Geldkapitel des *Kapitals* (vgl. oben Abschnitt 7.3), erschien das Geld als Akteur und als Selbstzweck. Selbstzwecke sind immer real; das Geld ist für Marx ein realer Gegenstand, nämlich eine »Geldware«. Hinter der Bewegung des Geldes steht jedoch die Bewegung des Wertes, einer nichtsinnlichen Größe.

selbe Wert, der sich zweimal als Ware und einmal als Geld darstellt. Auf dieser These, dass im Warentausch dreimal derselbe Wert auftritt, beruht die Analyse des kapitalistischen Austausches. Auch in G–W–G ist es ein und derselbe Wert, der zweimal seine Form wechselt und drei Gestalten annimmt. Nur dass beim kapitalistischen Austausch am Ende mehr Geld steht als am Anfang, oder sich G' statt G ergibt, wobei G' > G. Wie deutet Marx dieses Ergebnis? Der Wert hat sich selbst vermehrt oder »sich selbst verwertet«.

Blicken wir einen Augenblick auf das Bisherige zurück. Marx hatte ja behauptet, es sei der Wert, den wir als das Wesen der Ware ansehen müssten (siehe oben Abschnitt 7.1, Unterabschnitt »Waren als Erscheinungsform von Wert«). Dieser Gedanke wird eigentlich erst im kapitalistischen Austausch plausibel und bekommt hier eine praktische Bedeutung. Für den, der eine Ware zu Markte trägt, um eine andere, die er eigentlich will und braucht, dafür einzutauschen, ist es nur eine nützliche Eigenschaft dieser Ware, dass sie einen gewissen Wert hat. Was ihn eigentlich interessiert, ist der Gebrauchswert der Ware. Anders im kapitalistischen Austausch, dessen Ziel das Geld ist. Hier sind das Gut und sein Gebrauchswert als sie selbst ganz gleichgültig, solange sich das Gut als Ware zu Geld machen lässt. Erst für den Agenten des kapitalistischen Austauschs ist der Wert daher wirklich das Wesen der Ware; erst der Kapitalist ist also ein echter Metaphysiker.

Der Wert ist allerdings nicht nur Wesen oder Substanz der Ware. Es kommt noch viel merkwürdiger: Der Wert ist hier überdies ein selbständig tätiges Subjekt, das die Fähigkeit der »Selbstbewegung« hat; Marx nennt den Wert ein »automatisches Subjekt« (MEW 23: 169). Er bezeichnet ihn sogar »als eine prozessierende, sich selbst bewegende Substanz, für welche Ware und Geld beide bloße Formen« sind (ibid.). »Sich selbst bewegende Substanz« ist ungefähr das höchste Prädikat, das die Metaphysik zu vergeben hat. Der Wert ist als metaphysische Größe unsinnlich und hat sinnliche Erscheinungsformen, nämlich, wie Marx sagt, Ware und Geld. Das gilt vor allem aber für das Geld, das als Kapital in die Zirkulation hineingeht, um sich dort zu vermehren. Denn das Geld, das für Marx zuletzt eine *Geldware* ist, ist als realer Gegenstand ein sich selbst hervorbringender Selbstzweck, wie wir im vorigen Abschnitt gesehen haben. Und nun behauptet Marx, dass diese Vermehrungstendenz erstens die Tendenz des Wertes selbst ist, die zweitens zum »subjektiven Zweck« (MEW 23: 167) des Kapitalisten oder des Kapitalbesitzers wird. Dieser nämlich »funktioniert [...] als Kapitalist oder personifiziertes, mit Willen und Bewußtsein begabtes Kapital« (MEW 23: 168). Der Mensch ist also hier nichts als ein Agent der Selbstbewegung der Wertsubstanz.

Wir haben hier das vor uns, was Elster (1986: 21) eine holistische Erklärung nennt, die im Gegensatz zu einem methodologisch individualistischen Verfahren steht, das Marx beispielsweise bei der Analyse der Konkurrenz verfolgt. Wenn Elster freilich diesen Holismus einfach verwirft, übersieht er die Ironie in Marx' Verfahren. Dass der Wert als automatisches Subjekt die Handlungen und Motive von Menschen bestimmt, klingt verrückt; doch Marx ist eben überzeugt, diese Verrücktheit sei eine in der Sache, nicht ein Fehler seiner Theorie. Die proletarische Revolution wird nach Marx' Ansicht diese Verrücktheit beseitigen.

Doch was auch immer von dieser Erwartung zu halten ist, Marx hat entdeckt, dass institutionelle Strukturen Motive und Handlungen von Menschen bestimmen können. Soziologen wie Arnold Gehlen (1904–1976) haben dies in detailreichen Untersuchungen überzeugend darlegen können. Für Gehlen (2004: 38) ist das Streben nach Gewinn, also nach Vermehrung des Wertes, wie Marx sagen würde, »kein selbständiger psychischer Antrieb, sondern eine den Verantwortlichen aufgenötigte Einstellung, wenn sie für das Überleben eines Betriebes unter Konkurrenzbedingungen zu sorgen haben.« Der Philosoph Alisdair MacIntyre (1984: 227) hat demgemäß das Kapital die »institutionalisierte Habsucht« genannt und damit einen Hinweis auf einen weiteren Zusammenhang zwischen Marx und Aristoteles gegeben. Die Habsucht, griechisch Pleonexia, ist für Aristoteles

(1995: 101, 104; Nikomachische Ethik 1129 b 7–9 u. 1130 a 24–28) das Streben danach, immer mehr zu haben, ein Streben, das Aristoteles als das spezifische Laster der Ungerechtigkeit spezifiziert und das niemals zu einem Ende kommt. Was bei Aristoteles eine Untugend des Menschen ist, das deutet Marx als Charakteristikum einer institutionellen Struktur. Das Subjekt der grenzenlosen Kapitalvermehrung ist nicht ein geldgieriger Mensch, sondern das Kapital, hinter dem sich der Wert und damit ein bestimmtes Produktionsverhältnis verbergen.

Dass Marx zu einer solchen Deutung des Kapitals gelangt, können wir uns ebenfalls von Aristoteles her verständlich machen. Die Ethik des Aristoteles entwirft das Leitbild des tugendhaften Menschen, der in der Entwicklung seiner Fähigkeiten sein Glück findet. Nun hat Aristoteles Verständnis für die menschliche Schwäche, wenn etwa der »Zügellose« sein Glück in der Lust sucht und sich nicht um die Tugend des vollkommenen Lebens bemüht (siehe unten Abschnitt 11.1). Warum aber jemand seine Energie auf das Geldverdienen verwendet, das versteht Aristoteles im Grunde nicht. Die Pleonexia, die Sucht nach dem Mehrhaben, ist kein gewöhnliches Laster. Die psychologischen Erklärungen, die Aristoteles für das Streben nach unbegrenztem Reichtum in der *Politik* gibt, klingen wenig überzeugend und verraten die Verlegenheit, in der er sich hier befindet.[60] Diese Verlegenheit glaubt Marx zu lösen, indem er das Gewinnstreben gar nicht als einen eigentlich menschlichen Zug, sondern als die Wirklichkeit einer metaphysischen Größe ansieht, nämlich des Werts, der sich als Kapital selbst verwerten will. Der Kapitalist ist nur eine »Charaktermaske« (MEW 23: 163) dieser Selbstverwertung des Werts.

---

[60] So vermutet Aristoteles, man suche im Leben die Lust, und weil die Lust unbegrenzt sei, wolle man sich auch unbegrenzte Mittel dafür verschaffen (Aristoteles 1994: 65; Politik 1258a 1–3).

(ii)   Die widersprüchliche Realität des Kapitalbegriffs:
Die Zirkulation

Wir müssen nun auf die Frage eingehen, wie sich nach Marx der Wert in seiner Selbstbewegung vermehren soll. Vermehren kann er sich nur in der Zirkulation, im Austausch von Geld gegen Ware und wiederum von Ware gegen Geld. Wenn aber wie bei Marx nur Äquivalente getauscht werden, scheint eine solche Wertvermehrung nur durch eine Art Betrug möglich zu sein, indem der eine Tauschpartner den anderen übervorteilt. So hatte sich Aristoteles das Kaufmannsgeschäft vorgestellt. Das aber hält Marx für unmöglich:»Die Gesamtheit der Kapitalistenklasse eines Landes kann sich nicht selbst übervorteilen.« (MEW 23: 177) So formuliert Marx das Problem als einen Widerspruch: »Kapital kann also nicht aus der Zirkulation entspringen und es kann ebenso wenig aus der Zirkulation nicht entspringen.« (MEW 23: 180) Es zeigt sich demnach, dass der Zirkulationsprozess nicht die adäquate Wirklichkeit oder Objektivität des Kapitalbegriffs sein kann, um es noch einmal in hegelschen Termini zu sagen. Etwas Derartiges hatte nur Aristoteles angenommen, für den der Wertzuwachs in einem raffinierten Hin- und Hertauschen von Waren und Geld entsprang und »aus dem bloßen Umsatz gezogen« war (Aristoteles 1994: 67; Nikomachische Ethik 1258 b 1).

(iii) Auflösung des Widerspruchs: Der Produktionsprozess als »Idee des Kapitals«

Die Lösung dieses Widerspruchs liegt nach Marx darin, dass der Kapitalist auf dem Markt eine ganz besondere Ware kauft. Diese besondere Ware ist die Arbeitskraft des *freien Arbeiters*. Der freie Arbeiter ist frei in einem »Doppelsinn« (MEW 23: 183). Einerseits muss er über seine eigene Arbeitskraft uneingeschränkt verfügen können; er darf also nicht Sklave oder Leibeigener sein, und er muss andererseits frei sein von allen Mitteln, die er zum produktiven Einsatz seiner eigenen Arbeitskraft braucht. Dieser Arbeiter hat auf dem Markt außer seiner Arbeitskraft nichts anzubieten.

Der Kapitalist kauft also diese Arbeitskraft. Und nun wendet Marx die Arbeitswertlehre auf die Ware Arbeitskraft selbst an. »Der Wert der Arbeitskraft, gleich dem jeder andren Ware, ist bestimmt durch die zur Produktion, also auch Reproduktion dieses spezifischen Artikels notwendige Arbeitszeit.« (MEW 23: 184) »Der Wert der Arbeitskraft löst sich auf in den Wert einer bestimmten Summe von Lebensmitteln.« (MEW 23,: 186) Zur Produktion dieser Lebensmittel ist nun nur ein Teil der Arbeitszeit erforderlich, die der Arbeiter dem Kapitalisten leistet. In der Sprache der Arbeitswertlehre heißt das: Der Wert der Arbeitskraft ist geringer als der Wert, den sie selbst erzeugen kann. Die Differenz zwischen dem Wert der Arbeitskraft und dem von ihr erzeugten Wert ist der *Mehrwert*. Und um diesen Mehrwert wächst der Wert in jedem Zyklus G–W–G'.[61]

Mit dieser Gedankenfigur beansprucht Marx, eine seiner großen selbstgesetzten Aufgaben gelöst zu haben, nämlich zu erklären, woraus der Profit entspringt (Desai 2002: 54–57). Beim Kauf der Arbeitskraft werden tatsächlich nur Äquivalente getauscht. Ein Betrug findet nicht statt, und trotzdem eignet sich der Kapitalist einen stetig wachsenden Reichtum an, während der Arbeiter ein Besitzloser bleibt. Diese Situation charakterisiert Marx mit höhnischem Sarkasmus: »Die Sphäre der Zirkulation oder des Warentauschs, innerhalb deren Schranken Kauf und Verkauf der Arbeitskraft sich bewegt, war in der Tat ein wahres Eden der angeborenen Menschenrechte. Was allein hier herrscht, ist Freiheit, Gleichheit, Eigentum und Bentham. Freiheit! Denn Käufer und Verkäufer einer Ware, z.B. der Arbeitskraft, sind nur durch ihren freien Willen bestimmt. Sie kontrahieren als freie, rechtlich ebenbürtige Personen. Der Kontrakt ist das Endresultat, worin sich ihre Willen einen gemeinsamen Rechtsausdruck geben. Gleichheit! Denn sie beziehen

---

[61] Diese Überlegung ist der Kern dessen, was in der Volkswirtschaftslehre als die marxsche Mehrwerttheorie angesehen wird.

sich nur als Warenbesitzer aufeinander und tauschen Äquivalent für Äquivalent. Eigentum! Denn jeder verfügt nur über das Seine. Bentham! Denn jedem von beiden ist es nur um sich zu tun. Die einzige Macht, die sie zusammen und in ein Verhältnis bringt, ist die ihres Eigennutzes, ihres Sondervorteils, ihrer Privatinteressen. Und eben weil so jeder nur für sich und keiner für den andern kehrt, vollbringen alle, infolge einer prästabilierten Harmonie der Dinge oder unter den Auspizien einer allpfiffigen Vorsehung, nur das Werk ihres wechselseitigen Vorteils, des Gemeinnutzens, des Gesamtinteresses.« (MEW 23: 189–90) In diesem Austausch zwischen Kapitalist und Arbeitskraftbesitzer steigert sich noch einmal der oben erläuterte reale Schein des Warentauschs (vgl. Abschnitt 7.1, Unterabschnitt »Falscher Schein«). Der Kapitalist bringt den Arbeitskraftbesitzer unter seine Herrschaft und beutet seine Arbeitskraft aus. Doch dieses Ausbeutungs- und Herrschaftsverhältnis stellt sich als ein freier Austausch gleichberechtigter Partner dar, in dem alles gerecht zuzugehen scheint. Doch sind Freiheit, Gleichheit und Eigentum nicht nur eine Maske, hinter der sich in der kapitalistischen Gesellschaft Ausbeutung und Herrschaft verbergen; Freiheit, Gleichheit und Eigentum sind vielmehr die Form, durch die Ausbeutung und Herrschaft sich hier realisieren.

7.5 Exkurs: Kapitalistische Gesellschaft und Gerechtigkeit

Wir haben oben in Abschnitt 7.1 schon angedeutet, dass Marx der individuellen Freiheit im Grunde mit Ablehnung begegnet, weil sie reale Abhängigkeitsverhältnisse zu verschleiern scheint. Für diese Ablehnung finden wir bei Marx ein noch stärkeres Motiv, wenn diese Freiheit nicht nur als Schleier, sondern geradezu als die spezifische Form verstanden wird, die Ausbeutung und Herrschaft in der kapitalistischen Gesellschaft annehmen. So gerät die Freiheit, die in der neuzeitlichen Ethik uneingeschränkt positiv verstanden wird, in ein eigentümliches Zwielicht. Und hiermit hängt eng die Reserve zusammen, mit der

Marx dem Begriff der Gerechtigkeit begegnet. Wir wollen deshalb die Gelegenheit wahrnehmen, hier näher auf diesen Punkt einzugehen, bevor wir uns dann dem Produktionsprozess zuwenden.

Freiheit, Gleichheit und Eigentum (und die darauf basierenden freien Verträge) sind für Marx zentrale Elemente eines bestimmten Produktionsverhältnisses. Freiheit, Gleichheit und Eigentum sind aber zugleich die Grundbegriffe der neuzeitlichen politischen Philosophien von Hobbes, Locke und anderen. Darin werden auf der Grundlage dieser Begriffe Theorien der Gerechtigkeit formuliert. Was dort unter Gerechtigkeit verstanden wird, hängt also von diesen Begriffen ab. Marx würde nun sagen: Wenn man sich auf diese Begriffe einlässt, hat man das Produktionsverhältnis, dem sie angehören, schon als gerecht und legitim akzeptiert. Deshalb geben diese Theorien keinen archimedischen Punkt außerhalb eines solchen Produktionsverhältnisses, von dem man die kapitalistische Gesellschaft als ungerecht kritisieren könnte. Marx stand deswegen einer Kritik an der kapitalistischen Produktionsweise, die aus der dort herrschenden Ungleichverteilung unmittelbar auf deren Ungerechtigkeit schloss, immer reserviert gegenüber. So heißt es in der *Kritik des Gothaer Programms:* »Was ist ›gerechte‹ Verteilung? Behaupten die Bourgeois nicht, daß die heutige Verteilung ›gerecht‹ ist? Und ist sie nicht die einzige ›gerechte‹ Verteilung auf Grundlage der heutigen Produktionsverhältnisse? Werden die ökonomischen Verhältnisse durch Rechtsbegriffe geregelt, oder entspringen nicht umgekehrt die Rechtsverhältnisse aus den ökonomischen?« (MEW 19: 18)[62] Marx will hier offenbar sagen: Hatte man erst einmal das Privateigentum als ein Menschenrecht akzeptiert, dann konnte man die Resultate des freien Aus-

---

[62] Ähnlich heißt es in den *Randglossen zu A. Wagners* »*Lehrbuch der politischen Ökonomie«,* dass »der Kapitalist – sobald er dem Arbeiter den wirklichen Wert seiner Arbeitskraft zahlt – mit vollem Recht, d. h. dem dieser Produktionsweise entsprechenden Recht, den *Mehrwert* gewänne.« (MEW 19: 359)

tauschs nicht mehr als ungerecht verwerfen. Er zog daraus den
Schluss, dass eine in sich konsistente Kritik der kapitalistischen
Ungleichheit auch eine Aufhebung des Privateigentums ins
Auge fassen muss.[63]

Nun lassen sich Äußerungen wie den zitierten aus der *Kritik des Gothaer Programms* andere von Marx entgegenstellen.
Elster (1986: 92) verweist auf den moralischen Unterton des
Wortes »Ausbeutung« und darauf, dass Marx die Aneignung
von Profit gelegentlich als Unterschlagung, Diebstahl oder Raub
bezeichne (ibid.: 95). Elster hält deshalb Marx' Auffassung, man
könne über Gerechtigkeit gar nicht in gehaltvoller, nichtrelativistischer Weise (»in a meaningful, nonrelativistic way«) sprechen, für ganz unplausibel (ibid.: 93). Er unterstellt Marx aufgrund seiner manchmal moralisch aufgeladenen Redeweise die
Auffassung: »extraction of surplus value is unfair«. Diese Auffassung müsse aber basieren auf einer »nonrelativistic, transhistorical conception« von Gerechtigkeit. Als Elemente einer solchen, von Marx implizit beanspruchten Konzeption will Elster
das Leistungsprinzip und das Bedürfnisprinzip (»Jeder nach seinen Leistungen/Bedürfnissen«; unsere Übersetzung) erkennen
(ibid.: 96 f.). Diese stehen zwar beide miteinander im Konflikt,
doch Elster deutet an, durch eine Kombination des Bedürfnisprinzips mit dem Differenzprinzip von John Rawls (1975) lasse
sich jenes als eine Art »welfare egalitarianism« (ibid.: 99) verstehen.

Wir halten das für einen Versuch, Marx in der modernen
(angelsächsischen) Gerechtigkeitsdiskussion salonfähig zu machen. Im Hinblick auf Marx' Konzeption der Produktionsver-

---

[63] Marx Überlegungen stellen ein Argument dar gegen die Reduktion
von Gerechtigkeit auf bloße Verteilungsgerechtigkeit; denn, was jeweils
als gerechte Verteilung gilt, hängt nicht von einem mehr oder weniger
egalitären Maßstab ab, sondern von bestimmten Prinzipien, die in der
Idee einer gerechten Ordnung einer Gemeinschaft oder Gesellschaft enthalten sind. Wir haben in Bezug darauf den Begriff der Ordnungsgerechtigkeit entwickelt (Faber und Petersen 2008). – Zur Gerechtigkeit bei
Marx vgl. auch Petersen (2009: 30–34).

hältnisse scheint er uns allerdings arbiträr. Auch Äußerungen von Marx, wie die von Elster angeführten, in denen Profitaneignung als Diebstahl oder ähnliches bezeichnet wird, darf man nicht zum Nennwert nehmen. Es liegt vielmehr im Gedanken der materialistischen Geschichtsauffassung, dass eine externe Kritik bestimmter Produktionsverhältnisse unter normativethischen Gesichtspunkten nicht möglich ist. Eher scheint es so, dass für Marx selbst der Gerechtigkeitsbegriff eine transitorische Kategorie ist und er den Kommunismus als eine Gesellschaft *jenseits der Gerechtigkeit* ansieht.[64]

---

[64] Hans G. Nutzinger (1984: 127–130) diskutiert die Frage, ob sich bei Marx nicht doch ein absoluter, ein »überhistorischer« Gerechtigkeitsbegriff findet, der nicht von einem jeweiligen Produktionsverhältnis abhängig ist. Ein solcher »überhistorischer« Gerechtigkeitsbegriff scheint dem von Marx im *Kapital* zumindest implizit geforderten »gerechten Lohn« zugrunde zu liegen, der dem »Anspruch des Arbeiters auf seine individuelle Reproduktion« Genüge tut. Dieser Anspruch schließe »mehr ein als die einfache Wiederherstellung verbrauchter Arbeitskraft, nämlich die ›Erhaltung der Arbeitssubstanz‹, d. h. der Arbeitskraft in ›ihrer Normaldauer und gesunden Entwicklung‹« (ibid.: 129, vgl. MEW 23: 248), und er sei »mehr und anderes, als was der kapitalistische Markt hergibt« (ibid.: 129).
Wir können hier indes keinen »überhistorischen« Gerechtigkeitsbegriff erkennen. Vielmehr scheint uns der Wert der Dinge, die zur »›Erhaltung der Arbeitssubstanz‹, d. h. der Arbeitskraft in ›ihrer Normaldauer und gesunden Entwicklung‹« (ibid.) erforderlich sind, in den Wert der Arbeitskraft einzugehen. »Wenn also der Arbeiter in seinem Verlangen nach einem ›Normalarbeitstag‹ seinen ›Wert‹ fordert« (ibid.), dann verlangt er eben das, was ihm auch nach dem Recht der Bourgeois oder nach dem Recht des kapitalistischen Produktionsverhältnisses zusteht. Denn eine »Übernutzung« der Arbeitskraft ist hier ebenso wenig rechtmäßig wie der übermäßige Verschleiß einer gemieteten Sache, etwa einer Wohnung. – Wenn sich aber auf dem kapitalistischen Markt unter Konkurrenzbedingungen kein diesem Wert entsprechender Lohn erzielen lässt, heißt das, dass der Preis einer Ware (hier: der Arbeitskraft) nicht ihrem Wert entspricht. Das aber ist nach Marx auf Dauer nicht möglich, weil die Werte nach seiner Auffassung die Preise bestimmen (siehe dazu Abschnitt 8.1).

7.6 Der reale kapitalistische Verwertungsprozess: die Produktion

Wir kommen nach diesem Exkurs zur Gerechtigkeit zum Produktionsprozess zurück. Die Verwertung des Wertes vollzieht sich im Kauf und Gebrauch der Ware Arbeitskraft; denn die Arbeitskraft produziert in ihrem Gebrauch Wert. Der Profit entspringt deshalb aus dem Arbeits- oder Produktionsprozess. Die Arbeit ist »ein Prozeß, worin der Mensch seinen Stoffwechsel mit der Natur durch seine eigne Tat vermittelt, regelt und kontrolliert« (MEW 23: 192). Der Arbeitsprozess bringt ein Produkt hervor, in dem die Arbeit »erlischt« (MEW 23: 195): »Die Arbeit hat sich mit ihrem Gegenstand verbunden.« (ibid.)

Blicken wir an dieser Stelle noch einmal zurück. In der *Deutschen Ideologie* hatten Marx und Engels die Arbeit, die Produktion von Gebrauchswerten, als das Wesen der Menschen bestimmt (MEW 3: 21). Diese Hervorhebung der Arbeit wird hier nun mit einem Motiv verbunden, das uns bei John Locke (s. u. Kapitel 12) begegnet. Auch bei Locke (1983: 23) verbindet sich die Arbeit mit dem Arbeitsprodukt in einer unauflöslichen Einheit, und darauf gründet Locke seine Theorie der ursprünglichen Aneignung. Weil meine Arbeit eine Funktion meiner Leiblichkeit ist (vgl. MEW 23: 195), gehört sie ebenso wie mein Leib mir selbst und deswegen auch das, womit sie sich untrennbar verbunden hat, nämlich ihr Produkt.[65]

Aber gerade das ist im kapitalistischen Produktionsprozess pervertiert. Die Arbeit des Arbeiters gehört dem Kapitalisten (MEW 23: 199) und auch »das Produkt ist Eigentum des Kapitalisten, nicht des unmittelbaren Produzenten, des Arbeiters« (MEW 23: 200). »Der Kapitalist hat durch den Kauf der Arbeitskraft die Arbeit selbst als lebendigen Gärungsstoff den toten ihm gleichfalls gehörenden Bildungselementen des Produkts

---

[65] Schon Locke skizziert übrigens eine (philosophische) Arbeitswertlehre: »In der Tat nämlich ist es die Arbeit, die den unterschiedlichen Wert aller Dinge ausmacht.« (1983: 32; *Über die Regierung* Kap. V, § 40)

einverleibt.« (ibid.) Hier also ist der Arbeiter seinem Eigentum – und zwar in Lockes Sinn, d. h. sowohl seiner eigenen Leiblichkeit als auch seinem Produkt – vollkommen entfremdet. Weder sein Produkt noch seine Arbeit sind noch das Seine, sie gehören einem Fremden, dem Kapitalisten.

Wir sehen, dass die nüchterne Beschreibung des Arbeitsprozesses bei Marx moralisch-normativ aufgeladen ist und beinahe religiöse Anklänge hat, wenn Marx den kapitalistischen Produktionsprozess als Herrschaft der toten über die lebendige Arbeit bezeichnet (MEW 23: 200).

Da die Arbeitskraft des Arbeiters einen größeren Wert produziert, als sie selbst hat, produziert sie Mehrwert. Marx diskutiert zwei Formen der Erzielung von Mehrwert, also jener Differenz zwischen dem Wert der Arbeitskraft und dem Wert, den die Arbeitskraft selbst hervorbringt. (1) Da dieser Wert eine lineare Funktion der Arbeitszeit ist, wird der Kapitalist nach Marx versuchen, die Arbeitskraft möglichst lange zu nutzen und den Arbeitstag zu verlängern. Den durch diese Verlängerung produzierten Mehrwert nennt Marx den »absoluten Mehrwert«. (MEW 23: 234) Dieser Produktion des absoluten Mehrwerts entspricht eine bestimmte Form der Produktion in Manufakturen und Arbeitshäusern. Hier produzieren die Arbeiter in derselben Weise, in der sie auch als unabhängige Kleinproduzenten produziert haben. Nur geschieht das jetzt auf Rechnung und unter Kontrolle des Kapitalisten.

(2) Relativen Mehrwert dagegen erzielt der Kapitalist, wenn der Wert der Arbeitskraft sinkt, wenn also der Arbeiter z. B. von acht Stunden Arbeitszeit nicht mehr sechs, sondern nur noch fünf Stunden für die Reproduktion der eigenen Arbeitskraft arbeiten muss.[66] Eine Steigerung des relativen Mehrwerts setzt »eine Revolution in den Produktionsbedingungen« (MEW 23: 333) voraus. Das Kapital »muß die technischen und

---

[66] Arbeit wird hier als »abstrakt menschliche Arbeit« (MEW 23: 73) verstanden, die ein homogenes Gut darstellt. Die Arbeit eines Arbeiters ist darin der Arbeit eines jeden anderen gleich.

gesellschaftlichen Bedingungen des Arbeitsprozesses, also die Produktionsweise selbst umwälzen, um die Produktivkraft zu erhöhn« (MEW 23: 334). Es bildet sich eine Produktionsweise heraus, in der das Kapital nicht nur mehr formell, sondern reell die »Kooperation vieler Lohnarbeiter« (MEW 23: 350) kontrolliert: »Der Befehl des Kapitalisten auf dem Produktionsfeld wird jetzt so unentbehrlich wie der Befehl des Generals auf dem Schlachtfeld.« (ibid.) Die Revolutionierung der Produktionsbedingungen führt zur Verdrängung der Manufaktur durch Fabrik und Maschine. In der Manufaktur ist für Marx die Arbeit nur formell unter das Kapital subsumiert, in der Fabrik dagegen reell. Hier ist der Arbeiter nur noch ein Rad im Ganzen des Produktionsprozesses: »Aller kapitalistischen Produktion, soweit sie nicht nur Arbeitsprozeß, sondern zugleich Verwertungsprozeß des Kapitals ist, ist es gemeinsam, daß nicht der Arbeiter die Arbeitsbedingung, sondern umgekehrt die Arbeitsbedingung den Arbeiter anwendet.« (MEW 23: 446)

Marx beschreibt die kapitalistische Produktion als eine, die nicht vom Streben nach Wohlstand oder Reichtum bestimmt wird, sondern von der »institutionalisierten Habsucht« des Wertes. Diese institutionalisierte Habsucht bewirkt eine permanente Dynamik, eine fortwährende Umwälzung der Produktionsweise, weil der Wert die Menschen nach immer neuen Möglichkeiten und Gütern suchen lässt, mit der sich der Mehrwert steigern lässt. Bei technischen Innovationen geht es daher nach Marx *nicht* um eine Erleichterung der Arbeit oder eine Verkürzung des Arbeitstages (vgl. MEW 23: 391, 339, 431). Zugleich aber bewirkt diese Umwälzung der Produktion eine immer stärkere Arbeitsteilung und Kooperation der Arbeitenden, ihre Integration zu einem »Gesamtarbeiter«.

In dieser Integration sah Marx bereits eine Bedingung des Sozialismus erfüllt, die der Kapitalismus selbst schaffe. Im Hinblick auf diese revolutionäre Überwindung des Kapitalismus ist Marx durchaus widersprüchlich. So behauptet er z.B., das Kapital werde »zur Fessel der Produktionsweise, die mit und unter ihm aufgeblüht ist. Die Zentralisation der Produktionsmittel und die Vergesellschaftung der Arbeit erreichen einen Punkt, wo sie unverträglich werden mit ihrer kapitalistischen Hülle. Sie wird gesprengt.« »Die kapitalistische Produktion erzeugt mit der Notwendigkeit eines Naturprozesses ihre eigene Negation.« (MEW 23: 791) Solche Vorhersagen hat Marx vor allem mit dem sogenannten Gesetz des tendenziellen Falls der Profitrate untermauern wollen (siehe dazu unten Abschnitt 8.2). Andererseits bemerkt Marx selbst: »Der Mechanismus des kapitalistischen Produktionsprozesses beseitigt also selbst die Hindernisse, die er vorübergehend schafft.« (MEW 23: 648) Auch Desai (2002: 82) weist darauf hin, dass die Vorhersagen des baldigen Zusammenbruchs der kapitalistischen Ökonomie am Ende von *Kapital*, Band 1, durch die in diesem Band entwickelte Analyse nicht gestützt werden.

8. Marx als wissenschaftlicher Ökonom

Marx' Analyse der kapitalistischen Produktionsweise ist keine klassisch-»bürgerliche« Theorie der Ökonomie: denn er versucht, eine komplexe und vielschichtige Untersuchung zu geben, neben der eine klassische wirtschaftliche Theorie sich vergleichsweise einfach ausnimmt. Wenn wir uns fragen, was Marx als wissenschaftlicher Ökonom geleistet hat, könnte man meinen, wir mäßen ihn mit einer Elle, die für ihn nicht passt. Doch Marx will ja nicht etwas ganz anderes tun als die bürgerliche Wirtschaftswissenschaft. Vielmehr will er uns etwas bieten, das diese Wissenschaft und ihre Betrachtungsweise integriert oder, mit einem hegelschen Ausdruck, »in sich aufhebt«. Marx stellt ja durchaus Thesen auf, die mit Thesen anderer Wissenschaftler konkurrieren. Er will etwas zur Entstehung von Preisen und Löhnen sagen, und er formuliert sogar ein zentrales ökonomisches Gesetz, das Gesetz vom tendenziellen Fall der Profitrate. Marx will also als wissenschaftlicher Ökonom ernst genommen werden. Und diesen Anspruch wollen wir hier prüfen.

Die Hauptstärke von Marx ist vermutlich das, was Schumpeter die »ökonomische Geschichtsauffassung« (1980: 26) nennt und das wir oben schon als »materialistische Geschichtsauffassung« kennengelernt haben. Schumpeter hält sie für »eine der größten individuellen Leistungen der Soziologie«. Dieser zufolge ist die Wirtschaft kein isolierter Teilbereich des menschlichen Lebens, wie etwa für Aristoteles der *Oikos*, in dem die Wirtschaft ihren begrenzten Ort hat. Stattdessen durchdringt die Wirtschaft dieses Leben insgesamt und steht in engem Zusammenhang mit geistigem Leben, Philosophie, Wissenschaft und allen anderen Bereichen der Kultur. Sie prägt unsere Wahrnehmung der Welt sehr viel stärker, als das die Philosophie bislang angenommen hatte. Das bedeutet freilich, dass die »ökonomische Geschichtsauffassung« bei Marx eher eine soziologische als eine wirtschaftswissenschaftliche Perspektive ist.[67]

Marx ist also am stärksten dort, wo er von der Philosophie her und wo er in der Ökonomie qualitativ argumentiert. Die Philosophie scheint für ihn der eigentlich kraftspendende Boden zu sein, so wie für die mythologische Figur Antaios die Erde. Die Erde, Gaia, ist die Mutter des Antaios, und solange er auf ihr steht, ist er im Kampf unüberwindbar. Erst als es dem Gegner im Kampf gelingt, Antaios ein Stück in die Luft zu heben, verliert dieser seine Kraft und jener kann ihn besiegen. So scheint auch Marx seine Kraft zu verlieren, sobald er den Boden der Philosophie verlässt und nicht mehr qualitativ, sondern ökonomisch quantitativ argumentiert. Seine Quantifizierungen sind notorisch schwach, und die Defizite in der Erklärung der Preise mittels der Arbeitswertlehre sowie im Theorem der fallenden Profitrate sind nicht heilbar. Wir werden das unten erläutern. Ein der Theorie des allgemeinen Gleichgewichts in der Neoklassik vergleichbarer Ausbau der marxschen Ökonomik ist

---

[67] Das zeigt sich auch bei Marx' Nachfolgern. Ellen Meiksins Wood (2012: 38) weist darauf hin: »Yet some of the most fruitful Marxist work on the nature of capitalism has been done not by political economists, but by Marxist historians who have explored its origin and evolution.«

offenbar nicht möglich. Elster (1986: Kapitel 10) beurteilt Marxens Leistung zusammenfassend so: Sie sei am stärksten in Geschichte und Soziologie und am schwächsten in Ökonomie und Politik.

Im Ökonomischen im engeren Sinne orientiert sich Marx an der Klassischen Ökonomie von Adam Smith (1723–1790) und David Ricardo (1772–1823). Es wird anfangs eine warentauschende Gesellschaft beschrieben von Produzenten, ähnlich wie bei Smith im 1. Kapitel des *Wohlstandes der Nationen*. Marx interessieren allerdings ganz andere Zusammenhänge als Smith; Smith spricht vor allem davon, dass wir dem Anderen etwas bieten, wenn wir von ihm etwas haben wollen. Smith sieht damit vielmehr das Soziale und das Kommunikative, während Marx sofort fasziniert ist von dem Gegenstand, der getauscht wird, der Ware. Smith sieht also sofort die Koordination, die dieser Tausch bewirkt, dass folglich Güter alloziert werden oder dorthin kommen, wo sie gebraucht werden. Auffälligerweise nimmt Marx an dieser Koordinationsfunktion des Marktes gar kein Interesse.

8.1 Die Arbeitswertlehre und das Transformationsproblem

Wir haben oben bereits über den Doppelcharakter der ökonomischen Theorie bei Marx gesprochen. Diese Theorie ist einerseits als wissenschaftliche Theorie der Wirtschaft konzipiert, zugleich aber als eine Kritik der ökonomischen Kategorien und auch als ein Element der revolutionären Aufhebung oder Verwirklichung der Philosophie; denn mit seiner ökonomischen Analyse des Kapitals hoffte Marx, den Schlüssel zu finden zu einer Überwindung der kapitalistischen Produktionsweise. Die marxsche Kritik der Politischen Ökonomie ist eine hybride Konstruktion, mit der Marx mehrere Zwecke auf einmal verfolgt.

In diesem Abschnitt wollen wir uns aber auf die eigentlich ökonomische Leistung seines Hauptwerkes *Das Kapital* konzentrieren; d. h. wir fragen, ob Marx' Theorie eine wissenschaftliche

Theorie der modernen Wirtschaft bietet, die sich mit der modernen nichtmarxistischen Ökonomie messen kann, dieser vielleicht sogar überlegen ist.

Wir wollen zunächst noch einmal den bereits mehrfach erläuterten marxschen Erklärungsansatz in Erinnerung rufen. Die kapitalistische Gesellschaft ist eine warentauschende Gesellschaft. Waren haben einen Wert. Dieser Wert hängt ausschließlich von der menschlichen Arbeit ab, die die Ware hervorgebracht hat. Quantitativ bestimmt sich der Wert durch die Größe der durchschnittlichen bzw. der »gesellschaftlich notwendigen« Arbeitszeit, die zur Produktion der jeweiligen Ware erforderlich ist. Mit der Arbeitswertlehre orientiert sich Marx an Smith und insbesondere an Ricardo, erkennt aber anders als diese Boden und Kapital nicht mehr als Produktionsfaktoren an.

In der kapitalistischen Gesellschaft gibt es Menschen, die zum Tauschen nichts anzubieten haben als ihre eigene Arbeitskraft. Das Neuartige in Marx' Ansatz ist, dass er sagt: Auch die Arbeitskraft ist eine Ware, und auch sie hat einen Wert. Dieser Wert der Arbeitskraft besteht in der Summe der Werte derjenigen Güter, die der Arbeitskraftbesitzer benötigt, um seine Arbeitskraft, d. h. sich selbst zu reproduzieren, also eine bestimmte Menge an Lebensmitteln, Kleidern, Wohnung etc. Marx stellt nun fest: Die Arbeitskraft bringt mehr Werte hervor als ihr eigener Wert beträgt. Ein Arbeiter, der am Tag zehn Stunden arbeitet und einen entsprechenden Wert erzeugt, kann sich mit einer Menge von Gütern reproduzieren, die z. B. in sechs Stunden erzeugt werden. Die Arbeitskraft erzeugt also in unserem Beispiel einen Mehrwert von vier Stunden. Mit dieser einfachen und klaren Struktur beansprucht Marx, das Rätsel der Herkunft des Profits gelöst zu haben, den der Kapitalist erzielt.

Ist damit das Rätsel aber wirklich gelöst? Wir haben im vorigen Kapitel gezeigt, dass die marxsche Wertlehre die abendländische Metaphysik parodiert. Denn der Wert wird von Marx als das Wesen oder das nichtsinnlich Erfahrbare des Warengegenstandes aufgefasst. Nun könnte man ja sagen, auf dieser Ebene der Metaphysik mag es ja so sein, dass Waren und auch die Arbeitskraft einen Wert haben, wie ihn die Arbeitswertlehre herleitet. Der Profit aber gehört nicht in diese Sphäre der Wertmetaphysik, sondern auf die empirische Ebene der Preise. Marx muss also behaupten, dass die Metaphysik des Wertes auch die empirischen Preise bestimmt – genauso wie die platonische Idee die sinnlichen Gegenstände, welche in der Ideenlehre nur die Abbildungen oder Schatten dieser Idee sind.

Nun ist Marx tatsächlich der Überzeugung, dass sich die Arbeitswerte in Preise übersetzen. Dabei mag es temporäre Abweichungen und Schwankungen geben, doch werden die Preise letztlich von den Arbeitswerten bestimmt. Das ist die marxsche Version der Arbeitswertlehre, aus der auch umfangreiche Folgerungen gezogen werden. Sie erklärt nicht nur den Profit, sondern auch die Verteilung der Güter in der kapitalistischen Gesellschaft und damit die Einkommensverteilung und die langfristige dynamische Akkumulation des Kapitals. Schließlich wird auf der Grundlage dieser Lehre das *Gesetz des tendenziellen Falls der Profitrate* entwickelt. Dieses Gesetz zeigt nach Marx, dass der Kapitalismus schließlich die Entwicklung der Produktivkräfte hemmen wird und unausweichlich in eine finale Krise gerät. Was ist von dieser ökonomischen Theorie zu halten? Kann sie die Bestimmung der Preise und der Produktion in einer Wirtschaft liefern?

Marx' ökonomische Theorie ist auch heute nicht nur von historischem Interesse. Marx' ökonomische Schriften, insbesondere sein Hauptwerk *Das Kapital,* werden bis heute sowohl von Marxisten als auch von vielen hervorragenden Ökonomen der nichtmarxistischen Wirtschaftswissenschaften diskutiert.[68] So haben sich neben Schumpeter u. a. zwei der zu ihrer Zeit bedeutendsten Vertreter der herkömmlichen Wirtschaftswissenschaf-

---

[68] Eine gute Sammlung von Texten zur Kritik der Politischen Ökonomie von Marx, und zwar sowohl von Marxisten als auch von ihren Gegnern, bieten, wie oben in Abschnitt 1.2 erwähnt, Nutzinger und Wolfstetter (1974a, 1974b; 2008). Eine lesenswerte, wenn auch an einigen Stellen ein wenig einseitige Sicht auf das Werk von Marx gibt Schumpeter (1980: 15–101).

ten, nämlich Eugen von Böhm-Bawerk (s. vor allem 1896) und Paul Samuelson (s. vor allem 1971) intensiv mit der Arbeitswertlehre beschäftigt. Die Nichtmarxisten nehmen meist eine kritische Perspektive ein. Insbesondere Schumpeter, Böhm-Bawerk (1851–1914) und Samuelson (1915–2009) halten die Arbeitswertlehre nicht für entwicklungsfähig. Weil sie aber die Arbeitswertlehre als einen unverzichtbaren Bestandteil der marxistischen Ökonomie ansehen, betrachten sie die gesamte marxistische Ökonomie nicht als eine ernstzunehmende Alternative zur sogenannten bürgerlichen Ökonomie.

Ist dieses Urteil der nichtmarxistischen Ökonomen gerechtfertigt? Von Rosa Luxemburg (1871–1919), Rudolf Hilferding (1877–1941), Paul Sweezy (1910–2004) und Oskar Lange (1904–1965) bis hin zu John Roemer haben sich immer wieder bedeutende Ökonomen daran versucht, eine marxistisch-ökonomische Analyse der modernen Wirtschaft zu leisten. Hinzu kommen die Bemühungen der Wirtschaftswissenschaften der ehemaligen sich als sozialistisch verstehenden Staaten. Trotz all dieser Anstrengungen hat die marxistische Ökonomie jedoch keinen auch nur annähernd vergleichbaren Beitrag zur Analyse und empirischen Erforschung wirtschaftlicher Zusammenhänge und Abläufe geleistet wie die herkömmliche Wirtschaftswissenschaft, die Neoklassik.

Das hat viele Gründe. Wir wollen einige davon nennen. So ist die Entwicklung der marxistischen Ökonomik entscheidend dadurch behindert worden, dass das Stalinregime in der Sowjetunion die mathematische Wirtschaftstheorie beseitigt und ihre Vertreter verfolgt und ermordet hat. Über die Dritte Internationale hat diese Ächtung auch den westlichen Marxismus geprägt. Diese Phase dauerte von etwa 1930 bis 1950 (vgl. Smolinski 1973: 1189 f.).

Ein anderer Grund für die mangelnde Leistungsfähigkeit der marxistischen Ökonomik ist die fehlende mikroökonomische Fundierung vieler Aussagen im marxschen Werk, was auch von Marxisten (Roemer 1981, 1986, Elster 1986, Desai 2002: 264) kritisiert wird. Dieser Mangel ist nicht zufällig, sondern rührt von der Dominanz holistischer Erklärungsansätze (Elster 1986) in Marx' Werk her (siehe oben Kapitel 2 sowie Abschnitte 3.2 und 7.4), die aber immer auch eine große Suggestivkraft im Marxismus entfaltet haben. Insofern ist sozusagen die philosophische Stärke von Marx der marxistischen Ökonomik zum Verhängnis geworden.

Der Hauptgrund für diese Sterilität scheint aber die marxsche Arbeitswertlehre zu sein, die das zentrale methodische Instrument der marxschen Analyse des »kapitalistischen Systems« ist[69] und an der die marxistische Ökonomie zu lange festgehalten hat. Eine wesentliche Aufgabe der Arbeitswertlehre ist es, mit Hilfe der in den Waren enthaltenen Arbeitsmengen die Preise in einer Marktwirtschaft zu erklären. Die Transformation der Werte in Preise wird als *Transformationsproblem* (Nutzinger und Wolfstetter 1974a: 231 ff.) bezeichnet. Dieses hat ein Jahrhundert lang im Zentrum der Auseinandersetzung zwischen herkömmlichen und marxistischen Ökonomen gestanden (s. u. a. Böhm-Bawerk 1896, Samuelson 1971). In der zweiten Hälfte des 20. Jahrhunderts[70] entwickelte sich hinsichtlich der Arbeitswertlehre ein weitgehender Konsens (vgl. z. B. Bernholz und Faber 1971, 1972) zwischen der Mehrheit der marxistischen und herkömmlichen Wirtschaftswissenschaftlern darüber, dass die Arbeitswertlehre die Marktpreise nur unter ganz restriktiven Bedingungen sowohl in logisch-analytischer als auch in empirischer Sicht erklären kann (vgl. z. B. Malinvaud 1985: 123–129) . Ist dieser Konsens begründet?

Zuerst wollen wir anhand eines Beispiels die Schwierigkeit der Überführung von Werten in Preise illustrieren. Dazu neh-

---

[69] Eine andere Auffassung vertritt Wolfstetter (1979), der das Transformationsproblem (siehe unten) für einen Nebenaspekt der marxschen Theorie hält.

[70] Bereits 1938 hatte Oskar Lange (1938/1952), einer der führenden marxistischen Wirtschaftstheoretiker, in seinem bahnbrechenden Aufsatz »On the economic theory of socialism« darauf hingewiesen, dass die Werteinheit Arbeit nicht für die Berechnung von Preisen im Sozialismus verwendet werden kann (vgl. Roemer 1994: 28).

men wir an, dass neben Arbeit auch die beiden Rohstoffe Öl und Kohle knapp seien. Öl und Kohle lassen sich in Energieäquivalente umrechnen. Da die Förderung von Kohle arbeitsintensiver ist als die von Öl, ist der Arbeitswert von Kohle pro Energieeinheit höher als der entsprechende von Öl. Die Preise jedoch einer Energieeinheit, gleichgültig ob diese aus Kohle oder Öl gewonnen wurde, sind gleich. Da aufgrund der Knappheit von Energie beide Rohstoffe gleichzeitig eingesetzt werden müssen, ist es auch nicht möglich, zuerst nur das Öl zu verwenden und danach die Kohle. Also zeigt sich, dass bei diesen beiden, nicht vollständig durch einander substituierbaren Rohstoffen, die Arbeitswertlehre nicht gilt und Arbeitswerte nicht die Preise bestimmen können. Die Arbeitswertlehre gilt hier nicht, weil Arbeit nicht der einzige knappe Produktionsfaktor ist, sondern weil es auch andere knappe Faktoren – nämlich unter anderem natürliche Ressourcen wie in unserem Beispiel Öl und Kohle – gibt. Darüber hinaus verlangt eine Erklärung der Marktpreise auf der Grundlage der Arbeitswertlehre, dass die nachstehend genannten drei Restriktionen erfüllt sind (Malinvaud 1985: 123–126):

– Arbeit ist nicht nur der einzige knappe Produktionsfaktor, sondern auch ein homogener Produktionsfaktor, d. h. es gibt nur eine Art von Arbeit,

– die Marktstruktur ist durch vollkommene Konkurrenz charakterisiert,

– es gibt keine Kuppelproduktion;

Kuppelproduktion ist u. a. ein typisches Phänomen der chemischen Industrie: Bei der Herstellung eines Gutes wird gleichzeitig mindestens ein weiteres hergestellt, wie z. B. die Herstellung von Soda mit dem Leblanc Verfahren gleichzeitig Chlorwasserstoff hervorbringt (Müller-Fürstenberger 1995). Eine ausführliche Erläuterung des Phänomens der Kuppelproduktion geben wir im Abschnitt 8.3.

Darüber hinaus darf es viertens

– keine Nettoinvestitionen in neue Technologien geben (Elster 1986: 73).

Diese Aufzählung einschränkender Bedingungen betrifft die technischen Aspekte der Produktion und die Marktstruktur. Würde man zusätzlich die Entwicklung der Bevölkerung berücksichtigen, müsste man annehmen, dass sich deren Größe mit konstanter Wachstumsrate verändert (Weizsäcker und Samuelson 1971/1974). Auf der Nachfrageseite wäre es erforderlich, restriktive Bedingungen für die Zeitpräferenz anzugeben. Auch sind Beschränkungen bezüglich der Einkommens- und Vermögensverteilungen zu formulieren. Schließlich sei erwähnt, dass die unbegrenzte Verfügbarkeit von Rohstoffen und Schadstoffaufnahmekapazitäten unterstellt werden müsste. Darüber hinaus könnten weitere Schwierigkeiten aufgezeigt werden.[71]

Kann man demnach sagen, dass die Arbeitswertlehre definitiv widerlegt ist? Strenge Beweise gibt es in dieser Frage nicht. Auch wir können nicht ausschließen, dass es eines Tages doch noch gelingt, auf der Basis der Arbeitswertlehre eine quantitativ aussagekräftige Theorie der Wirtschaft zu entwickeln. Für wahrscheinlich halten wir das allerdings nicht. Der Hauptmangel der Arbeitswertlehre, wenn man ihn auf einen Punkt bringen möchte, scheint uns darin zu liegen, dass sie das Knappheitsproblem und damit die Nachfrageseite außer Acht lässt. So formuliert Roemer (1988: 49): »The labor theory of value is a

---

[71] Desai (2002: 264) erläutert an einem bekannten Beispiel die Probleme der Arbeitswertlehre bei der Berücksichtigung des *zeitlichen Verlaufes* der Produktion: »A classic example is winemaking. When grapes are harvested and crushed, labour is used. But then the grape juice is left to ferment for some time before we have wine. The value of the wine exceeds that of the grape juice by a large factor, yet labour contributes nothing to the extra value. Thus, value and surplus could arise from factors other than labour.« – Zum Transformationsproblem ist in dem Übersichtsaufsatz von Samuelson (1971) vieles zusammengetragen worden. Wenn auch nicht alles, so werden doch wichtige Aussagen von Samuelsons Thesen auch von Marxisten akzeptiert. Das betrifft insbesondere die Logik des Zusammenhanges zwischen der Arbeitswertlehre und dem Preissystem (siehe z. B. Roemer 1981:159–161; Elster: 63–69, 192).

supply-side theory [...] The correct theory of market price must take both supply and demand into account.« Die Missachtung der Nachfrageseite erklärt sich zunächst daraus, dass Marx die Wirtschaft einseitig von der Produktion her bestimmt und annimmt, dass der Gebrauchswert »in gehöriger Proportion vorhanden ist« (MEW 23: 52). Die Nachfrage ist für Marx ein Epiphänomen, und die Bedürfnisse sind, soweit nicht naturgegeben, selbst »produziert«. Diese einseitige Betonung der Produktion führt zu einer Werttheorie, die den Wert nur auf die Arbeit zurückführt und alle Elemente subjektiver Wertschätzung als irrelevant ausschließt. Das hat bei Marx zu einer metaphysischen Werttheorie geführt, in der der Gebrauchswert zur »Erscheinung« von Wert führt. Die Nachfrage ist immer eine Nachfrage nach Gebrauchswerten. Aber der Gebrauchswert einer Ware ist etwas, wie Marx meint, das die Ware als solche gar nichts angeht. Der Gebrauchswert einer Ware besteht nur in Beziehung auf den Menschen, und er interessiert Marx nur insofern, als jede Ware die generelle Eigenschaft haben muss, auch Gebrauchswert zu sein.

Marxistische Ökonomen haben ein Jahrhundert lang an der Last getragen, mit der aus heutiger Sicht logisch und empirisch unzureichenden Methode der Arbeitswertlehre zu arbeiten. Erst um 1970 herum begannen sie, sich davon zu befreien (Brody 1970, Morishima 1973, Roemer 1981). Das eröffnete eine ganz neue Ära der marxistischen Ökonomie. Bahnbrechend waren ab der Mitte der 70er Jahre des vorigen Jahrhunderts die Arbeiten von John Roemer (z. B. 1981, 1988), der zeigte, dass man marxsche Fragestellungen wie z. B. die nach Ausbeutung und Klassenkampf ohne die Arbeitswertlehre erfolgreich bearbeiten kann (siehe auch Cohen 1978 und Elster 1985, die aus philosophischer Perspektive zu einer neuen Sicht des marxschen Werkes gelangten).[72] Auf den Zusammenhang zwischen der Ar-

---

[72] Es ist bemerkenswert, dass zur gleichen Zeit auch Vertreter der herkömmlichen Ökonomie begannen, sich ohne die Vorbehalte ihrer Vorgänger mit der marxistischen Ökonomie zu beschäftigen. Ein Beispiel

beitswertlehre und den Möglichkeiten der Beeinflussung der Einkommensverteilung durch den Staat aus Marx' Sicht werden wir unten in Abschnitt 9.2 eingehen.

8.2 Das Gesetz des »tendenziellen Falls der Profitrate«

Wirtschaftliche Krisen

An vielen Stellen seines Werkes hat sich Marx mit der Dynamik des kapitalistischen Produktionsprozesses beschäftigt. Er glaubte, dass dieser aus inhärent strukturellen Gründen immer wieder zu Krisen führen müsste, deren Periodizität etwa zehn Jahre betrage. Insbesondere im 23. Kapitel des ersten Bandes des *Kapitals* (MEW 23) hat er ein »allgemeines Gesetz der kapitalistischen Produktion« entwickelt. Aufgrund der dauernden Kapitalakkumulation würde es zu immer wiederkehrender Arbeitslosigkeit kommen. In seinem späteren Leben vermutete er, dass diese Krisen sich im Laufe der Zeit häufen und an Heftigkeit zunehmen würden, sodass es zum Zusammenbruch des Kapitalismus kommen würde.

---

für diesen Sinneswandel ist Paul Samuelsons (1973: IX) Einschätzung, die er im Vorwort zur 9. Auflage seines klassischen Lehrbuchs der Volkswirtschaftslehre, *Economics,* gibt: »Es ist skandalös, daß man bis vor kurzem selbst die Studenten mit Hauptfach VWL nichts anderes über Karl Marx lehrte, als daß er ein unzurechnungsfähiger Geselle sei. Dies kam nicht von der Einschüchterung durch kapitalistische Interessen, sondern war vielmehr die Folge dessen, daß solche unabhängigeren und leidenschaftlichen Lehrer der letzten Generation wie John Maynard Keynes Marx für dumm und unergiebig hielten. In dieser Auflage habe ich versucht, Marx weder als Gott noch als Teufel zu behandeln – sondern als säkularen Forscher, den die halbe Weltbevölkerung für wichtig hält.« (Deutsche Übersetzung zitiert nach Reiß 1990: 113. – Das Buch von Winfried Reiß, das er unter Mitarbeit seiner Frau Heide Reiß, einer Historikerin, verfasst hat, ist eines der ganz wenigen in deutscher Sprache geschriebenen wirtschaftswissenschaftlichen Lehrbücher über die Grundlagen der Mikroökonomik, in dem ausführlich die ökonomische Lehre von Karl Marx und Friedrich Engels dargestellt wird; ibid.: 113–174.)

Allerdings ist es Marx – auch nach Meinung von Marxisten – nicht gelungen, weder eine allgemeine noch eine spezielle Krisentheorie zu entwickeln. Erst nach ihm sind zahlreiche spezielle Konjunkturtheorien entwickelt worden. Aber Marx hat das nicht unbeträchtliche Verdienst, dass er sich wie kein anderer vor ihm empirisch und theoretisch mit der Dynamik der kapitalistischen Wirtschaft beschäftigt und damit die Aufmerksamkeit auf diese wichtige Fragestellung fokussiert hat. Insbesondere hat er eine Krise nicht wie andere als außergewöhnliche, sondern als regelmäßige zyklische Erscheinung des kapitalistischen Produktionsprozesses betrachtet. Viele der von ihm beobachteten und untersuchten Phänomene, wie Instabilität, Überproduktion, Unterkonsumtion, Schwankungen der Höhe von Investitionen, unstete Ersetzung des verbrauchten Kapitals, Entstehung hoher Arbeitslosigkeit, zu hohe oder zu geringe Kreditvergabe, Veränderung der Erwartungen in Form von ungebremstem Optimismus und Pessimismus[73], sind in spätere Theorien anderer Autoren, seien sie marxistisch oder nichtmarxistisch, eingegangen. Joseph Schumpeter (1952: 51) meinte daher, dass Karl Marx der Vater der Konjunkturtheorien sei. Allerdings gilt auch hier, dass Marx aufgrund der Produktionslastigkeit seines Ansatzes den monetären Phänomenen nicht die Aufmerksamkeit gegeben hat, die ihnen zukommt.

Marx' Begründung des Gesetzes

Seine vielfältigen Betrachtungen, Untersuchungen und Analysen der zeitlichen Entwicklung des Kapitalismus haben Marx

---

[73] Eine wesentliche Grundlage für seine Beobachtungen und theoretischen Überlegungen waren seine Aufzeichnungen von Oktober 1857 bis Februar 1858 in den sogenannten Krisenheften, die Marx (Krisenhefte, MEGA IV/14: Exzerpte und Notizen. Oktober 1857 bis Februar 1858) anlässlich einer der ersten Weltwirtschaftskrisen, die am 24.08.1857 in New York begann, sich sehr schnell ausbreitete und bis 1859 andauerte, verfasste.

zur Formulierung seines vielleicht wichtigsten Ergebnisses geführt, dem »Gesetz des tendenziellen Falls der Profitrate«.

Dieses ist ein zentraler – wenn nicht sogar der bedeutendste – Bestandteil der marxschen Ökonomie. Marx hat es wohl als das wesentliche *Bewegungsgesetz* des kapitalistischen Systems angesehen. Dieses Gesetz besagt, dass der Gewinn pro eingesetzter Einheit Kapital im Laufe der Zeit fällt. Diese Behauptung ist als solche nicht unbedingt originell. Vielmehr systematisiert das Gesetz nur eine Ansicht, die schon ökonomische Klassiker wie Smith, Ricardo und Malthus (1766–1834) vertreten hatten. Während die Klassiker jedoch als Grund für den allmählich sinkenden Kapitalgewinn die zunehmende Knappheit natürlicher Produktionsfaktoren, insbesondere des Bodens, nannten und damit abnehmende Grenzerträge der Produktion für den Fall der Profitrate verantwortlich machten, kritisierte Marx die Begründungen dieser Klassiker als falsch (Nutzinger und Wolfstetter 1974b; 2008: 167–172): Nicht die aufgrund der wachsenden Bevölkerung zunehmenden Beschränkungen der Natur, die zu ebenso zunehmenden Renten für den Boden und damit unabhängig von den sozialen ökonomischen Bedingungen der Produktion zu geringeren Profiten der Unternehmer führten, seien der Grund für den Fall der Profitrate. Stattdessen nimmt Marx in seiner Erklärung in origineller Weise eine ganz andere Perspektive ein: Nicht die Natur, sondern das kapitalistische System selbst bewirke aufgrund inhärenter Widersprüche den Niedergang der Gewinne und damit des kapitalistischen Systems (Roemer 1981: 87). Es ist diese These, die wesentlich zu Marxens Popularität und zur bis heute anhaltenden Diskussion seines Gesetzes geführt hat. Obwohl es inzwischen die überwiegende Meinung nicht nur der Vertreter der herkömmlichen (seien sie neoklassischer oder österreichischer[74] Prägung), sondern auch der der marxistischen Ökonomie ist, dass das Gesetz der tendenziell fallenden Profitrate nicht gilt, bleibt es Marx' Verdienst, eine neue, auch noch heute fruchtbare Forschungsagenda ini-

---

[74] Vgl. Faber, Proops und Speck (1999: Kapitel 1).

tiiert zu haben. So sehen Marxisten die Krisentendenzen des kapitalistischen Systems in dessen sozialen und ökonomischen Bedingungen begründet (vgl. dazu Roemer 1981: 87–8). Nichtmarxisten dagegen fokussieren ihre Aufmerksamkeit auf neoricardianische und malthusische Argumente wie das Bevölkerungswachstum, Rohstoffmangel und Umweltschäden, also letztlich auf Knappheitsargumente und damit auf Beschränkungen, die natürlichen Rückwirkungen der Produktion des Konsums geschuldet sind. Das Gesetz des tendenziellen Falls der Profitrate wird von Marx in den Kapiteln 13 bis 15 des von Engels herausgegebenen 3. Bandes des *Kapitals* (MEW 25) behandelt. Für wie bedeutend es Marx (MEW 25: 269, MEGA II/15: 255–256) selber hält, zeigt folgendes Zitat: »Die Profitrate ist die treibende Macht in der kapitalistischen Produktion, und es wird nur produziert, was und soweit es mit Profit produziert werden kann. Daher die Angst der englischen Ökonomen über die Abnahme der Profitrate. Daß die bloße Möglichkeit Ricardo beunruhigte, zeigt gerade sein tiefes Verständnis der Bedingungen der kapitalistischen Produktion. […] Was ihm vorgeworfen wird, daß er, um die ›Menschen‹ unbekümmert, bei Betrachtung der kapitalistischen Produktion nur die Entwicklung der Produktivkräfte im Auge hat – mit welchen Opfern an Menschen und Kapital*werten* immer erkauft –, ist gerade das Bedeutende an ihm. Die Entwicklung der Produktivkräfte der gesellschaftlichen Arbeit ist die historische Aufgabe und Berechtigung des Kapitals. Eben damit schafft es unbewußt die materiellen Bedingungen einer höheren Produktionsform. Was Ricardo beunruhigt, ist, daß die Profitrate, der Stachel der kapitalistischen Produktion und Bedingung, wie Treiber der Akkumulation, durch die Entwicklung der Produktion selbst gefährdet wird. Und das quantitative Verhältnis ist hier alles. Es liegt in der Tat etwas Tieferes zugrunde, das er nur ahnt. Es zeigt sich hier in rein ökonomischer Weise, d.h. vom Bourgeoisstandpunkt, innerhalb der Grenzen des kapitalistischen Verstandes, vom Standpunkt der kapitalistischen Produktion selbst, ihre Schranke, ihre Relativität, daß sie keine absolute, sondern nur eine historische, einer gewissen beschränkten Entwicklungsepoche der materiellen Produktionsbedingungen entsprechende Produktionsweise ist.«[75]

Für Marx hat der Fall der Profitrate seinen Grund in der im Laufe der Zeit zunehmenden Menge des eingesetzten Kapitals. Er nahm an, dass dieser Umstand durch arbeitssparenden technischen Fortschritt bewirkt würde.

Formale Herleitung des Gesetzes

Wir wollen das Gesetz von dem tendenziellen Fall der Profitrate für die Leser, die daran näher interessiert sind, der Klarheit halber formal darstellen.[76]

Marx unterscheidet *konstantes* (c) und *variables* (v) *Kapital*; Letzteres bezeichnet den Anteil der vom Kapitalisten erworbenen Arbeitskraft. Das konstante Kapital bezeichnet das Anlagevermögen und die in der Produktion eingesetzten Materialien.

Die zentrale Variable für die Diskussion des Gesetzes ist die sogenannte *organische Zusammensetzung des Kapitals* g, die das Verhältnis von konstantem Kapital c zu dem variablen Kapital v angibt,

$$\text{also } g = c/v.$$

Sei m die *Mehrwertrate* bzw. die *Ausbeutungsrate*, die definiert ist durch das Verhältnis von Mehrwert s zu variablen Kapital v,

---

[75] Der italienische Marxist Lucio Colletti hält das Gesetz offenbar für so bedeutend, dass er seine Verifikation für so wichtig hält wie die sozialistische Revolution im Westen: »Not only has the falling rate of profit not been empirically verified, but the central test of Capital itself has not yet come to pass: a socialist revolution in the advanced West. The result is that Marxism is in crisis today, and it can only surmount this crisis by acknowledging it.« (zitiert nach Hoff 2009: 59).

[76] Diejenigen, die nicht an der analytischen Darstellung interessiert sind, können die nächsten 13 Zeilen überspringen. – Leser, die an einer marxistisch orientierten bzw. einer herkömmlich neoklassischen Darstellung des Gesetzes des tendenziellen Falles der Profitrate interessiert sind, empfehlen wir Sweezy (1970: Kapitel VI) bzw. Brems (1986: 118–121).

also m = s/v.

Sei p die *Profitrate*, die durch das Verhältnis von Mehrwert s zum Gesamtkapital (v + c) bestimmt wird, also

$$p = s/(v + c).$$

Durch einfache Umformungen lässt sich p schreiben als

$$p = s/v \ (1 + c/v) = m/(1 + g).$$

In Kapitel 13 des dritten Bandes des *Kapital* vereinfacht Marx (MEW 25) diese komplexe Beziehung für die Profitrate, indem er zunächst annimmt, die Mehrwertrate ändere sich durch den technischen Fortschritt nicht, so dass die Änderung der Profitrate nur von der Änderung der organischen Zusammensetzung des Kapitals g abhängt. Marx nimmt weiter an, dass das konstante Kapital c im *Verhältnis* zum variablen Kapital v im Laufe der Zeit stetig zunimmt bzw. dass die sogenannte *organische Zusammensetzung des Kapitals* g stetig wächst. Damit muss nach Marx die Profitrate fallen, weil nur das variable Kapital einen Mehrwert erzeugt, der die alleinige Quelle des Profits ist. Im weiteren räumt Marx zwar ein, dass sich die Mehrwertrate durch technischen Fortschritt erhöhen kann, jedoch nimmt er an, dass diese Erhöhung den durch das Anwachsen des konstanten Kapitals bedingten Fall der Profitrate nicht vollständig kompensieren kann (s. z. B. Roemer 1981: 89).

Diesen Zusammenhang erläutert Marx in Kapitel 14 (MEW 25: 242; MEGA II/15: 229–230), in dem er eine Reihe von »entgegenwirkenden Ursachen« anführt, »[...] welche die Wirkung des allgemeinen Gesetzes durchkreuzen und aufheben und ihm nur den Charakter einer Tendenz geben, weshalb wir auch den Fall der allgemeinen Profitrate als einen tendenziellen Fall bezeichnet haben. Die allgemeinen Ursachen sind folgende:« »Erhöhung des Exploitationsgrads der Arbeit« (ibid.), »Herunterdrücken des Arbeitslohnes unter seinen Wert« (ibid.: 243), »Verwohlfeilerung der Elemente des konstanten Kapitals« (ibid.), »relative Übervölkerung« (ibid.: 246) und der »auswärtige Handel« (ibid.: 247). Während nach Marx die ersten vier Gründe nur der Erhöhung der organischen Zusammensetzung des Kapitals entgegenwirken, verursache der fünfte darüber hinaus noch eine Erhöhung des Ausbeutungsrads der Arbeit.[77]

Einwände gegen das Gesetz

Es gibt zwei naheliegende Einwände gegen das Gesetz von der fallenden Profitrate (Nutzinger und Wolfstetter 1974b: 171). Der erste bezieht sich auf die Annahme der Konstanz der Mehrwertrate. In der Tat zeigt nämlich Roemer (1981: 89 ff.), dass der Effekt auf die Profitrate durch eine Steigerung der organischen Zusammensetzung des Kapitals durch eine entsprechende Steigerung der Mehrwertrate m kompensiert werden kann. Der zweite Einwand macht geltend, dass für die Ermittlung der Profitrate *Preise* benötigt werden. Aufgrund der oben in Abschnitt 8.1 dargelegten Schwierigkeiten können diese aber nicht konsistent aus den Arbeitswerten ermittelt werden.

Marx hatte erwartet, dass der stetige Fall der Profitrate zu einer Lähmung und schließlich zu einem Zusammenbruch des kapitalistischen Systems führen müsse. Diese Erwartung beruht aber auf empirischen Annahmen über den technischen Fortschritt, die sich nicht bestätigt haben: »Marx neglected the fact that even labor-saving technical change has the indirect effect of depreciating the value of constant capital, thereby counteracting and possibly offsetting the tendency of the rate of profit to fall. Moreover, Marx offers no argument that technical change needs to be labor saving.« (Elster 1986: 192–193) »Although the view that technical change is inherently labor saving appears very plausible, especially in the days of computer revolution, it is not borne out by the facts: It neglects such dramatic capital-saving innovations as explosives and the wireless. Historically,

---

[77] Sweezy (1970: 121–123) stellt die Wirkungen dieser Ursachen dar; er erläutert auch, dass die von Marx angegebene sechste Ursache »Die Zunahme des Aktienkapitals« keine eigentliche Ursache ist, sondern nur »[...] die Art und Weise, wie die Profitrate kalkuliert wird, [...]« (ibid.: 121) betrifft.

innovations have saved more or less equally on labor and on capital.« (ibid.: 76)

Die Formel der Profitrate wird bestimmt durch das Zusammenspiel zweier außerordentlich komplexer Variablen, der Mehrwertrate m und der organischen Zusammensetzung des Kapitals g, die jeweils wiederum aus zwei Variablen gebildet werden. Dieser Umstand ist eine erste Erklärung dafür, dass es erst nach einer über ein Jahrhundert andauernden Diskussion und nach vielen Vorarbeiten anderer Autoren schließlich John Roemer (1981: Kapitel 4 bis 6) gelungen ist, das Problem der Veränderung der Profitrate in der Zeit analytisch in den Griff zu bekommen und zu zeigen, dass dieses nicht allgemein gilt. Roemer (1981: 109) kommt zu dem Schluss: »[that] it would be a great failure to make a theory of the eventual demise of capitalism rest on *any* theory of the falling rate of profit.« Die Diskussion ist aber auch heute nicht beendet und wird von einigen Autoren weitergeführt.[78]

Gründe für die lange Kontroverse um das Gesetz

Wie oben schon erläutert, wurde das Gesetz der fallenden Profitrate von Marxisten und Neoklassikern lange Zeit kontrovers diskutiert. Inzwischen hat sich nach eingehender und vielfältiger Diskussion ein weitgehender Konsens von Marxisten und

---

[78] Die Profitrate entspricht der Zinsrate. Es ist nicht von ungefähr, dass die Analyse der Bestimmung der Höhe der Zinsrate in der herkömmlichen (neoklassischen, neoricardianischen und österreichischen) Ökonomik aufgrund der Komplexität der Fragestellung ebenfalls immer wieder zu großen Kontroversen geführt hat; die letzte war in den sechziger Jahren des vorigen Jahrhunderts (siehe dazu G. C. Harcourts 1969 veröffentlichtes Buch *Some Cambridge Controversies in the Theory of Capital*.). Um einen Eindruck von der Komplexität und den mathematischen Anforderungen zu gewinnen, die zur Untersuchung dieser zentralen Fragestellung der Kapitaltheorie erforderlich sind, siehe eines der Bücher von Weizsäcker (1971), Hicks (1973), Bliss (1975), Faber (1978), Burmeister, (1980), Stephan (1995) oder Faber, Proops und Speck (1999). Zur Geschichte der Kapitaltheorie siehe Faber (1986: Kapitel 1).

Neoklassikern darüber herausgebildet, dass Marx' Annahmen, unter denen die Profitrate tendenziell fällt, nicht zutreffen (Shibata 1934, 1939, Okishio 1961, Sweezy 1970: Kapitel 6, Samuelson 1972, Morishima 1973, Roemer 1981: Kapitel 4 und 5, Elster, 1986: 192–193)[79].

Im Nachhinein können wir uns fragen, warum die Diskussionen und Debatten um das Gesetz des tendenziellen Falls der Profitrate erst nach hundert Jahre zu einer Klärung gelangten. Ein Grund dafür ist ein rein methodischer: So hat sich etwa erst nach einem Jahrhundert die Einsicht durchgesetzt, dass die Auseinandersetzung – im Gegensatz zu Marx' Meinung[80] – nicht im Rahmen der Werttheorie geführt werden konnte; denn die Bewertung des Kapitals erfolgte in Preisen, und auch die Entscheidungen der Unternehmer, ob sie eine neue Technik einführen sollten, hängt von Preisen und nicht von Werten ab. Da aber das Transformationsproblem nicht gelöst werden konnte und sich daher keine eindeutige Beziehung zwischen Werten und Preisen herstellen ließ (vgl. die Ausführungen im vorigen Abschnitt 8.1), musste sich die Untersuchung des Gesetzes von der fallenden Profitrate im Rahmen einer Preistheorie bewegen.[81]

Mit unserem heutigen Wissen erkennen wir jedoch, dass der wesentliche Grund für die Langwierigkeit der Diskussion die Komplexität der Fragestellung ist. So schreibt Roemer (1981: 88) zu Beginn seiner Analyse: »It is, in a sense a shame that we must spend so much effort in the next several chapters criticizing the specific mechanism that Marx proposed for bringing

---

[79] Es gibt allerdings auch einige Autoren, die die Theorie der fallenden Profitrate verteidigen. Siehe dazu kritisch Roemer (1981: 117–8, 123–4).

[80] »Contrary to what Marx believed, the conditions for extended reproduction« cannot be stated in labor-value accounting.« (Elster 1986: 72)

[81] »Marx's discussion, and the discussions of many (though not all) writers since then, are concerned with movements in the value rate of profit; any conclusions concerning the viability or efficiency of capitalism must ultimately consider the price rate of profit, which is a measure of the system's efficiency in *realizing* surplus value. It is this aspect of the transformation problem that is muddied.« (Roemer 1981: 89)

about a falling rate of profit under capitalism as such a discussion can distract attention from the important Marxian methodological approach discussed above. Yet it is mandatory that this critique be made in depth, because among Marxists, the specific falling-rate-of-profit mechanism of Marx is still largely accepted as true. To the extent that investigators remain wedded to this incorrect theory, creative research into a capitalist theory of crisis is stymied. Indeed, the dogmatism that has been associated with the theory of the ›rising organic composition of capital‹ has been one of the heaviest palls on the development of a creative Marxian project to study the laws of motion of modern capitalist society.« Die zur Klärung der Frage erforderliche Untersuchung ist mathematisch anspruchsvoll und setzt die lineare Algebra voraus. Selbst wenn Marx ein sehr guter Mathematiker gewesen wäre, hätte er diese Art von Analyse nicht leisten können, da die hierzu nötigen zentralen mathematischen Theoreme (die Frobenius-Perron-Eigenwert-Theoreme) erst zu Beginn des 20. Jahrhunderts entwickelt wurden. Roemer (1989: Kapitel 4) zieht aus der Diskussion der letzten fünfzig Jahre das Resümee, dass es nicht ausreicht, die Effekte des technischen Fortschritts auf die Profitrate in der Wertsphäre zu berücksichtigen, sondern dass es erforderlich ist, die Wirkungen des technischen Fortschritts auf die Preisprofitrate zu untersuchen; denn die beiden Raten in der Wertsphäre und der Preissphäre können sich aufgrund von Innovationen in unterschiedliche Richtungen bewegen. In realen Preisen kann die Profitrate in bestimmten Fällen nämlich wachsen, während sie in den Werten der Wertanalyse im gleichen Augenblick fällt. Roemer zeigt darüber hinaus, dass unter den von Marx gemachten Annahmen die Profitrate nicht aufgrund von technischem Fortschritt fallen kann. Schließlich wollen wir uns noch mit der Frage beschäftigen, warum das Gesetz der fallenden Profitrate über so lange Zeit so viel Aufmerksamkeit erhalten hat und woher seine große Attraktivität rührt.

Kontraintuitivität und trügerische Einfachheit des Gesetzes

Diese Fragen stellen sich umso mehr, als das Gesetz auf den ersten Blick ausgesprochen kontraintuitiv ist; denn der technische Fortschritt erhöht doch die Produktivität, macht daher Investitionen profitabler und sollte folglich die Profitrate erhöhen. Elster (1986: 76) kommentiert diesen Widerspruch wie folgt: »Marx offered an explanation that differed in two respects [gegenüber den oben erwähnten ökonomischen Klassikern, die Verf.]. The cause of the falling rate of industrial profit had to be sought in industry itself, not in agriculture. Technical change, far from being a counteracting tendency to the falling rate of profit, was the very cause of the fall. The last claim sounds strange, and it is indeed quite indefensible. It has, nevertheless, a certain superficial plausibility, without which it could not have exerted such a strong attraction on generations of later Marxists. Indeed, at first glance it appears plausible on dialectical no less than on mathematical grounds, an apparently unbeatable combination.«

Marx' Gesetz vom tendenziellen Fall der Profitrate ist kontraintuitiv im Hinblick auf die Aussagen der ökonomischen Klassiker Smith, Ricardo und Malthus, die auch einen solchen Fall der Profitrate unterstellten, ihn aber auf die Verknappung natürlicher Produktionsfaktoren und damit auf abnehmende Grenzerträge zurückführten. Gerade in seiner Kontraintuivität ist das marxsche Gesetz so attraktiv wegen seiner auf den ersten Blick einfachen mathematischen Struktur. In der Welt des ersten Bandes des *Kapital,* in der angenommen wird, dass die Werte sich unmittelbar in Preise übersetzen, in der es folglich noch *kein* Transformationsproblem gibt, wirkt das Gesetz unmittelbar einleuchtend: Wenn die organische Zusammensetzung des Kapitals wächst (vgl. MEW 23: 651), die Ausbeutungsrate konstant bleibt, wie von Marx meist unterstellt, dann muss die Profitrate fallen. Dabei unterstellt er, dass die organische Zusammensetzung des Kapitals durch technischen Fortschritt erhöht wird. Um jedoch die Wirkungen des technischen Fortschritts auf die Profitrate zu analysieren, müssen aber bereits reale Preise berücksichtigt werden, das heißt, dass hier schon das Transformationsproblem als gelöst unterstellt werden muss. Also ist das Gesetz des tendenziellen Falls der Profitrate nicht einmal in der Welt des ersten Bandes des *Kapital* konsistent formulierbar, und die Suggestion seiner Einfachheit ist trügerisch.

Die trügerische Einfachheit des Gesetzes macht es so attraktiv, weil damit Marx den notwendigen Zusammenbruch des Kapitalismus wissenschaftlich bewiesen zu haben scheint. An dieser Stelle zeigt sich wieder das Genialische und zugleich höchst Problematische der marxschen Analyse. Marx greift das allgemeine Unbehagen an den Instabilitäten des kapitalistischen Systems auf und gibt der Hoffnung auf eine mögliche Überwindung dieses Systems eine wissenschaftliche Form, er predigt – wie Schumpeter sagt – »im Kleid des Analytikers«.

8.3 Kuppelproduktion und deren Folgen für die Umwelt

Aus unserer Sicht haben Umwelt- und Rohstoffprobleme in der Gegenwart eine überragende Bedeutung (Becker et al. 2015). Daher lag für uns die Frage nahe, was Karl Marx zu diesen Problemen zu sagen hat und wie er deren Relevanz eingeschätzt hat.

An verschiedenen Stellen hat sich Marx in seinem Werk mit dem Phänomen der Kuppelproduktion beschäftigt (MEW 25: 110–111; Kurz 1986, Baumgärtner 2000: 104–107, Baumgärtner et al. 2006: 114–16). Er hat ebenso wie Heinrich von Thünen (1789–1846) (Baumgärtner 2000: 102–104) die Bedeutung von unerwünschten Kuppelprodukten in Form von Abfällen, Abwässern und Emissionen sowie die damit verursachte Verschmutzung und Zerstörung der Umwelt erkannt. Marx diskutiert sogar die Möglichkeit, Abfälle zu recyceln und Rohstoffe wieder zu gewinnen, wenn das Preisvorteile bietet (MEW 25: 119, Baumgärtner et al. 2006: 115–116). Allerdings hielt Marx die Kuppelproduktion unerwünschter Stoffe nur für ein zeitweiliges Problem; denn er vertraute darauf, dass der kapitalistische Erfindergeist unerwünschte Kuppelprodukte in nützliche Güter umwandeln werde. Marx erwartete also, dass im Laufe der Zeit die Mengen an Abfällen reduziert würden (vgl. Baumgärtner et. al 2006: 116). Diese Sicht der Dinge ist für die damalige Zeit singulär. Marx hat aber das Problem der Kuppelproduktion nicht systematisch in seiner Theorie integriert; denn er war zu optimistisch in seiner Annahme, dass jeder Produktionsprozess so betrieben werden könne, ohne dass Umweltschadstoffe anfallen (Kurz 1986: 16–17).[82] Dieser Fortschrittsoptimismus ist wohl eine Folge seiner großen Bewunderung für die kapitalistische Bourgeoisie, die schon das *Manifest der Kommunistischen Partei* dokumentiert.

8.4 Die Dynamik des kapitalistischen Systems und das dadurch bewirkte Umwelt- und Rohstoffproblem

Auch wenn Marx im Phänomen der Kuppelproduktion kein wirkliches Umweltproblem gesehen hat, hat er indirekt zur Diskussion von Umwelt- und Rohstoffproblemen Wichtiges beizutragen. Dass kein Forscher die Dynamik des kapitalistischen Systems derart intensiv studiert und derart viel zu dessen Analyse beigetragen hat wie Karl Marx, wird weitgehend anerkannt. Auch hat er mit seinen grundlegenden Arbeiten, insbesondere dem *Kapital*, eine umfangreiche und fruchtbare Forschungsagenda entwickelt.

Wir möchten hier nur auf einen der vielen Aspekte von Marx' Thesen zur Dynamik aufmerksam machen, der in der Umwelt- und Rohstoffperspektive für uns von Interesse ist und

---

[82] Wie in Baumgärtner et al. (2006: Kapitel 3) gezeigt wird, ist diese Einschätzung verfehlt; denn aus thermodynamischen Gründen ist jede industrielle Produktion mit Kuppelproduktion verbunden. – Marx' Anerkennung und gleichzeitige Geringschätzung der empirischen Relevanz der Kuppelproduktion wird am deutlichsten in *Das Kapital*, Band 2, Kapital 5, Abschnitt 4.

den auch Desai hervorhebt. Desai (2002: 44) kommentiert die Entwicklung des Kapitalismus nach dem Fall der Berliner Mauer so:

»Capitalism had survived – not only survived, but become a dynamic worldwide phenomenon yet again, for the first time since 1914. It showed a capacity for technological advance with promises of more to come. Across the world people abandoned socialism as a cure for their problems. Warts and all, it was capitalism they wanted. Capitalism had still a lot of potential; it was not yet ready to lie down and die.«

Was Desai hier notiert, ist keine bloße Beobachtung. Desai nimmt die wachsende kapitalistische Dynamik vielmehr auf der Folie einer der zentralen, generalisierenden Thesen wahr, die in besonderer Dichte das Vorwort der Schrift *Zur Kritik der Politischen Ökonomie* (1859) formuliert:

»Eine Gesellschaftsformation geht nie unter, bevor alle Produktivkräfte entwickelt sind, für die sie weit genug ist, und neue höhere Produktionsverhältnisse treten nie an die Stelle, bevor die materiellen Existenzbedingungen derselben im Schoß der alten Gesellschaft selbst ausgebrütet worden sind. Daher stellt sich die Menschheit immer nur Aufgaben, die sie lösen kann, denn genauer betrachtet wird sich stets finden, dass die Aufgabe selbst nur entspringt, wo die materiellen Bedingungen ihrer Lösung schon vorhanden oder wenigstens im Prozeß ihres Werdens begriffen sind.« (MEW 13: 9)

Marx' Ruf als Prophet des Sozialismus und Kommunismus hat ohne Zweifel sehr gelitten. Aber Desai hat wohl recht, wenn er die Entwicklung der Welt seit 1989 als ein gewichtiges Indiz dafür nimmt, dass Marx' Behauptung über die Dynamik von Produktionsweisen zutrifft. In diesem Falle hätte der Kapitalismus noch eine glänzende Zukunft vor sich: Er ist in den entwickelten Ländern noch nicht an eine Grenze gestoßen und er erfasst weltweit immer mehr Länder und Volkswirtschaften. Diese Dynamik ist aber in der Vergangenheit immer mit einer wachsenden Inanspruchnahme von Umwelt- und Rohstoffkapazitäten verbunden gewesen. Aufgrund der Steigerung des globalen Energieverbrauches und des damit verbundenen Ausstoßes an CO_2-Emissionen seit der Konferenz von Rio 1992 ist diese Tendenz bis in die jüngste Gegenwart ungebrochen.

Vor diesem Hintergrund ist die Perspektive auf die zukünftige Sicherung der natürlichen Lebensgrundlagen düster; wenn wir berücksichtigen,

- dass einerseits mindestens etwa drei Milliarden Menschen noch einen beträchtlichen Nachholbedarf an Gütern haben, nur um ihre Grundbedürfnisse nach Nahrung, Kleidung, Wohnung, Gesundheit und Bildung zu befriedigen und
- dass bis 2050 die Weltbevölkerung um weitere drei Milliarden Menschen wachsen wird, und
- dass in der Folge die Beanspruchung von Umweltkapazitäten zur Aufnahme von Schadstoffen und der Verbrauch von Rohstoffen zunimmt,

dann scheint es uns nicht möglich, unter der gegenwärtigen Dynamik des kapitalistischen Systems die natürlichen Lebensgrundlagen zu erhalten, d.h. genügend Aufnahmekapazitäten der Umwelt für die Entsorgung von Schadstoffen sowie ausreichende Mengen an Rohstoffen für die Produktion von Gütern für alle Menschen bereitzustellen.[83] Daraus folgt: Wenn sich Wirtschaftswachstum und Umweltbeanspruchung nicht entkoppeln lassen, dann könnte es sein, dass Marx mit seiner Voraussage des Zusammenbruchs der kapitalistischen Gesellschaft doch noch Recht bekommt, wenn auch in einer ganz anderen Weise, als er dachte (vgl. auch Desai 2002: 9f.). Denn Marx erwartete das Ende des Kapitalismus durch einen revolutionären Umsturz. Doch immerhin hat er das umweltzerstörerische Potential der industriellen Produktion gesehen: »Wie in der städtischen Industrie wird in der modernen Agrikultur die gesteigerte Produktivkraft und größre Flüssigmachung der Arbeit erkauft durch Verwüstung und Versiechung der Arbeitskraft selbst.

---

[83] Wir haben diese Problematik am Beispiel Chinas in Faber und Petersen (2012) ausführlicher dargestellt, grundsätzlich dazu auch Becker et al. (2015).

Und jeder Fortschritt der kapitalistischen Agrikultur ist nicht nur ein Fortschritt in der Kunst, den Arbeiter, sondern zugleich in der Kunst, den Boden zu berauben, jeder Fortschritt in Steigerung seiner Fruchtbarkeit für eine gegebne Zeitfrist zugleich ein Fortschritt im Ruin der dauernden Quellen dieser Fruchtbarkeit. Je mehr ein Land, wie die Vereinigten Staaten von Nordamerika z. B., von der großen Industrie als dem Hintergrund seiner Entwicklung ausgeht, desto rascher dieser Zerstörungsprozeß. Die kapitalistische Produktion entwickelt daher nur die Technik und Kombination des gesellschaftlichen Produktionsprozesses, indem sie zugleich die Springquellen alles Reichtums untergräbt: die Erde und den Arbeiter.« (MEW 23: 529–530)

8.5 Marx und der Sozialismus

Sozialismus und Kommunismus bildeten im 19. und 20. Jahrhundert eine breite politische Strömung, aber sicher hat niemand diese so sehr beeinflusst wie Karl Marx. Worin sein Beitrag zu dieser Strömung indes eigentlich besteht, ist nicht recht klar. Nach Friedrich Engels (vgl. Fetscher 1966.I: 163) hat Marx den *Sozialismus von der Utopie zur Wissenschaft* gebracht, und Engels hat mit dieser Behauptung zumindest suggeriert, Marx verfüge über eine Theorie des Sozialismus oder eine solche Theorie lasse sich seinem Werk wenigstens entnehmen. Eine derartige Theorie müsste dann natürlich vor allem Angaben zur ökonomischen Struktur des Sozialismus machen können. Marx selbst hat allerdings diese Deutung mit der Feststellung abgelehnt, er betrachte es nicht als seine Aufgabe, »Rezepte […] für die Garküche der Zukunft« (MEW 23: 25) zu entwickeln.

Engels' Suggestion war indessen folgenreich. Sie inspirierte auf der einen Seite zahlreiche Versuche, gestützt auf Marx' Schriften, eine solche ökonomische Theorie des Sozialismus zu entwickeln.[84] Auf der anderen Seite haben die Sowjetunion und

---

[84] Zur Geschichte der ökonomischen Theorie des Sozialismus verweisen

die anderen sozialistischen Staaten bis 1989 den Anspruch er-
hoben, einen Sozialismus in der Praxis nach marxschen Prinzipien organisiert zu haben.

Die besondere Mächtigkeit der engelschen Suggestion erwies sich gerade nach dem Fall der Mauer 1989; denn offenbar
glaubten viele Kritiker des Sozialismus, dass Marx der einzig
ernstzunehmende Vertreter des Sozialismus sei und eine auf
Realisierung angelegte Konzeption des Sozialismus entwickelt
habe, die sich allerdings nicht in der Praxis bewährt habe. So
schien das Scheitern des sozialistischen Experimentes einerseits
die letztliche Unmöglichkeit einer sozialistischen Gesellschafts-
und Wirtschaftsorganisation überhaupt zu zeigen. Und darüber
hinaus schien es zu demonstrieren, dass Marx für dieses Experi-
ment und sein schließliches Scheitern verantwortlich war und
dass dadurch auch seine Theorie als Ganze widerlegt wurde.

In der wissenschaftlichen Auseinandersetzung nach dem
Fall der Mauer 1989 wird dagegen betont, dass aus dem Scheitern des sozialistischen Experimentes in der Sowjetunion und
deren Satellitenstaaten noch nicht folgt, dass nicht ein anderer
Versuch erfolgreich sein könnte. So haben Roemer (1994) und
weitere Autoren über andere Möglichkeiten, sozialistische Gesellschaften zu realisieren, aus wirtschaftstheoretischer Sicht
nachgedacht und eine Reihe von Modellen entworfen. Es gibt
jedoch aus unserer Sicht bisher – auch bei Anerkennung aller
Mängel der herrschenden neoklassischen Wirtschaftstheorie –
keinen vergleichbaren umfassenden theoretischen Ansatz in Bezug auf eine sozialistische oder kommunistische Ökonomie.

Was Marx angeht, so hat auch er keinen solchen Ansatz.
Desai (2002: 3–4) macht zu Recht geltend, dass Marx sich nicht

---

wir auf Roemer (1994: insbesondere § 4 und die dort angegebene Literatur) und Desai (2002). Hier erwähnen wir, dass zwei zentrale Beiträge ein
Aufsatz von Oskar Lange und die Entgegnung Friedrich von Hayeks bilden, die Roemer (1994: 28) mit den Worten kommentiert: »For a history
of the idea of the market socialism up until 1940, one can hardly do better
than read Friedrich Hayek (1935, 1940) and Oskar Lange (1938/1952).«

als Theoretiker des Sozialismus, sondern als Kritiker des Kapitalismus verstanden hat. Wir haben bereits oben in Kapitel 6 darauf hingewiesen, dass Marx sich nur sehr zurückhaltend über die sozialistische Gesellschaft geäußert hat. Das hat einen guten Grund: Trotz der Sicherheit, mit der er die Transformation in eine sozialistische und kommunistische Gesellschaft erwartet hat, ist Marx kein Utopist. Gerade darin ist er noch einmal Hegel verpflichtet: Hegel (1970: 26) schreibt in der Vorrede zu seiner *Rechtsphilosophie*:

»So soll denn diese Abhandlung, insofern sie die Staatswissenschaft enthält, nichts anderes sein als der Versuch, den *Staat als ein in sich Vernünftiges zu begreifen und darzustellen*. Als philosophische Schrift muss sie am entferntesten davon sein, einen *Staat, wie er sein soll*, konstruieren zu sollen; die Belehrung, die in ihr liegen kann, kann nicht darauf gehen, den Staat zu belehren, wie er sein soll, sondern viel mehr, wie er, das sittliche Universum, erkannt werden soll.«

Die Haltung, die in dieser Passage zum Ausdruck kommt, ist kontemplativ und scheint dem marxschen Aktivismus ganz entgegengesetzt. Und doch macht sie einen Grundzug in Hegels Denken aus, den wir ebenso bei Marx finden. Auch Marx wollte nie die Wirklichkeit belehren oder eine sozialistische oder kommunistische Utopie konstruieren. Er wollte nur die wirklichen Bewegungen und Tendenzen seiner Zeit artikulieren und auf den Begriff bringen. Marx würde anders als Hegel nicht von der Vernünftigkeit dieser Bewegung sprechen, weil in seinen Ohren dieser Terminus zu »idealistisch« klänge.

8.6 Abschließende Bemerkungen

Karl Marx ist als Ökonom so singulär, dass es schwierig ist, ihn in die Geschichte der Wirtschaftswissenschaften einzuordnen. Manchmal wird er als letzter ökonomischer Klassiker bezeichnet. Das wird Marx jedoch nicht ganz gerecht, da er eine neue Richtung ökonomischer Forschung inspiriert hat: die marxistische Ökonomie. Diese hat sich sowohl in Auseinandersetzung mit der herrschenden Wirtschaftswissenschaft als auch eigenständig entwickelt. Darüber hinaus gilt Marx als Begründer des Zwei-Faktoren-Zwei-Sektoren-Wachstumsmodelles und damit der Wachstumstheorie (Krelle 1979: 460–1) sowie mit seinen Ausführungen im zweiten Band des *Kapitals* (MEW 24: 391–518) als Vorläufer der von Wassily Leontief (1905–1999) entwickelten Input-Output-Analyse[85] (Leontief 1951). Beide sind im Laufe des 20. Jahrhunderts zu wichtigen Bereichen der herkömmlichen Wirtschaftswissenschaften geworden. Auch haben seine Ideen einen der wichtigsten Ökonomen des 20. Jahrhunderts, Joseph Schumpeter, in dessen Theorie der wirtschaftlichen Entwicklung beeinflusst, die wiederum zur Entstehung eines neuen Zweiges der Wirtschaftswissenschaften im letzten Viertel des 20. Jahrhunderts, der Evolutorischen Ökonomie, geführt hat.[86] Marx' Beitrag zur Umwelt- und Rohstoffökonomik haben wir bereits oben gewürdigt.

Marx hat viele neue Fragen gestellt. Dieses Verdienst wird auch nicht dadurch geschmälert, dass er oft keine zufriedenstellenden, sondern nur unzureichende oder sogar falsche Antworten auf diese Fragen gegeben hat. Man kann daher durchaus sagen, dass nur wenige Ökonomen so nachhaltig die Wirtschaftswissenschaften beeinflusst haben wie Karl Marx.

---

[85] Vgl. Desai (2002: 56 f.) und Samuelson (1971: 242). Einschränkend meint Elster (1986: 10): »[T]he schemes of simple and extended reproduction, which anticipate modern input-output analysis, although the gist of Marx' analysis can be stated in one page whereas he uses more than hundred.«

[86] Siehe Haustein (1998) und Weise (1998), die aus zwei unterschiedlichen Perspektiven den Einfluss von Marx auf die Evolutorische Ökonomie zeigen.

9. Arbeitswertlehre, Theorie des Staates und Einkommensverteilung

9.1 Theorie des Staates

Marx versteht sich selbst als politischen Ökonomen. Doch hat er eigentlich eine Theorie der Politik und des Staates? Für Desai (2002: 8) steht das Fehlen einer solchen Theorie außer Frage: »[But] now his lack of a theory of the state, of classes, of agency in political were all pointed out.«[87] Sicher hat Marx keine solche Theorie systematisch ausgearbeitet. Es finden sich in seinem Werk nur verstreute Bemerkungen kursorischer Natur; allenfalls hat man in seiner Schrift *Der achtzehnte Brumaire des Louis Bonaparte* (Elster 1986: 2) einen substantiellen Beitrag zu einer solchen Theorie sehen wollen. Doch auch dies ist eine Gelegenheitsschrift, keine theoretische Reflexion über den Staat. Jon Elster (1986: 143) hat in Marx' Werk insgesamt drei Versionen einer Theorie des Staates erkennen wollen. Bis 1848 habe Marx eine »purely instrumental theory« (1) vertreten, nach der der Staat nichts als ein Werkzeug des gemeinsamen Interesses der Kapitalistenklasse oder der Bourgeoisie ist. Nach den mehr oder weniger misslungenen bürgerlichen Revolutionen des Jahres 1848 habe Marx jedoch eine »abdication theory« (2) favorisiert, der zufolge »capitalists abstain from political power because they find their interests better served this way«. Reinige man schließlich diese »abdication theory« von bloßen Postulaten und unbegründeten Behauptungen, so zeichne sich indessen darin eine Auffassung des Staates (3) als eines »independent actor in the social arena« ab, von dem Marx annehme,

---

[87] Hirsch, Kannankulam und Wissel (2015: 9) stellen in ihrem Buch zum Staatsverständnis von Karl Marx ebenfalls fest: »Wenn man sich mit dem Marxschen Staatsverständnis, oder genauer gesagt mit seiner Staatstheorie beschäftigt, sieht man sich mit dem Paradox konfrontiert, dass der Gegenstand im strikten Sinne gar nicht existiert. Eine ausgearbeitete Theorie über den Staat sucht man in Marx' Schriften vergeblich.«

»that the interests of the capitalist class serve as constraints rather than goals for its actions«.

Elsters Unterscheidung dreier Versionen einer Theorie des Staates bei Marx ist so etwas wie der Versuch einer Ehrenrettung. Denn Auffassung (3) dürfte zwar von den genannten die wirklichkeitsgerechteste sein; doch über sie lässt sich eigentlich nur sagen, dass man sie dem späten Marx durchaus zuschreiben kann, ohne dabei in der Interpretation seines Werks in Widersprüche zu geraten. Der Marx des *Kapital* jedoch ist an der Theorie des Staates und der Politik desinteressiert. Und wenn Marx tatsächlich eine »abdication theory« (2) favorisiert hat, so scheint das mehr noch als das Desinteresse der Bourgeoisie an der politischen Macht sein eigenes am Verständnis von Politik und Staat zu spiegeln.

Wie Elster (1986: 143) selbst konstatiert, gilt üblicherweise die »purely instrumental theory« (1) als *die* marxsche Theorie des Staates. Für sie finden sich auch die eindrücklichsten Belege – so in der *Deutschen Ideologie* und im *Manifest der Kommunistischen Partei*. Danach ist »der Staat [...] weiter Nichts als die Form der Organisation, welche sich die Bourgeois sowohl nach Außen als nach innen hin zur gegenseitigen Garantie ihres Eigentums und ihrer Interessen notwendig geben« (MEW 3: 62). »Die moderne Staatsgewalt ist nur ein Ausschuß, der die gemeinschaftlichen Geschäfte der ganzen Bourgeoisklasse verwaltet.« (MEW 4: 464) Deshalb kann der Staat auch kein allgemeines Interesse verfolgen, das nicht ganz von den Privatinteressen der Bourgeois abhängig wäre: »Das allgemeine Interesse ist eben die Allgemeinheit der selbstsüchtigen Interessen.« (Grundrisse: 156) Später hat Engels in diesem Sinne vom Staat als einem »ideellen Gesamtkapitalisten« gesprochen (MEW 20: 260).[88] Dass Marx später diese Theorie nicht durch eine andere

---

[88] Hannah Arendt (1993: 240–241) betont in Bezug auf die Bourgeoisie, »wie wenig diese Klasse nach politischer Herrschaft von sich aus drängte, [...], wie zufrieden sie mit jeder Regierung gewesen ist, auf die sie sich für den Schutz des Eigentums verlassen konnte.« Für die Bourgeoisie

ersetzt, ist nach unserer Ansicht darauf zurückzuführen, dass er dem Staat gegenüber dem kapitalistischen Produktionsprozess kein Eigengewicht einräumt.[89] Dass der Staat, wenn er überhaupt funktioniert, gar nicht anders kann, als eine dem Kapitalinteresse entsprechende Ordnung zu stabilisieren, ist eine Konsequenz aus dem marxschen Begriff der Produktionsverhältnisse und seiner Auffassung der Arbeitswertlehre. Das wollen wir im folgenden Abschnitt am Beispiel der Einkommensverteilung erläutern.

9.2 Einkommensverteilung

Marx' Begriff des Produktionsverhältnisses besagt, dass jede Produktionsweise in ihrer konkreten, technischen Gestalt immer eine untrennbare Einheit mit bestimmten Rechts- und Herrschaftsverhältnissen bildet. Daraus schließt Marx auch auf eine Einheit von Produktion und Distribution. Zwar muss »die Produktion von einer gewissen Distribution der Produktionsinstrumente ausgehn« (MEW 13: 628), jedoch produziert jede Produktionsweise ihre eigentümliche Distribution, und zwar »die Distribution sowohl der Produktionsinstrumente als der

---

»waren Monarchie oder Republik genau das gleiche, nämlich ein Staat überhaupt, in dem es eine Polizei gab«. Die Bourgeoisie habe den Staat immer nur von ihrem Privatinteresse her beurteilt. Diese Perspektive der Bourgeoisie auf den Staat dominiert für Arendt die Staatsauffassung von Marx. Sie bemerkt, »daß die eigentümliche und oft gerügte Blindheit Marx' in der Staatsfrage aufs engste damit zusammenhängt, daß er alles vom Standpunkt der Bourgeoisie, wenn auch oft mit umgekehrten Vorzeichen, betrachtet. Sein Staatsbegriff ist jedenfalls mit dem der Bourgeoisie nahezu identisch; er sieht im Staate genau das, was die Bourgeoisie wollte, daß er sei. Mit der Wirklichkeit des Nationalstaates hat sich dies nie gedeckt.«

[89] Das Desinteresse an der Politik und das Fehlen einer Staatstheorie bei Marx spiegeln sich auch darin, dass das Marx-Handbuch (2016) unter den zahlreichen aufgeführten Begriffen keinen Eintrag zur Politik und zum Staat hat.

Produkte« (ibid.). Marx hat immer wieder gegen die »ökonomische Vorstellung« polemisiert, »daß die Distribution als selbständige, unabhängige Sphäre neben der Produktion haust« (MEW 13: 621).

Was bedeutet es aber, dass die Produktion ihre eigene Distribution »produziert«? Es heißt zunächst, dass in einer kapitalistischen Marktwirtschaft durch »Austausch [...] und Zirkulation« (ibid.: 630) eine bestimmte, ungleiche Verteilung von Produktionsinstrumenten und Produkten hervorgebracht wird. Das ist eine wirkliche Einsicht, und insofern wollen wir Marx folgen. Die Distribution ist indes auch das eigentliche Feld staatlicher Tätigkeit; schon für Aristoteles ist die iustitia distributiva, die austeilende Gerechtigkeit, die eigentliche Tugend des Staates, weil der Staat für Aristoteles eben wesentlich ein verteilender Akteur ist. Und nach Auffassung der politischen Philosophie wie der Politischen Ökonomie und der Public Choice kann der Staat in die Marktverteilung durch Re-Distribution eingreifen, indem er direkte und indirekte Transfers zwischen verschiedenen Gruppen oder Klassen einführt. Hierin ist der Staat zwar durch die kapitalistische Ökonomie in gewisser Weise beschränkt, aber er kann eigene Ziele in Bezug auf diese kapitalistische Ökonomie verfolgen.

Nimmt man jedoch die marxsche Version der Arbeitswertlehre ernst, so kann der Staat das eben nicht; er kann nicht wirklich Einkommen umverteilen. Warum nicht? Betrachten wir das am Beispiel des Mindestlohns. Kann der Staat wirksam einen Mindestlohn für die bezahlte Arbeit festsetzen, der über dem Wert der Arbeitskraft liegt? Kann er also der Tendenz entgegenwirken, »daß im Maße, wie das Kapital akkumuliert, die Lage des Arbeiters, welches immer seine Zahlung, hoch oder niedrig, sich verschlechtern muß« (MEW 23: 675)? Wir haben bei Marx auf diese Frage keine direkte Antwort gefunden. Eine solche Antwort können wir nur im Folgenden zu erschließen versuchen.

Soll die Arbeitswertlehre in der marxschen Fassung gelten, dann kann der Lohn der Arbeit nicht auf Dauer vom Wert der

Arbeitskraft abweichen. Ein Mindestlohn über diesem Wert ließe sich dann nicht dauerhaft aufrechterhalten; er würde entweder unterlaufen oder seine Durchsetzung würde zum Verschwinden der betroffenen Branchen führen. Somit würde gerade die Arbeitswertlehre, also die Theorie, dass Arbeitswerte Preis- und Lohnhöhe bestimmen, Marx zu einer Auffassung der Wirtschaft führen, wie wir sie heute von manchen zeitgenössischen marktradikalen und liberalen Ökonomen kennen. Der Staat ist danach ohnmächtig, wenn er versucht, in die Wirtschaft regulierend einzugreifen.[90] Allenfalls kann er kontraproduktive Effekte erzielen, die seinen eigentlichen Absichten zuwiderlaufen.

Wir wissen nun nicht mit Sicherheit, ob tatsächlich die Arbeitswertlehre Marx' zu solchen Konsequenzen führte, aber marktradikale Positionen hat Marx durchaus vertreten. Er war niemals ein Befürworter von Staatsinterventionen zugunsten des Proletariats oder gar zum Schutze kleinbürgerlicher Schichten vor der Proletarisierung. Dergleichen hat er vielmehr explizit abgelehnt.[91] So bemerkt auch Desai (2002: 3), der Marx für die zeitgenössische wirtschaftswissenschaftliche und wirtschaftspolitische Diskussion empfehlen möchte:

»Indeed, if it came to a choice between whether the market

---

[90] Das gilt nicht in gleicher Weise von Auseinandersetzungen, die sich als Phänomene des »Klassenkampfs« zwischen Proletariat und Kapital interpretieren lassen. Im 8. Kapitel des *Kapitals* würdigt Marx eingehend den »Kampf um den Normalarbeitstag« (MEW 23: 279–320). Doch dieser Kampf wird um die Rate des Mehrwerts geführt, nicht um die Höhe des Lohns. Wenn die Arbeiter hier eine Verkürzung des Arbeitstages erreichen, schmälert das den Profit des Kapitals, weil die Mehrarbeit und folglich der Mehrwert geringer werden. Von einer Veränderung des Arbeitslohnes ist dabei aber nicht die Rede. Derartige Erfolge im Klassenkampf sind mit der Arbeitswertlehre durchaus vereinbar, denn diese behauptet nur die Lohnhöhe als invariant, nicht aber die Dauer des Arbeitstages und die Rate des (absoluten) Mehrwerts.

[91] Vgl. etwa die *Rede über die Frage des Freihandels* (MEW 4: 444–458), in der sich Marx gegen alle Beschränkungen des Freihandels wie Schutzzölle etc. ausspricht.

or the state should rule the economy, modern libertarians would be as shocked as modern socialists (social democrats et al.) to find Marx on the side of the market.«

Der Unterschied zwischen Marx und heutigen markttradikalen Ökonomen liegt in Marx' Erwartung, dass die ungehinderte Dynamik des Marktes am Ende unausweichlich zur Revolution des Proletariats und damit zur Überwindung der kapitalistischen Marktwirtschaft führen wird.

Zusammenfassend kann man also feststellen, dass Marx über keine wirkliche Theorie des Staates verfügt. Die Arbeitswertlehre aber ist möglicherweise ein Grund dafür, dass Marx eine solche Theorie eventuell nicht nur für überflüssig, sondern auch für unmöglich gehalten hat.

10. Zwischenfazit

Wir haben Marx zwischen zwei mythologischen Figuren verortet und gefragt, ob er Herakles oder eher Sisyphos gleicht. Marx versucht eine Fülle von Aufgaben zu bewältigen, doch bei manchen, insbesondere im Feld der Ökonomie, wirken seine Bemühungen vergeblich. Marx geht oft mehrere Aufgaben zugleich an; er will z. B. nicht nur eine Theorie der Wirtschaft entwickeln, sondern zum einen damit eine Kritik der bisherigen Politischen Ökonomie leisten und zum anderen darin auch noch die Philosophie transformieren. Angesichts solcher Überlagerungen von Zielen und Strategien haben Marx' Texte eine Komplexität, gegen die Bücher wie Adam Smiths *Wohlstand der Nationen* (1776) oder Immanuel Kants *Kritik der reinen Vernunft* (1781) geradezu einfach erscheinen. In der Vielfalt von Themen, die wir oben behandelt haben und die möglicherweise die Lektüre auch unseres Textes etwas unübersichtlich machen, haben wir versucht, der marxschen Komplexität gerecht zu werden.

Wie Aristoteles, Smith und Hegel gewinnt Marx seinen Zugang zur Ökonomie von der Philosophie her. Er ist darin stark von Hegel geprägt – paradoxerweise aber am wenigsten von Hegels eigener Theorie der modernen Wirtschaft in dessen *Rechtsphilosophie*.[92] Marx hat der Wirtschaft eine eminente soziale und damit auch politische Bedeutung beigemessen. Darin ist er, wie sich im folgenden Kapitel zeigen wird, vielleicht der größte Gegenpol zu Aristoteles, dem er aber gleichzeitig viel verdankt. Denn Aristoteles hatte die Wirtschaft aus der Politik vollkommen ausschließen wollen.

Marx zeigt uns, dass die Wirtschaft immer ein gemeinschaftliches oder gesellschaftliches Phänomen ist. In der Wirtschaft sind die Menschen voneinander abhängig. Alle Produktionsverhältnisse sind Verhältnisse, bei denen Menschen über einander, ihre Arbeitskraft und damit auch über ihre Leiblichkeit verfügen. Das Kapitalverhältnis ist ein Verhältnis der asymmetrischen Abhängigkeit und Ausbeutung, das aber als symmetrische Beziehung zwischen Kapitalbesitzer und Lohnabhängigem erscheint. Ausbeutung bedeutet bei Marx allerdings nur, dass der Kapitalbesitzer sich etwas aneignet, was er sich nicht selbst erarbeitet hat, nämlich in Form des Profits. Wenn daher Marx den Profit in polemischem Sprachgebrauch öfter als Diebstahl, Betrug oder gar Raub bezeichnet, ist das ein gerade aus der Perspektive seiner eigenen Theorie zumindest nachlässiger Sprachgebrauch. Kapitalistische Ausbeutung ist für Marx nicht ungerecht oder schlechthin moralisch verwerflich. Im Gegenteil ist Marx durchaus bereit, solche Ausbeutung als in der Entwicklung der Produktivkräfte notwendig anzuerkennen. Deswegen hat Desai (2002) Recht, wenn er von der Expansion der kapitalistischen Wirtschaft nach 1989 meint, dass Marx sie als Bestätigung seiner Theorie begrüßt hätte.

Die eigentliche Kritik Marx' an der kapitalistischen Gesellschaft scheint sich auch gar nicht so sehr mit der bloßen Tatsache der Ausbeutung zu beschäftigen, sondern vielmehr damit, dass die Struktur des Warentauschs in der Marktwirtschaft diese

---

[92] Zu Hegels Theorie der Wirtschaft vgl. Priddat (1990) sowie Petersen und Fulda (1999) sowie unten unsere Kapitel 17 und 21.

Abhängigkeit verdeckt, indem sie einen Schein der individuellen Freiheit und Unabhängigkeit erzeugt. Das Besondere an Marx ist, dass er diesen Schein als realen Schein deutet, der nicht dadurch verschwindet, dass der Philosoph oder Theoretiker ihn durchschaut. Wir halten diese Einsicht, dass nämlich Herrschaftsverhältnisse als Strukturen der Freiheit erscheinen können, für einen wesentlichen Erkenntnisgewinn. Marx hat entdeckt, dass in der kapitalistischen Wirtschaft Macht und Herrschaft ausgeübt werden, für die aber niemand die Verantwortung trägt. So »untergräbt« offenbar nicht die Bourgeoisie, sondern ein anonymer Prozess »die Springquellen alles Reichtums [...]: die Erde und den Arbeiter« (MEW 23: 530) und führt zu einer ungleichen Einkommens- und Vermögensverteilung und zum übermäßigen Verbrauch von Rohstoffen sowie zur Überbeanspruchung der Aufnahmekapazitäten der Umwelt für Schadstoffe. In diesem Zusammenhang hat Marx darüber hinaus entdeckt, dass institutionelle Strukturen Motive und Handlungen von Menschen bestimmen können. Und Marx hatte einen guten Blick für die Dynamik der kapitalistischen Gesellschaft.

Bei allen diesen Vorzügen sind wir uns jedoch wohl bewusst, dass Marx' quantitative Analyse hinter seiner qualitativen weit zurückbleibt. Schon zu seiner Zeit entsprach die Arbeitswertlehre nicht mehr dem *State of the Art* der Wirtschaftswissenschaften. Insbesondere war sein Versuch, eine Preistheorie auf die Arbeitswertlehre zu gründen, aus inneren Gründen zum Scheitern verurteilt und hatte für sein Projekt verhängnisvolle Folgen. Einerseits war die Rezeption der herkömmlichen Ökonomen ablehnend. Andererseits haben viele marxistische Ökonomen lange Zeit erfolglos versucht, die Arbeitswertlehre weiterzuentwickeln und für die Analyse empirischer Probleme fruchtbar zu machen. Alle diese Versuche endeten in einer Sackgasse: Die quantitative Seite seiner Theorie erwies sich nicht als entwicklungsfähig.[93]

---

[93] Ein Vertreter der Neoklassik, Hans Brems, urteilt in seinem Buch *Pio-*

Ein inhaltlicher Mangel seiner Vorgehensweise ist die einseitige Betonung der Produktion und damit die Vernachlässigung der Eigenständigkeit der Bedürfnisse bzw. der Nachfrage. Wie wir insbesondere in Kapitel 19 über die gegenwärtige Finanzkrise zeigen werden, entgehen Marx und seinen Nachfolgern dadurch wesentliche Elemente des realen Wirtschaftsgeschehens. Insbesondere sind er und die marxistische Ökonomie nicht genügend in der Lage, die Unberechenbarkeit der Dynamik zu berücksichtigen.

Trotz aller Inkonsistenzen entwickelt Marx einen gepflegten Umgang mit seinen Kategorien. Auch wenn er die Eigentums- und Ausbeutungsverhältnisse in der kapitalistischen Gesellschaft als ungerecht empfindet, sieht er, dass man hier den Begriff der Gerechtigkeit nicht naiv ins Spiel bringen kann. Er zeigt nämlich, dass auf den Grundlagen des modernen Privatrechtes die kapitalistische Ausbeutung als vollkommen gerecht erscheinen muss. Er hat damit die Messlatte für eine gerechtigkeitsorientierte Kritik am Kapitalismus hoch gelegt. Er ist selbst allerdings nicht über diese Latte gesprungen. Es gibt von ihm keine positiven Überlegungen dazu, was Gerechtigkeit hier heißen kann. Aber es ist eine wesentliche Einsicht, dass man in der kapitalistischen Marktwirtschaft nicht mit abstrakten Verteilungsnormen, wie sie etwa Rawls (1975) entwirft, operieren kann. Der Erkenntnisgewinn durch Marx ist allerdings, wie gesagt, negativer Art; denn eine positive Theorie hat er nicht zu

---

neering Economic Theory, 1630–1980. A Mathematical Restatement (1980: 124–125): »As a theorist measured by Cantillon, Ricardo, or Böhm-Bawerk standards, Marx is disappointing. Perhaps because of its sheer bulk, his system was inconsistent. Its first non sequitur was that rates of surplus value would be equalized among industries. Even if they were, the second non sequitur would still be that under technological progress the rate of profit would be falling. Even if it were, the third non sequitur would still be that the real rate wage rate would also be falling. In economic history the three non sequiturs fared no better than they did in economic theory: none of them came true.«

bieten. Jedoch: Keine Kritik der kapitalistischen Gesellschaft darf Marx' Einwände gegen Forderungen nach einem gerechten Arbeitslohn ignorieren.

Teil 2:

Marxsche Quellen
in der Philosophie der Wirtschaft

Vorbemerkung

Karl Marx hat sich selbst sowohl in der Philosophie wie in der Politischen Ökonomie als Solitär gesehen und sich zugleich auch als einen solchen Solitär – mit manchmal schwer erträglichem Selbstbewusstsein – inszeniert. Jedoch lag dieses Selbstbewusstsein wohl nicht in persönlicher Eitelkeit begründet als in der genauen Wahrnehmung, dass er, Marx, mit einer Tradition des philosophischen Denkens brach. Die 11. These über Feuerbach bringt dies programmatisch zum Ausdruck: »Die Philosophen haben die Welt nur verschieden interpretiert, es kömmt drauf an, sie zu verändern.« (MEW 3: 7) Hannah Arendt (1994: 24) hat deshalb bemerkt, dass die »Marxschen Theorien [...] nicht so sehr Hegel auf die Füße als die traditionelle Hierarchie von Denken und Handeln, Kontemplation und Arbeit, Philosophie und Politik auf den Kopf gestellt haben«. Marx aber sei »sich nicht des Fortwirkens der Tradition in ihm [...] bewußt« gewesen, sondern »nur der bewußten Rebellion gegen die Überlieferung« (ibid.: 27 f.). Arendt meint, bei Marx eine »offenbare Abhängigkeit« von bestimmten »Lehren Platos und Aristoteles'« (ibid.: 25) zu erkennen.

Wie stellt sich Marx aber nun zur Tradition philosophischen Denkens? Marx hat sich im Ökonomischen als Schüler Ricardos, in der Philosophie als Schüler Hegels bekannt, jedoch eine Abhängigkeit von Platon oder Aristoteles nirgends eingeräumt. Marx hat mit der »materialistischen Geschichtsauffassung« eine Methode etabliert, Traditionsbezüge ihrerseits zu relativieren, mag diese Methode mit dem Programm einer tätigen »Verwirklichung und Aufhebung der Philosophie« auch nicht ganz konsistent sein. In dieser materialistischen Geschichtsauffassung wären philosophische Konzeptionen wie die »Lehren Platos und Aristoteles'« als »bestimmte gesellschaftliche Bewußtseinsformen« zu interpretieren, welche der »ökonomische[n] Struktur der Gesellschaft« als ihrer »reale[n] Basis« »entsprechen« (MEW 13: 8). Wenn »die Produktionsweise des materiellen Lebens [...] den sozialen, politischen und geistigen

Lebensprozeß überhaupt« »bedingt« (ibid,), dann ist die Logik des Traditionszusammenhang der Philosophie sekundär. Solcherart politökonomisch erklärt, verlieren Texte der philosophischen Tradition ihre Autorität.

Marx hat im Einzelnen nicht versucht, eine derartige »Entsprechung« philosophischer Konzeptionen mit ökonomischen Strukturen nachzuweisen. Wir werden hier nun auch nicht den umgekehrten Weg gehen und versuchen, Marx aus der Tradition philosophischen Denkens zu »erklären«. Unser Vorhaben ist bescheidener: Wir wollen nach Motiven suchen, die Marx einerseits von jenen Philosophen übernimmt, die sich mit der Wirtschaft näher beschäftigt haben – und andererseits nach von ihnen entwickelten Gedanken, die Marx nicht aufnimmt. Beides wirft, wie wir finden, ein erhellendes Licht auf Marx' eigene Theorie. Und da es nicht eben viele Philosophen sind, die wir hier betrachten müssen, ist dieses Unternehmen gut zu bewältigen.

11. Aristoteles (384/3–322/1 v. Chr.)

11.1 Ethik und Politik bei Aristoteles

Aristoteles ist der Erste, der eine eigentliche Lehre von der Ökonomie entwickelt. Aristoteles ist damit der Begründer der Ökonomie als Wissenschaft – sieht man von Xenophon und dessen Schrift *Oikonomia* und einigen Überlegungen zu den Bedürfnissen und zur Arbeitsteilung in Platons *Politeia* ab.

Aristoteles handelt die Ökonomie im Kontext seiner Lehre von Ethik und Politik ab. Die aristotelische Ethik fragt danach, was für den Menschen das höchste Gut ist, und findet dieses in einem vollkommenen Leben. Dieses vollkommene Leben wird von Aristoteles auch als Leben in der *Eudaimonia* bezeichnet, welcher Begriff meist etwas misslich mit Glückseligkeit übersetzt wird; wörtlich meint Eudaimonia so etwas wie geistige

Wohlverfasstheit.[1] Das vollkommene Leben besteht für Aristoteles vor allem in der ständigen Ausübung bestimmter Tugenden wie Gerechtigkeit, Klugheit, Tapferkeit oder Besonnenheit.[2] Neben diesen, in der späteren Tradition so bezeichneten *Kardinaltugenden*, kennt Aristoteles aber auch Tugenden wie Freigebigkeit, Ehrliebe und Hochgesinntheit. Diese Tugenden des Aristoteles sind nicht wie die Tugend etwa bei Immanuel Kant nur die Stärke des Willens im Befolgen moralischer Gebote. Sie haben vor allem eine Seite der Virtuosität (Virtus ist das lateinische Wort für Tugend, wie sich auch das deutsche Wort Tugend von taugen herleitet). Tugenden verlangen nicht nur Willensstärke, sondern auch bestimmte Fähigkeiten und ein Können.[3] Indem der Mensch sich in den Tugenden auszeichnet, findet er sein wahres Glück.

Die Sphäre, in der der Mensch allein diese Tugenden ausbilden kann, ist für Aristoteles die Politik. Politik, das ist das politische Leben im griechischen Stadtstaat, in dem die Bürger gemeinsam beraten, gemeinsame Unternehmungen durchführen und sich in der Öffentlichkeit auszeichnen können. Deshalb neigt Aristoteles dazu, den guten Bürger (Polites) mit dem guten Menschen schlechthin zu identifizieren, wenn auch nur der »Staatsmann« alle Eigenschaften des guten Menschen uneingeschränkt in sich realisieren muss, um ein guter Staatsmann zu sein (Aristoteles 1994: 136; Politik 1277 b 26–30).

Die Politik ist bei Aristoteles eine Sphäre, in der die Lebensnotwendigkeiten als solche keine Rolle spielen. Das vollkom-

---

[1] Robert Spaemann (1989: 44) deutet Eudomonia als »gelingendes Leben«.

[2] Es ist dies das praktische vollkommene Leben. Es gibt aber auch ein theoretisches oder betrachtendes vollkommenes Leben, das wesentlich im Denken besteht (Aristoteles 1995: 248–251; Nikomachische Ethik, Buch X, Kap. 7). Dessen »Glückseligkeit« stellt Aristoteles noch über die des praktischen Lebens. Doch ein theoretisches Leben ist den Menschen nur zeitweise möglich.

[3] In diesem Sinne ist es die »Tugend« des Pianisten, gut Klavierspielen zu können.

mene Leben fällt aber nicht einfach mit der Ausübung der Tugend zusammen, es ist vielmehr an eine Reihe äußerer Bedingungen gebunden. Es verlangt Freiheit, Gesundheit, Ehe und Kinder sowie natürlich die Erfüllung der lebensnotwendigen Bedürfnisse und darüber hinaus einen gewissen Wohlstand. Diese äußeren Voraussetzungen – mit Ausnahme der Freiheit und Gesundheit – findet der Bürger der griechischen Polis durch seinen Haushalt, den *Oikos*, gewährleistet. Dieser Haushalt umfasst neben der Familie in der Regel auch Sklaven und einen landwirtschaftlichen Betrieb. Die Tätigkeit, diesen Haushalt zu verwalten, die Hausverwaltungskunst nämlich, wird von Aristoteles *oikonomike techne* genannt.

11.2 Aristoteles' Lehre von der Wirtschaft

Die Sphäre des *Oikos* wird von der Sphäre der Politik streng geschieden: Die Politik ist öffentlich, der *Oikos* dagegen ist von der Öffentlichkeit abgeschirmt und privat. Die Politik ist die Sphäre der Freiheit, während der *Oikos* von Unfreiheit bestimmt ist. Nach griechischer Überzeugung sind wir nämlich in der wirtschaftlichen Produktion der Notwendigkeit unterworfen und deswegen schien es den Griechen ganz natürlich, dass man diese Produktion von Sklaven verrichten lässt. »Das Altertum meinte [...], daß man Sklaven nötig habe, weil es notwendige Beschäftigungen gibt, die ihrer Natur nach ›sklavisch‹ sind, nämlich dem Leben und seiner Notdurft versklavt.« (Arendt 1981: 78) Für Aristoteles ist daher die Ökonomie wesentlich durch eine Herrschaft von Menschen über Menschen, eine Verfügung über fremde Arbeitskraft bestimmt. Wer wirtschaftlich tätig ist, ist daher unfrei. Das gilt nicht nur für den Sklaven, sondern auch für den Handwerker, den *Banausos*. Denn dieser ist zu sehr seinem Gewerbe verhaftet und beschränkt; deswegen wird, wie Aristoteles beiläufig bemerkt, »der beste Staat [...] den Handwerker nicht zum Bürger machen« (Aristoteles 1994: 137; Politik 1278 a 7–9).

Die Hausverwaltung ist demnach auch keineswegs etwas Edles, und wer immer es sich leisten kann, stellt für deren Belange einen Verwalter *(Oikonomos)* ein, während »diejenigen Herren daher, die es nicht nötig haben, sich selbst damit zu placken, [...] sich selber mit der Politik oder der Philosophie beschäftigen« (Aristoteles 1994: 57; Politik 1255 b 36 f.).

Auch die Struktur der Herrschaft Politik und *Oikos* wird von Aristoteles klar unterschieden. Die politische Herrschaft ist eine Herrschaft von Freien über die Freien, sie beruht auf der freien Zustimmung der Beherrschten. Die Herrschaft im *Oikos* dagegen ist despotisch und diese ist immer eine Herrschaft über Sklaven. Despotisch waren aus griechischer Sicht auch die orientalischen Reiche der Perser, Assyrer und Babylonier, doch diese Reiche hätte Aristoteles nicht als politische Gemeinwesen bezeichnet.

Der *Oikos* ist trotz seiner despotischen Struktur eine Form der Gemeinschaft und als solche auf Autarkie angelegt. Autark ist die Polis, der Stadtstaat, weil sie unabhängig von anderen sich selbst erhält, erhalten kann und ihre eigenen Angelegenheiten selbst regelt. Am Ideal der Autarkie wird auch der *Oikos*, der Haushalt, gemessen. Der Haushalt wird als eine Einheit angesehen, der grundsätzlich alles zum Leben des Bürgers selbst bereitstellen kann. Doch darin kann der Haushalt niemals völlig autark sein.

Die Aufgabe der Hausverwaltung, der Ökonomie, ist es nun, »einen Vorrat zu sammeln von Gegenständen, die notwendig zum Leben und nützlich für die staatliche und häusliche Gemeinschaft sind« (Aristoteles 1994: 61; Politik 1256 b 29–31). Da dieses der Haushalt nicht alleine erreichen kann, gehört zur Hausverwaltungskunst, der Ökonomik, auch die Fähigkeit, diejenigen benötigten Güter herbeizuschaffen, die der eigene Haushalt nicht produziert. Dies geschieht durch einen peripheren Tauschhandel, der zu einer befriedigenden Verteilung der Güter führt. Denn der Haushalt hat in der Regel Überfluss an einigen Gütern und wiederum Mangel an anderen. Überfluss und Mangel werden durch den Tauschhandel ausgeglichen.

Diese Tauschbeziehungen sind schon vergleichsweise komplex, und so hat Aristoteles hier keinen einfachen Gütertausch im Auge, sondern einen durch das *Geld* vermittelten Tausch. Das Geld ist für Aristoteles einerseits ein Tauschmittel und andererseits ein einheitliches Maß der Güter, das den Austausch erst ermöglicht: »Denn das Geld misst alles und demnach auch den Überschuss und den Mangel, es dient also z. B. zur Berechnung, wie viele Schuhe einem Haus oder einem gewissen Maß an Lebensmitteln gleichkommen [...]. Ohne solche Berechnung kann kein Austausch und keine Gemeinschaft sein.« (Aristoteles 1995: 112; Nikomachische Ethik 1133 a 21–25) Das Geld ist für Aristoteles eine Erfindung, und es kommt durch Übereinkunft zustande (Aristoteles 1994: 63; Politik 1257 a 36–39, 1995: 113; Nikomachische Ethik 1133 a 29–30). Ursprünglich ist auch das Geld ein Gut wie andere Güter – eine »Geldware«, wie Marx sagen würde. Geld ist »selbst zu den nutzbaren Dingen gehörig wie Eisen, Silber und was weiter dahin gehört, und zwar so, dass man anfänglich seinen Wert nach Größe und Gewicht bestimmte, schließlich aber es auch mit einem Prägezeichen versah, um sich die Mühe des Abwägens zu ersparen, indem nämlich dieser Stempel als Zeichen des Wertes aufgeprägt wurde.« (Aristoteles 1994: 63; Politik 1257 37–42)

Der Tauschhandel wird durch die ausgleichende oder kommutative Gerechtigkeit reguliert. Dies bedeutet bei Aristoteles, dass beim Tausch *gerechte Preise* bezahlt werden müssen. Was ein gerechter Preis ist, bestimmt sich jedoch nicht wie etwa bei Ricardo oder bei Marx durch objektive Größen wie Grund, Rente, Kapital oder Arbeitsquanten, sondern vielmehr durch die jeweilige Würde der Produzenten. So galt für die Griechen ein Architekt als viel würdiger als ein Schreiner, weswegen »man fünf Betten für ein Haus gibt oder den Geldwert der fünf Betten« (Aristoteles 1995: 114; Nikomachische Ethik 1133 b 26–29). Denn zwischen den jeweiligen Wirtschaftsakteuren »wie Baumeister, Schuster« oder »Arzt und Bauer« besteht eine Proportionalität (1995: 112; Nikomachische Ethik 1133 a 15–20), die sich auch in den Austauschverhältnissen der Produkte und

Leistungen widerspiegeln muss. Die Frage, wie diese Proportionalität festgelegt wird, ist nicht eine der ausgleichenden, sondern der austeilenden, der distributiven Gerechtigkeit. Die distributive Gerechtigkeit basiert wiederum auf einer gerechten Ordnung der Polisgemeinschaft, innerhalb derer jedem Mitglied und jeder Berufsgruppe bestimmte Ansprüche und Pflichten zukommen.

Gewinn und Verlust sind ungerecht

Das Prinzip des gerechten Preises stellt eine Beschränkung der Vertragsfreiheit dar, da die Tauschpartner den Preis, zu dem getauscht wird, nicht frei aushandeln können. Denn bei jeder Abweichung vom gerechten Preis entstünde auf der einen Seite ein Gewinn und auf der anderen Seite ein Verlust. Gewinn und Verlust sind beide aber für Aristoteles ungerecht. Überhaupt gibt es für Aristoteles innerhalb des wirtschaftlichen Verkehrs der Polisgemeinschaft keinerlei gerechten Gewinn, da in seiner Perspektive ein solcher Gewinn immer nur aus Raub, Diebstahl, Unterschlagung oder eben aus Übervorteilung beim Warentausch stammen kann.

Gleichwohl kennt Aristoteles eine Sphäre, in der ein solcher Gewinn durch den Handel systematisch erzielt wird, und dies ist das Kaufmannsgeschäft. Dieses Kaufmannsgeschäft erläutert Aristoteles mit Begriffen, die uns auch wieder bei Marx begegnen. Denn die von Marx her geläufige Unterscheidung von Gebrauchswert und Tauschwert (siehe oben Abschnitt 7.1) findet sich bereits in der aristotelische Politik. Aristoteles spricht nämlich bereits von einem doppelten Gebrauch von Gegenständen: »z. B. den Schuh kann man benutzten zum Anziehen, aber auch als Tauschmittel.« (1994: 62; Politik 1257 a 13–14) In der sogenannten guten oder natürlichen Erwerbskunst wird dieser Schuh eingetauscht gegen Geld, und dieses Geld wird wiederum verwendet, um einen anderen benötigten Gegenstand zu erstehen, z. B. ein Gewand. Mit diesem Tauschvorgang ist der Tauschakt abgeschlossen. Im Erwerb des Gewandes hat er sein Ziel erreicht. Marx hat diesen Tauschprozess mit dem Schema W–G–W, das heißt Ware Geld Ware, beschrieben bzw. einfachen Warentausch genannt (vgl. oben Abschnitt 7.4).

Nun sieht Aristoteles, dass es noch eine andere Art von Erwerbskunst gibt, »die man vorzugsweise und mit Recht die Kunst des Gelderwerbs nennt« (1994: 62; Politik 1256 b 41–42). Sie findet sich im Handelsgeschäft und ist dort »darauf gerichtet, wie und mit welchen Mitteln man beim Umsatz möglichst viel Gewinn machen könne« (1994: 63; Politik 1257 b 3–4). Der Kaufmann ist an der Ware, die er kauft, gar nicht wirklich interessiert, sondern nur daran, ob aus ihr »sich möglichst viel Geld ziehen lasse« (1994: 63; 1257 b 6). Diese »unnatürliche Erwerbskunst« ist im präzisen Sinne pervers, weil sie die Schritte der natürlichen Erwerbskunst verkehrt. Am Anfang steht hier nicht der Verkauf einer Ware und der Kauf einer Ware (W) nicht am Ende des Tauschvorganges, vielmehr ist es umgekehrt: statt W–G–W haben wir G–W–G, am Anfang und am Ende steht das Geld (G).

Während die natürliche Erwerbskunst stets zu einem Ende kommt, wenn nämlich das begehrte Gut (W) erworben ist, ist die unnatürliche unendlich. Der Kaufmann nutzt das vermehrte Geld (G) sofort für neue Käufe, um es noch weiter zu vermehren. Die unnatürliche Erwerbskunst hat »in der Verfolgung ihres Ziels keine Grenze« (1994: 64; 1257 b 29); während die natürliche Erwerbskunst nur das Notwendige herbeischafft, suchen dagegen »alle, die auf den Erwerb bedacht sind, […] ihr Geld bis ins Grenzenlose zu vermehren« (1994: 65; 1257 b 34–35).

Der Grund dieses grenzenlosen Strebens nach Geld liegt nach Aristoteles »darin, dass die meisten Menschen sich nur um das Leben und nicht um das vollkommene Leben sorgen, und da nun die Lust zum Leben ins Endlose geht, so trachten sie auch, die Mittel zum Leben bis ins Endlose anzuhäufen« (1994: 65; 1258 a 1–3).

Die Habsucht

Neben solchen psychologischen Erklärungen der grenzenlosen Geldgier, die doch etwas verlegen wirken, legt sich von Aristoteles her aber noch eine andere tiefgründigere Erklärung nahe. In seiner Ethik unterscheidet Aristoteles von den Tugenden immer bestimmte Laster, die jeweils bestimmten Tugenden entgegengesetzt sind, so etwa der Tapferkeit die Laster der Feigheit und der Tollkühnheit, der Besonnenheit die Zügellosigkeit und so fort. So steht auch der Gerechtigkeit das Laster der Ungerechtigkeit gegenüber, nämlich das Streben, immer mehr haben zu wollen, als einem zusteht. Dieses Laster ist die Habsucht oder griechisch *Pleonexia*, wörtlich der »Hang zum Mehr«.[4] Es ist diese Ungerechtigkeit oder diese Sucht nach dem Gewinn bzw. danach, Gewinn zu machen, die in der unnatürlichen Erwerbskunst in Erscheinung tritt. Und diese Ungerechtigkeit oder Pleonexia ist durchaus etwas Eigentümliches: Alle menschlichen Handlungen streben nach Aristoteles nach einem Gut. Wenn wir klug sind, dann streben wir nach dem vollkommenen tugendhaften Leben, dem für uns Menschen *höchsten Gut*. Nach einem Gut strebt aber auch jedes gewöhnliche Laster. Der Defekt des Lasters besteht nur darin, dass der lasterhafte Mensch sich im Irrtum darüber befindet, worin das höchste Gut besteht. So glaubt der Feige, dieses Gut bestünde im bloßen Leben, der Zü-

---

[4] In den Wirtschaftswissenschaften tritt das »Streben nach Mehr«, die Unersättlichkeit, unter dem Begriff der Nichtsättigung auf. Die Unersättlichkeit ist eine wesentliche Annahme der Gleichgewichtstheorie, einer der zentralen Theorien der herkömmlichen Wirtschaftswissenschaften. Hildenbrand und Kirman (1976: 44) bemerken zur Nichtsättigungs-Annahme: »This is a strong assumption in that it says no matter what one's level of consumption, a bundle with slightly more of anything is preferred to what one has. This amounts to saying that individuals are greedy and when we come to study the choices that individuals make, the significance of such an assumption will become clear.« Wie z. B. Mueller (1995: 1) hervorhebt, ist für moderne ökonomische Theorien die Annahme der Nichtsättigung von Individuen in der Regel selbstverständlich (vgl. auch Faber und Manstetten 2007: 41–42).

gellose meint, es bestünde in der Lust und begeht deswegen Ehebruch – ein bei Aristoteles besonders beliebtes Beispiel für lasterhaftes Verhalten (1995: 104; Nikomachische Ethik 1130 a 24–26). Demgegenüber aber weiß man nicht recht zu sagen, welches Gut eigentlich der Habsüchtige oder Unersättliche verfolgt. Die Habsucht scheint wie die Tugend ein Zweck um seiner selbst willen zu sein, denn sie sucht wie die Tugend nichts außerhalb ihrer selbst. Der Habsüchtige ist ja gar nicht an dem zusammengerafften Gewinn als solchem interessiert, sondern vielmehr an der Tätigkeit des Gewinnens selber. Denn er handelt *tou kerdainein heneka*, des Gewinnens wegen (Aristoteles 1975: 92; Nikomachische Ethik 1130 a 28). Der Habsucht geht es also gar nicht um die Güter, die sie errafft, sondern um das Gewinnen selbst, das heißt, um das Unrechttun als solches. Doch das Unrechttun als solches kann für Aristoteles kein Gut sein, und so scheint die Habsucht der generellen Annahme zu widersprechen, dass »jede Handlung [...] ein Gut zu erstreben [scheint]« (Aristoteles 1995: 1; Nikomachische Ethik 1094 a 1–2). Aristoteles löst diese Merkwürdigkeit nicht auf. Wir haben oben in Abschnitt 7.4 gesehen, wie Marx dieses Gewinnstreben um seiner selbst willen deutet.

Geldverleih gegen Zins

Es bleibt noch zu bemerken, dass die unnatürliche Erwerbskunst, die auf den Gewinn berechnet ist und bei der »die Menschen diesen Gewinn voneinander ziehen« (1994: 67; Politik 1258 b 2–3), sich im Geldverleih gegen Zinsen vollendet. Für Aristoteles »ist mit dem größten Recht das Wuchergeschäft verhasst« (1994: 67; 1258 b 3–4). »Wucher« meint hier nicht einen ungebührlich hohen Zins, sondern dass überhaupt ein Zins genommen wird. Zins zu nehmen ist »an sich ungerecht«, wie Thomas von Aquin (1225–1274), hierin ganz aristotelisch argumentierend, feststellt. Denn Zinsen zu nehmen heißt, entweder eine Sache zweimal zu verkaufen oder etwas zu verkaufen, das es gar nicht gibt (Thomas Aquinas 1923.3: 549; Summa Theologica II–II, Quaestio LXXVIII, art. 1, c.). Nicht nur ungerecht, sondern auch verhasst ist das Wuchergeschäft, »weil dieses unmittelbar aus dem Gelde selber den Erwerb zieht und nicht aus dem, wofür das Geld doch allein erfunden ist. Denn nur zur Erleichterung des Tausches kam es auf, der Zins aber vermehrt es an sich selber.« (1994: 67; Politik 1258 b 4–5) Und deshalb nennt Aristoteles die Erwerbskunst des Geldverleihs »die widernatürlichste von allen.« (1994: 67; 1258 b 7–8)

Aristoteles und die politische Ökonomie

Für Aristoteles ist die Ökonomie eine nichtpolitische Sphäre, welche der Politik dienstbar und untergeordnet ist. Für den vernünftigen und klugen Menschen kann die Ökonomie kein Lebensinhalt sein. Ein solcher Lebensinhalt kann sie nur dem Habsüchtigen, dem Pleonektes, oder dem Kaufmann werden, die aber sich über den wahren Charakter des guten Lebens täuschen. Immerhin deutet Aristoteles schon an, dass die Ökonomie im ausgedehnten Kaufmannshandel und Geldverleih eine ihr nicht zustehende Bedeutung gewinnen und sich zu einer Bedrohung des gemeinschaftlichen Lebens in der Polis entwickeln kann.

Für Aristoteles wäre daher der Begriff einer Politischen Ökonomie ein Widerspruch in sich, ein hölzernes Eisen. Trotzdem hat sich die Idee der Politischen Ökonomie an einer im weitesten Sinn aristotelischen Tradition ausgebildet, indem das Modell des aristotelischen *Oikos* auf das Ganze eines Staates bezogen wurde. Hier wird der ganze Staat als ein einziges Haus und der Fürst oder König als Hausherr betrachtet, der zentral die ganze Wirtschaft lenkt (so wie es der Merkantilismus[5], die vorherrschende wirtschaftspolitische Strömung zwischen dem 16. und 18. Jahrhundert, forderte). Dieser Gedanke, der im 17. Jahr-

---

[5] Der Merkantilismus, der die erste moderne wirtschaftstheoretische Doktrin war, ist die Wirtschaftspolitik des Absolutismus. Dabei wurde vor allem die Bedeutung des Außenhandels für die militärische Sicherheit eines Staates hervorgehoben.

hundert aufkommt, bestimmt sogar noch die Perspektive von Adam Smiths *Wohlstand der Nationen* (Einleitung zu Buch 4); denn auch für Smith ist die Politische Ökonomie noch primär eine Lehre für den Staatsmann, der Reichtum und Wohlstand eines staatlichen Ganzen fördern will.[6]

11.3 Aristoteles und Marx

Im Bereich des Ökonomischen ist Aristoteles für Marx wohl der wichtigste Autor der Tradition. Aristoteles entwickelt bereits die bedeutsame Unterscheidung von Gebrauchswert und Tauschwert, er hat bereits eine Theorie des Geldes. Aristoteles verfügt sogar über eine Theorie des kapitalistischen Austauschs und des Zinses. Das Geld macht nach Aristoteles einerseits die Güter nach einem einheitlichen Maßstab vergleichbar, andererseits ist das Geld ein bestimmtes Gut, das als universelles Tauschmittel fungiert und damit entwickelte Handelsbeziehungen erst möglich macht. All das spielt bei Marx eine zentrale Rolle.

Daneben ist Marx in auffälliger Weise der griechischen, nicht nur spezifisch aristotelischen, Auffassung verpflichtet, die Ökonomie bestehe wesentlich in der Verfügung über fremde Arbeitskraft und sei darin despotisch. In der Kritik der kapitalistischen Produktionsweise verbindet Marx diese antike Auffassung der Ökonomie mit einem weiteren aristotelischen Motiv. Dieses Motiv ist die aristotelische Perspektive auf die Pleonexia, die Habgier oder das Mehrhabenwollen. Marx' Originalität liegt darin, dass er die Pleonexia auf der einen Seite ganz wie Aristoteles fasst, sie aber auf der anderen Seite nicht als ein menschliches Laster begreift, ihren Ursprung vielmehr in einer Sozialbeziehung, in einem gesellschaftlichen Produktionsverhältnis sieht.

---

[6] Vgl. Manstetten (2000: 147 f.); Faber und Manstetten (2007: Kapitel 1 bis 3).

Doch nicht allein in seiner Perspektive auf die Vermehrung des Geldes und Kapitals ist Marx von Aristoteles geprägt; Marx ist auch beeindruckt von der Abneigung des Aristokraten Aristoteles gegen die Sphäre von Arbeit und produktiver Tätigkeit überhaupt. Zwar hat Marx – unter dem Einfluss John Lockes (siehe unten Kapitel 13) – die produktive Arbeit als das eigentliche Humanum und Medium der Selbstwerdung des Menschen und der Aneignung der Natur[7] gepriesen. Doch in der *Deutschen Ideologie* drücken Marx und Engels die Erwartung aus, dass »die kommunistische Revolution [...] die Arbeit beseitigt« (MEW 3, 69 f.; siehe auch Arendt 1981: 118). Diese Erwartung verbindet sich mit der Kritik am »Sichfestsetzen der sozialen Tätigkeit, diese[r] Konsolidation unsres eignen Produkts zu einer sachlichen Gewalt über uns«, worin »Jeder einen bestimmten ausschließlichen Kreis der Tätigkeit, der ihm aufgedrängt wird, aus dem er nicht heraus kann«, hat (MEW 3, 33). Darin erkennen wir den aristotelischen Affekt gegen den *Banausos*, den Handwerker, der ebenfalls aus einem »ausschließlichen Kreis der Tätigkeit [...] nicht heraus kann«. Dagegen wird die »kommunistische [...] Gesellschaft, wo Jeder [...] sich in jedem beliebigen Zweige ausbilden kann«, es mir ermöglichen, »heute dies, morgen jenes zu tun, morgens zu jagen, nachmittags zu fischen, abends Viehzucht zu treiben, nach dem Essen zu kritisieren, wie ich gerade Lust habe, ohne je Jäger, Fischer, Hirte oder Kritiker zu werden« (ibid.). Die kommunistische Gesellschaft ist zwar nicht die griechische Polis, in der die Herren Politik oder Philosophie treiben. In der *Deutschen Ideologie* ist sie eher ein Ideal des neuzeitlichen Humanismus, eine Gesellschaft, in der jeder sich zur Persönlichkeit entwickeln kann – so wie Johann Wolfgang Goethe, jene Ikone des Humanismus, der auch »wie er gerade Lust hatte«, ein Gedicht oder ein Drama schrieb, die Natur erforschte oder als Minister wirkte.

---

[7] Die Aneignung der Natur ist, wie Löwith (1990: 209) richtig sieht, das eigentlich Materielle des marxschen Materialismus.

Was Marx freilich in jedem Falle von Aristoteles trennt, das ist die Idee des rechten Maßes. Marx setzt der »maßlosen« Bewegung des Kapitals keine Idee des maßvollen guten Lebens mehr entgegen. Denn diesen Gedanken hat die Anthropologie des Thomas Hobbes wirksam diskreditiert.[8]

12. Hobbes (1588–1679)

12.1 Hobbes und Aristoteles

Von der zwar nicht aristotelischen, aber doch in der aristotelischen Tradition stehenden Idee einer Politischen Ökonomie, wie wir sie auch noch bei Adam Smith wiederfinden werden, ist Karl Marx weit entfernt. Marx setzt einen fundamentalen Bruch mit der aristotelischen Tradition voraus. Diesen Bruch hat als Erster in voller Deutlichkeit Thomas Hobbes vollzogen, und Hobbes können wir auch in Manchem als einen Wegbereiter der marxschen Theorie verstehen.

Die Philosophie und insbesondere die politische Philosophie von Thomas Hobbes gehört in den Kontext der neuzeitlichen Naturwissenschaft. Für diese ist charakteristisch, dass sie nicht mehr von einem Ganzen her, sondern von einzelnen Gegenständen und deren Beziehungen zueinander her denkt.

Ein Denker des Ganzen war jedoch Aristoteles. Der Kosmos und der Staat sind jeweils ein Ganzes, und beide sind ursprünglicher als ihre Teile. So ist der Staat ursprünglicher als die Einzelnen, die den Staat bilden (Aristoteles 1994: 47; Politik 1253 a 19–20). Das will heißen: Der Staat ist nichts von diesen Einzel-

---

[8] In der Sekundärliteratur wird die Bedeutung des Aristoteles für Marx meistens unterschätzt. Exemplarisch dafür ist das von Ben Fine und Alfredo Saad-Filho (2012: 54) herausgegebene *The Elgar Companion to Marxist Economics*, das von ca. 400 Seiten nur eine halbe für Aristoteles übrig hat.

nen Gemachtes; vielmehr ist er »von Natur«. Im Gegensatz dazu ist der Staat bei Hobbes ein Kunstwerk, ein Artefakt menschlichen Tuns. Die hobbessche Lehre von der Politik beginnt daher nicht wie die des Aristoteles mit der Gemeinschaft oder dem Staat, sondern mit einer Anthropologie, die vom Menschen als einem Einzelwesen ausgeht.

In dieser Anthropologie betrachtet Hobbes zunächst den Körper und seine äußerlichen Bewegungen. Alles, worüber wir in der politischen Philosophie sprechen, müssen wir auf körperliche Gegenstände und ihre äußeren Wirkungen aufeinander zurückführen können. Hobbes folgt damit dem in der frühen Neuzeit sich herausbildenden Weltbild. In einer Reihe von Gedankenschritten im ersten Teil des *Leviathan* (Hobbes 1976), die wir hier nicht im einzelnen nachvollziehen wollen,[9] werden auch Empfindungen, Denken und Wollen der Menschen auf solche Bewegungen zurückgeführt. Empfindungen werden durch Druck und Stoß ausgelöst (ibid.: 11), ungebremste innere Bewegungen werden zu Einbildungen und Gedanken (ibid.: 13 f.). Wichtig ist für uns nur, dass die Basis der politischen Philosophie voneinander unabhängige, voneinander isolierte Individuen bilden, deren stärkste Leidenschaft die Todesfurcht ist und die nach einem angenehmen Leben streben. Das angenehme Leben, ein Nachfolgebegriff des guten Lebens, besteht für Hobbes im Haben und im Genuss äußerer Dinge. Dieser Ansatz hat drei Konsequenzen:

1. Hobbes verwirft die aristotelische Idee eines vollkommenen Lebens, das Menschen nur in der politischen Gemeinschaft finden können.

2. Die Glückseligkeit des guten Lebens wird rein materiell interpretiert: »Ständigen Erfolg im Erlangen der Dinge, die man von Zeit zu Zeit begehrt, das heißt ständiges Wohlergehen, nennt man Glückseligkeit.« (ibid.: 48)

Wenn *Glückseligkeit* mit dem Besitz äußerer Güter identifiziert wird, dann erhält die Ökonomie als die Sphäre der Bereit-

---

[9] Vgl. Petersen (1996).

stellung von Gütern eine dominierende Stellung. Denn Menschen haben vor allem »das Verlangen nach Dingen, die zu einem angenehmen Leben notwendig sind, und die Hoffnung, sie durch Fleiß erlangen zu können« (Hobbes 1996: 98).

Das Streben nach einem angenehmen Leben und dem Besitz äußerer Dinge bringt die Menschen in ein Konkurrenz- und Konfliktverhältnis. Denn die Menschen leben unter Knappheitsbedingungen. Darin sind die Anderen für jeden ausschließlich Konkurrenten. Kooperationsmöglichkeiten liegen nicht in Hobbes' Horizont. Die Konkurrenzsituation führt deswegen zuletzt in einen Kriegszustand (ibid.: 96).

3. Der Konflikt zwischen den Menschen verschärft sich noch einmal dadurch, dass Menschen zeitliche Wesen sind. Menschen wollen nicht nur heute angenehm leben, sondern auch morgen: »Und deshalb gehen die willentlichen Handlungen und Neigungen aller Menschen nicht nur darauf aus, sich ein zufriedenes Leben zu verschaffen, sondern auch darauf, es zu sichern.« (ibid.: 75)

Ein zufriedenes und sicheres Leben zu erreichen, verlangt Macht. Die Macht eines Menschen definiert Hobbes als »seine gegenwärtigen Mittel zur Erlangung eines zukünftigen anscheinenden Guts« (ibid.: 66). Macht kann in sehr verschiedenen Formen auftreten, sie kann in Geldbesitz und allgemein auch in Reichtum bestehen, aber auch in körperlicher und geistiger Überlegenheit, Ehre, Ansehen, Ruhm, Einfluss, Freunde sowie in politischer und militärischer Macht. Die Konkurrenzsituation, in der sich der Mensch befindet, führt nun »zu einem fortwährenden und rastlosen Verlangen nach immer neuer Macht« (ibid.: 75). »Und der Grund liegt nicht immer darin, dass sich ein Mensch einen größeren Genuss erhofft als den bereits erlangten, oder dass er mit einer bescheidenen Macht nicht zufrieden sein kann, sondern darin, dass er die gegenwärtige Macht und die Mittel zu einem angenehmen Leben ohne den Erwerb von zusätzlicher Macht nicht sicherstellen kann.« (ibid.)

Das Streben nach immer neuer Macht ist nichts anderes als die aristotelische Pleonexia, das Streben nach Mehr – zumal vor

allem das Geld ein »Mittel zur Erlangung eines zukünftigen anscheinenden Guts« ist. Dieses Streben ist aber nach Hobbes weder in der menschlichen Natur begründet – Menschen sind nicht
in ihrer eigenen Natur habsüchtig oder kriegerisch – noch ein
verwerfliches Laster. Vielmehr ist es der *conditio humana* geschuldet, nämlich der Konkurrenzsituation, in der die Menschen
sich nun einmal miteinander befinden.[10] Eine ähnliche Gedankenfigur begegnet uns auch bei Marx: Der Kapitalist strebt nach
immer weiterer Akkumulation des Kapitals nur, um sich in der
Marktkonkurrenz behaupten zu können.

12.2 Der Staat bei Hobbes

Wir haben oben gesagt, dass Hobbes sich an der neuzeitlichen
mechanistischen Naturwissenschaft orientiert. Er denkt nicht
wie Aristoteles von einem Ganzen her, sondern von einzelnen
Elementen oder Körpern. In seiner politischen Philosophie sind
diese Elemente die Menschen mit ihren Strebungen und jeweiligen Zielen. Hobbes betrachtet diese Menschen nun, indem er
von den schon immer vorhandenen sozialen und staatlichen
Strukturen abstrahiert. Den hypothetischen Zustand, in dem
die Menschen sich dann befinden, bezeichnet Hobbes als *Naturzustand* (state of nature). Auch damit drückt er aus, dass er Sozialbeziehungen und Staat nicht wie Aristoteles als von Natur
gegeben ansieht, sondern als etwas künstlich Erzeugtes.

Für Hobbes sind Menschen, weil sie unter Knappheitsbedingungen leben müssen, füreinander Konkurrenten. Im Naturzustand steigert sich diese Konkurrenz notwendig zu einem
Krieg eines jeden gegen jeden, und »das menschliche Leben ist
[darin] einsam, armselig, ekelhaft, tierisch und kurz« (ibid.: 96).
Deswegen geht das stärkste Interesse der Menschen auf den
Frieden, weil nur der Frieden es ihnen ermöglicht, die Früchte

---

[10] Zwar ist der Mensch in dieser Situation »dem Menschen ein Wolf«,
aber er hat keine Wolfs*natur*.

ihres Fleißes zu genießen. In einer Welt einander sich feindlich gegenüberstehender potentieller Gewalttäter kann der Frieden jedoch nur durch eine schlechthin überlegene Gewalt garantiert werden, »die dazu in der Lage ist, sie alle einzuschüchtern« (ibid.: 95). Diese Gewalt ist der unumschränkt herrschende Souverän oder Staat, dem sich die Menschen alle unterwerfen.

Hobbes' Idee des Staates oder des Souveräns ist auf den ersten Blick paradox. Einerseits entmachtet der Souverän die Einzelnen, was sich anscheinend nicht damit verträgt, dass diese doch nach immer größerer Macht streben. Aber auf der anderen Seite ist der Souverän, dem sie sich unterwerfen, für sie in Wahrheit selbst das größte Machtmittel, um sich Güter verschaffen und die Früchte des eigenen Fleißes in Frieden und Sicherheit genießen zu können. Er garantiert ihnen nämlich in Frieden und Sicherheit das größte Gut, das sich denken lässt. Deshalb ist der unumschränkt herrschende Souverän im Letzten nur ein Mittel für die privaten Zwecke seiner Untertanen.

Hobbes hat mit dieser Konstruktion zwar den mit absoluter Macht ausgestatten Staat der Neuzeit gerechtfertigt. Jedoch, und das ist für Marx wichtig, ist dieser Staat in Hobbes' Sicht nur ein Funktionär ökonomischer Interessen der Einzelnen. Der Souverän, so mächtig er auch sein mag, ist doch nur der Diener seiner Untertanen. Obwohl Hobbes im englischen Bürgerkrieg die Partei der Stuarts, der Königspartei, die ein absolutes Königtum anstrebte, mit der Konstruktion des uneingeschränkt herrschenden Souveräns eine Rechtfertigung gab, stieß er bei dieser Partei auf Ablehnung. Denn der König wollte von Gottes Gnaden König sein und seine Legitimität nicht aus einem Gesellschaftsvertrag mit seinen Untertanen herleiten. Hobbes hat mit diesem Gedanken der marxschen Auffassung den Boden bereitet, in der der Staat ebenfalls ein – willentlicher oder unwillentlicher – Funktionär der Interessen der Kapitalistenklasse ist.

12.3 Gerechtigkeit bei Hobbes

Der spezifische Ansatz von Hobbes' politischer Philosophie führt zu einer Umdeutung und Depotenzierung der Gerechtigkeit. Erinnern wir uns: Für Aristoteles bezieht sich Gerechtigkeit primär auf die Ordnung einer Gemeinschaft (siehe oben Abschnitt 11.2). Diese Ordnung legt auch unterschiedliche Würden verschiedener Personen fest, woraus sich dann eine bestimmte Verteilung von Gütern und Lasten, Rechten und Pflichten ergibt. Diese Verteilung ist Sache der distributiven Gerechtigkeit. Von dieser distributiven Ordnung hängt nun auch ab, was ein gerechter Preis ist, nach dem sich dann die ausgleichende oder kommutative Gerechtigkeit zu richten hat. Bei Hobbes kehrt sich diese Beziehung um.

Gerechtigkeit ist für Hobbes ebenso wenig wie der Staat etwas Natürliches. Im Naturzustand gibt es kein Recht – bzw. keine Rechtsbeziehungen[11] – und daher weder Gerechtigkeit noch Ungerechtigkeit. Rechtsbeziehungen entstehen erst dadurch, dass die Menschen durch Verträge untereinander sich selbst verbindliche Beschränkungen auferlegen. Der Ursprung eines jeden Rechts und auch des Staates selbst ist daher für Hobbes der *Vertrag*. Und Gerechtigkeit ist nur das Einhalten von Verträgen, so wie Ungerechtigkeit deren Nichterfüllung oder deren Brechen bedeutet (ibid.: 110).

Für Hobbes ist daher die Grundbedeutung von Gerechtigkeit die austauschende Gerechtigkeit (iustitia commutativa), in der es um die wechselseitige Erfüllung und das Halten von Verträgen geht. Daher ist die Freiheit des Vertrages unbeschränkt.[12]

---

[11] Hobbes kennt ein »natürliches Recht« eines jeden, »seine eigene Macht nach seinem eigenen Willen zur Erhaltung seiner eigenen Natur, das heißt seines eigenen Lebens, einzusetzen und folglich alles zu tun, was er nach eigenem Urteil und eigener Vernunft, als das zu diesem Zweck geeignetste Mittel ansieht« (ibid.: 99). Dieses Recht ist also vollkommen unbeschränkt und zieht daher keine Grenzen.

[12] Nur ein Vertrag, mit dem man seiner eigenen Tötung zustimmt, ist für Hobbes als nicht mit dem natürlichen Recht vereinbar unwirksam.

Sie unterliegt keinerlei Regulierungen. Insbesondere verwirft Hobbes die Idee eines gerechten Preises: »Als wäre es ungerecht, teurer zu verkaufen als einzukaufen oder jemandem mehr zu geben, als er verdient! Der Wert aller Gegenstände eines Vertrags bemisst sich nach dem Verlangen der Vertragspartner, und deshalb ist der gerechte Wert der, den sie zu bezahlen bereit sind.« (ibid.: 115) Die austeilende Gerechtigkeit (iustitia distributiva) reduziert sich bei Hobbbes auf die bloße »Gerechtigkeit eines Schiedsrichters, der feststellt, ob die jeweiligen Verträge erfüllt sind oder nicht« (ibid.: 116). Über diese dürren Bestimmungen hinaus ist Gerechtigkeit kein Ordnungsprinzip des Staates. Insbesondere ist der Souverän nicht an Regeln der Gerechtigkeit gebunden, weil es zwischen ihm selbst und seinen Untertanen keinen Vertrag gibt. Das Recht im Staat ist daher immer das, was der Souverän dafür erklärt (ibid.: 137, 203).

Fassen wir zusammen: Gegenüber Aristoteles verkehrt sich die Perspektive auf den Bereich der Politik. Die Politik ist nicht mehr der Ort des guten Lebens und damit ein Selbstzweck, dem sich die privaten, im *Oikos* verfolgten Zwecke unterordnen. Bei Hobbes sind Politik, Öffentlichkeit und Staat dagegen nur Mittel für private Zwecke. Gerechtigkeit besteht nur noch im Einhalten von Verträgen und ist kein Maßstab mehr, mit dem sich faktische Herrschaftsverhältnisse kritisieren lassen. Diese Depotenzierung der Gerechtigkeit wird auch bei Marx wiederkehren, der sie mit an Hobbes erinnernden Formulierungen als Prinzip der Kritik der kapitalistischen Gesellschaft verwerfen wird (vgl. oben Abschnitt 7.5).

12.4 Hobbes und das Eigentumsrecht

Mit Hobbes beginnt in der politischen Philosophie auch die Diskussion um das *Eigentumsrecht*. In dieser Diskussion geht es immer um zwei Alternativen: (i) Ist das Eigentumsrecht von der Rechtsgemeinschaft abgeleitet, ist also das Eigentum primär eine Beziehung zwischen den Menschen oder (ii) ist Eigentum primär eine Beziehung zwischen einem Menschen und einer Sache?

Für diese erste Alternative votieren neben Hobbes auch Rousseau (1712–1778), Kant (1724–1804), Buchanan (1919–2013) und Rawls (1921–2002). So stellt Hobbes (1959: 141) fest, »dass das Eigentum erst mit den Staaten begonnen hat, und dass jedem nur das zu eigen ist, was er nach den Gesetzen und vermöge der ganzen Staatsmacht, d. h. durch den, dem die höchste Macht übertragen worden, für sich behalten kann«. In diesem Fall würde das Verfügungsrecht über bestimmte Dinge bestehen, weil es von der Rechtsgemeinschaft oder einer Rechtsautorität festgelegt wird. »Ich habe Eigentum an einer Sache« heißt dann nichts anderes, als dass es eine Bestimmung oder Vereinbarung gibt, der zufolge nur ich über diese Sache verfügen darf, die anderen aber nicht.

Die zweite Alternative besagt, dass das Eigentum zuerst einmal eine Beziehung zwischen mir und der mir gehörenden Sache ist. Diese Beziehung begründet dann Pflichten der anderen sowie der ganzen Rechtsgemeinschaft, mein Eigentum zu respektieren bzw. zu schützen. Bei dieser Position ist jeder Einzelne zu einer ursprünglichen Aneignung einer Sache berechtigt, die nicht nur eine provisorische Aneignung ist. Bei der ersten Alternative ist nur die Rechtsgemeinschaft selber zu einer solchen ursprünglichen Aneignung fähig. Die zweite Alternative vertreten Hegel und Marx; als Erster hat sie jedoch John Locke (1632–1704) entwickelt.

12.5 Hobbes und Marx

Fassen wir noch einmal die wesentlichen Punkte zusammen, in denen Hobbes für Marx von großer Bedeutung ist.

* Da ist zunächst der Bruch mit der aristotelischen Tradition, der einen anderen Blick auf den Staat eröffnet: Die Idee des Staates und der Gedanke eines gelingenden oder glücklichen menschlichen Lebens treten auseinander. Der Staat

181

wird nur noch als Mittel zu bestimmten Zwecken oder in einer gesellschaftlichen Funktion gesehen.

- Ebenfalls bedeutsam ist Hobbes' Perspektive auf die Pleonexia, das Mehrhabenwollen. Sie ist für Hobbes weder ein Zug der menschlichen Natur noch ein menschliches Laster, vielmehr ist sie das adäquate Verhalten in der Situation der Konkurrenz, welche ein Teil der *conditio humana* ist. Ähnlich wie bei Marx ist deshalb schon bei Hobbes die Pleonexia ein Grundzug eines sozialen Verhältnisses.
- Der Begriff der Gerechtigkeit wird von Hobbes ganz eng gefasst. Gerechtigkeit erschöpft sich im Einhalten von Verträgen. Die Hobbesche Gerechtigkeit ist letztlich das, was Marx in der *Kritik des Gothaer Programms* als Gerechtigkeit der Bourgeois bezeichnet.
- In der Eigentumstheorie geht Hobbes indessen einen Weg, auf dem ihm Marx nicht folgt. Hier ist das Vorbild für Marx John Locke.

13. John Locke (1632–1704)

Eine wichtige Quelle für Marx ist die politische Philosophie John Lockes. Das könnte auf den ersten Blick überraschen. Denn Locke ist einer der Gründerfiguren der liberalen Staatstheorie und ein Theoretiker des Privateigentums, eines Privateigentums, das in der kommunistischen Gesellschaft nach Marx gerade überwunden sein soll. Trotzdem ist gerade die lockesche Eigentumslehre, weil seine Lehre eine Theorie des Arbeitseigentums ist, sowohl für die marxsche Arbeitswertlehre wie für Marx' Kritik der Entfremdung im kapitalistischen Produktionsprozess von zentraler Bedeutung.

13.1 Lockes Eigentumstheorie

John Locke ist wie Hobbes ein Philosoph des Gesellschaftsvertrages; auch bei Locke beruht der Staat auf einem Vertrag seiner Bürger. Die Hauptdifferenz zwischen Locke und Hobbes besteht in ihrer jeweiligen Auffassung vom Eigentum. Erst mit Locke wird nämlich das Eigentum ein eigentliches Thema der politischen Philosophie; bei Hobbes spielt es noch keine prominente Rolle.

Für Hobbes ist das Eigentum nicht von fundamentaler Bedeutung. Im hobbesschen Naturzustand gibt es überhaupt kein Eigentum. Hier hat jeder nur das, was er gegen die Anderen behaupten kann. Im staatlichen Zustand ist das Eigentum des Einzelnen das, was der Souverän ihm lässt oder zuteilt. Locke dagegen legt die ganze politische Theorie als eine Eigentumstheorie an.

Wie Hobbes geht Locke ebenfalls von einem hypothetischen Naturzustand aus. Lockes Naturzustand ist zwar unsicher und gefährlich, jedoch nicht per se schon ein Kriegszustand wie bei Hobbes, sondern auf eine friedliche Existenz der Menschen wenigstens angelegt. Denn in diesem Naturzustand gilt nach Locke (1983: 6) ein *natürliches Gesetz*. Dieses erlaubt dem Menschen grundsätzlich, alles für seine Selbsterhaltung zu tun. Das scheint insoweit dem natürlichen Recht des Hobbes zu entsprechen. Lockes natürliches Gesetz verbietet dem Menschen jedoch, anderen Menschen ohne einen berechtigten Grund zu schaden. Insofern ist das natürliche Gesetz nur ein Reflex des natürlichen Rechtes des Menschen (ibid.: 65). Dieses natürliche Recht erlaubt dem Menschen,

- seine absolute Freiheit zu gebrauchen,
- jederzeit sein Eigentum gegen Angriffe zu verteidigen, und
- andere Menschen »wegen der Verletzungen dieses Gesetzes [des natürlichen Gesetzes, die Verf.] zu verurteilen und [...] zu bestrafen« (ibid.).

Doch was ist hier eigentlich Eigentum? Locke unterscheidet Eigentum im umfassenden vom Eigentum im engeren Sinne.

Der Mensch ist nämlich *als solcher* Eigentümer. Er hat von Natur Eigentum an

* seinem Leben und Leib (life)
* seiner Freiheit (liberty).[13]

Darüber hinaus hat der Mensch aber auch Eigentum

* an äußeren Dingen (estates).

Erst das Eigentum an äußeren Dingen ist das Eigentum im engeren Sinn, ein Eigentum nämlich, das wir erwerben und veräußern können. Wie aber können wir Eigentum erwerben? Das kann auf zweierlei Weisen geschehen: erstens durch ursprüngliche Aneignung und zweitens durch Tausch und Vertrag.

Eigentum entsteht durch ursprüngliche Aneignung eines herrenlosen beweglichen Gegenstandes oder des unbeweglichen Bodens, einer Immobilie. Für eine wirksame Aneignung reicht es aber nicht aus, diesen Gegenstand einfach zu seinem Eigentum zu erklären. Erforderlich ist vielmehr ein körperlicher Akt der Besitzergreifung. Wer so eine herrenlose Sache in seine Gewalt bringt, erwirbt Eigentum an dieser, oder sie wird sein Eigentum. Das gilt selbst für Früchte, die man aufsammelt und verzehrt, auch sie werden noch vor ihrem Verzehr durch den Akt des Aufsammelns zum Eigentum (ibid.: 23).

Der entscheidende Gedanke hierin ist, dass Locke jede Besitzergreifung schon als eine Art Bearbeitung des ergriffenen Gegenstandes deutet. Denn ich bin der Eigentümer meines Leibes oder Körpers und damit auch der Eigentümer meiner Arbeit, die ich mit meinem Körper verrichte. Wenn ich nun mit dieser Arbeit einen äußeren Gegenstand verändere oder »formiere« (Hegel 1969.7: 121), dann verbindet sich meine Arbeit in un-

---

[13] Nach Locke sind wir also Eigentümer unserer selbst. Im Hinblick auf diese Gedankenfigur spricht Graeber (2012: 220 f.) von »unsre[r] eigentümliche[n] Gewohnheit, uns gleichzeitig als Herr und als Sklave zu definieren [...]. Dadurch verdoppeln sich die grausamsten Aspekte des antiken Haushalts in unserem Selbstkonzept«. Eigentum an Leben und Leib sowie an Freiheit könne dann grundsätzlich als verkäuflich angesehen werden (ibid.: 217), und so betrachtet es Marx: Der Arbeiter verkauft sich selbst auf Zeit an den Kapitalisten.

trennbarer Weise mit dem bearbeiteten Gegenstand. Der Gegenstand wird deshalb durch die Bearbeitung mein Eigentum. Der klassische Fall einer solchen Aneignung ist der Boden, den man als Acker bestellt: »Der Hauptgegenstand des Eigentums heute sind jedoch nicht die Früchte der Erde und die Tiere, die auf ihr leben, sondern die Erde selbst.« (Locke 1983: 25)

Eine solche ursprüngliche Aneignung bedarf nicht der Zustimmung anderer Menschen oder »gar der gesamten Menschheit« (ibid.: 23). Und sie ist nur dann unzulässig, wenn andere dadurch in ihren Chancen, sich ebenfalls einen gleichartigen Gegenstand anzueignen, stark eingeschränkt würden. Die ursprüngliche Aneignung des einzigen Wasserlochs in einem größeren Umkreis, auf das viele Menschen angewiesen sind, wäre demnach nicht möglich (vgl. ibid.: 26).[14]

Neben der ursprünglichen Aneignung gibt es die Erwerbung durch Tausch. Die erworbenen Gegenstände können uneingeschränkt ausgetauscht werden. Locke kennt im Gegensatz zu Aristoteles aber ebenso wie Hobbes keinen gerechten Preis, der dabei beachtet werden müsste.

Anders als bei Hobbes ist der Naturzustand bei Locke ein Zustand, in dem bereits Rechte und Pflichten gelten. Diese Pflichten bestehen im Grunde ausschließlich darin, das Eigentum anderer im weitesten Sinne (also auch deren Leben und Freiheit) zu achten und nicht zu verletzen. Außerdem entsteht bereits hier durch ursprüngliche Aneignung und Tausch eine bestimmte Eigentumsverteilung, die die staatliche Gewalt, die durch einen Gesellschaftsvertrag konstituiert wird, ebenfalls respektieren muss. Hieraus ergeben sich Konsequenzen für den Charakter der staatlichen Gewalt, die sie grundsätzlich vom hobbesschen Souverän unterscheiden.

---

[14] Konzeptionen politischer Philosophie haben oft einen bestimmten Adressaten. Wenn Hobbes die Bestrebungen der Stuarts nach einer absoluten Monarchie unterstützen wollte, entwirft Locke eine Theorie für die nordamerikanischen Siedler. Diese bestellen das Land und verwandeln es damit in ihr Eigentum. Sie nehmen es der indigenen Bevölkerung nicht weg; denn diese hat das Land nicht formiert, es hat ihr also nicht gehört.

Bei Hobbes ist die grundlegende Funktion der Staatsgewalt der Schutz des Friedens und die Unterdrückung des jederzeit möglichen Krieges eines jeden gegen jeden. Bei Locke dagegen ist diese Funktion der Schutz des Eigentums (ibid.: 64 und 72). Dabei ist zu bedenken, dass aus der Konzeption des Menschen als eines Eigentümers weitere Rechte folgen, die der Mensch von Natur aus hat. Der Mensch ist, wie oben erwähnt, berechtigt, einen Angriff auf Leib, Freiheit und Eigentum mit Gewalt zurückzuweisen, und er hat das Recht, den Angreifer zu verurteilen und zu bestrafen. Dieses Recht kann der Mensch bei der Gründung eines Staates an die Rechtsgemeinschaft delegieren, kann es aber unter Umständen auch wieder zurückfordern. Das bedeutet, dass die staatliche Gewalt die Rechte der Einzelnen nur treuhänderisch ausübt. Das ist anders als bei Hobbes. Bei diesem wird zwar auch der Souverän durch einen Gesellschaftsvertrag eingesetzt, doch er handelt als Souverän aus eigenem Recht. Dieses Recht ist bei Hobbes dem Souverän nicht von den Bürgern übertragen; das ist es aber bei Locke. Daraus folgt, dass eine politische Theorie vom hobbesschen Typus einen ganz anderen Spielraum für staatliche Umverteilung gibt als die von Locke, die staatliche Umverteilung nur in Ausnahmefällen zulässt.

Wir fassen zusammen: Lockes Theorie ist eine liberale Eigentumstheorie im klassischen Sinn. Durch ursprüngliche Aneignung und Austausch entsteht eine naturwüchsige Verteilung des Eigentums, die der Staat respektieren muss und in die er nicht eingreifen darf. Nur das ganze Volk bzw. dessen Vertretung hat das Recht, allgemeine Steuern zu erheben, um die Aufgaben des Staates zu finanzieren. Locke ist also der erste Vertreter einer klassischen liberalen Marktwirtschaftslehre.

13.2 Locke und Marx

Während Marx von Aristoteles die Unterscheidung von Gebrauchs- und Tauschwert sowie das Motiv der Pleonexia übernimmt, ist es Lockes Eigentumslehre, die wesentlich die Argumentation des marxschen Kapitals trägt. Für Locke ist die Quelle des Eigentums die Arbeit des Menschen, bzw. »die Arbeit seines Körpers und das Werk seiner Hände« (ibid.: 22). Alles, was der Mensch demnach bearbeitet, das ist sein und zwar ebenso sein Eigen wie sein eigener Körper. Bei Locke findet sich bereits der Gedanke, dass diese bearbeiteten Gegenstände durch die in sie eingehende Arbeit auch einen Wert erhalten, dass also die Arbeit selbst die Substanz des Werts eines Gegenstandes bildet (ibid.: 32). Man kann Locke daher als einen frühen Vertreter der Arbeitswertlehre ansehen.

Die ganze Schärfe der marxschen Kritik an der Entfremdung der Arbeit in kapitalistischen Produktionsverhältnissen versteht sich nur auf dem Hintergrund ihrer lockeschen Voraussetzungen: Denn, so Marx (vergleiche oben Abschnitt 7.6 und Marx, *Das Kapital 1*, Kapitel 5), im kapitalistischen Produktionsprozess wird dem Menschen gerade das genommen, was nach Lockes Recht der Natur sein Eigen ist, nämlich nicht nur das Produkt seiner Arbeit, sondern auch diese Arbeit selbst. Denn der Arbeiter verkauft seine eigene Arbeitskraft an den Kapitalisten. Dass Marx immer an der Arbeitswertlehre festgehalten hat, mag auch darin seinen Grund haben, dass er Lockes Theorie des Arbeitseigentums niemals aufgeben wollte.

14. Jean-Jacques Rousseau (1712–1778) (Teil 1)

14.1 Rousseau als »Feind der Gesellschaft«

Rousseau, der in seiner politischen Philosophie weitgehend den Gedanken von Hobbes einerseits und von Locke andererseits verpflichtet ist, unterscheidet sich von diesen beiden in einer wesentlichen Hinsicht: Hobbes und Locke sind beide im Grunde affirmative Denker. Sie suchen vernünftige Strukturen in ihrer Gegenwart zu erkennen und diese zu fördern. Beide sind sie

Denker einer bürgerlichen, auf Eigentum und Fleiß gegründeten Lebensweise.

Im Gegensatz zu diesen beiden ist Rousseau ein Kritiker der bürgerlichen Gesellschaft. Er sieht in jener Existenzform der Menschheit, die Hobbes und Locke für die natürliche und vernunftgemäße halten, eine Manifestation der *misère humaine*, des menschlichen Elends. Die bürgerliche Gesellschaft ist für Rousseau ein Zustand, in der der Mensch gerade nicht hoffen kann, ein »angenehmes und sicheres Leben« zu führen. Vor allem aber ist die bürgerliche Gesellschaft ein Zustand, in dem der Mensch nicht er selbst sein kann, sondern von sich selbst entfremdet ist.

Rousseau ist vermutlich der erste Denker dessen, was man heute Gesellschaft nennt. Gesellschaft ist eine Verbindung zwischen den sie bildenden Menschen, die nicht auf einem sie vereinenden Interesse beruht, wie das bei jeder Form von Gemeinschaft der Fall ist.[15] In der Gesellschaft haben die Menschen unterschiedliche Interessen, doch sind diese Interessen gleichwohl aufeinander bezogen.

Wenn Rousseau von der bürgerlichen Gesellschaft spricht, dann spricht er zugleich von ihrer Ökonomie, ohne dass er Gesellschaft und Ökonomie scharf voneinander unterscheidet. Für die bürgerliche Ökonomie ist nach Rousseau die Arbeitsteilung charakteristisch, weil hier die Menschen, obgleich füreinander Konkurrenten, aufeinander verwiesen sind. Die Verwiesenheit der Menschen aufeinander macht aber auch die Gesellschaft

---

[15] Der Soziologe Ferdinand Tönnies (1979: 7) spricht in Bezug auf die Gemeinschaft »von der vollkommenen Einheit menschlicher Willen als einem ursprünglichen oder natürlichen Zustande«. Dagegen ist Trennung das Merkmal der Gesellschaft: »Die Theorie der Gesellschaft konstruiert einen Kreis von Menschen, welche, wie in Gemeinschaft, auf friedliche Art nebeneinander leben und wohnen, aber nicht wesentlich verbunden, sondern wesentlich getrennt sind, und während dort verbunden bleibend trotz aller Trennungen, hier getrennt bleibend trotz aller Verbundenheiten.« (ibid.: 34)

überhaupt aus.[16] Gesellschaft und Wirtschaft sind für Rousseau Sphären, in denen der Mensch sich selbst entfremdet ist, sowie Sphären der vollkommenen Abhängigkeit der Menschen voneinander. Entfremdung von sich selbst ist das Wesen der gesellschaftlichen Existenz des Menschen, also dessen, was der Mensch sichtbar für andere ist, in seinem Beruf, seiner Stellung, seinem gesellschaftlichen Rang. Wie Hannah Arendt (1981: 39) bemerkt, sieht es in Rousseaus Schriften »fast so aus […], als kämpfe nicht Rousseau gegen die Gesellschaft, sondern Jean-Jacques gegen einen Mann, den die Gesellschaft Rousseau nennt.« Rousseau, so will das heißen, empfindet ein Leiden an seiner öffentlichen und gesellschaftlichen Existenz.

Was aber setzt Rousseau gegen »die Gesellschaft«? Er entwirft eine Existenz entweder fern von der Gesellschaft in einem einsamen Leben auf dem Lande oder in einem totalen Staatswesen, in dem alle von einem und demselben Willen beseelt sind. In diesen beiden widersprechenden Grundzügen ist bereits die eigentümliche Ambivalenz dessen vorweggenommen, was bei Marx kommunistische Gesellschaft heißen wird.

14.2 Der »natürliche Mensch«

Wie seine Vorgänger Hobbes und Locke ist auch Rousseau ein Theoretiker des Gesellschaftsvertrages, und wie diese beiden legt auch Rousseau die Figur des Naturzustandes seinem Denken zugrunde. Wir erinnern daran, dass bei Hobbes dieser Zustand ein schlechthin kriegerischer Zustand ist, während bei Locke der Naturzustand zwar unsicher, aber im Grunde doch auf Frieden angelegt ist; denn bei Locke gibt es im Naturzustand schon ein Recht. Rousseau entwickelt ebenfalls eine Theorie des Naturzustandes, aber dieser nichtstaatliche Zustand ist nicht

---

[16] Rousseau war prägend für die politische Philosophie des Deutschen Idealismus von Kant bis Hegel. Auch Hegel unterscheidet terminologisch nicht zwischen Ökonomie und »bürgerlicher Gesellschaft« (s. u.).

mehr oder weniger statisch konzipiert wie bei seinen Vorgängern, sondern dynamisch. Rousseau gibt uns eine *Erzählung* von der Entwicklung des Menschengeschlechtes, in der das, was Hobbes und Locke jeweils als Naturzustand ansehen, jeweils unterschiedliche Stadien darstellen.

Rousseau beginnt diese Erzählung mit dem *homme de la nature*. Dieser »natürliche Mensch« lebt in einer Art paradiesischen Zustandes. Er lebt von dem, was die Natur ihm bietet, er bringt nichts durch Arbeit hervor. Der natürliche Mensch ist ein Jäger und Sammler. Doch er jagt und sammelt nicht auf Vorrat. Der natürliche Mensch lebt vielmehr ganz im Augenblick, er plant nicht für die Zukunft. Anders als der Mensch bei Aristoteles, der von Natur ein Gemeinschaftswesen ist, ein *zoon politikon*, ist Rousseaus natürlicher Mensch wie der der hobbesschen Anthropologie nicht auf Sozialität hin angelegt. Er ist von Natur eher ein Einzelgänger. Seine Sozialbeziehungen sind nur sporadischer Natur, für ihn gibt es keine dauerhaften Beziehungen, wie es etwa Familienbande sind. Den natürlichen Menschen betrachtet Rousseau nun nicht als eine Fiktion oder Idealkonstruktion; Rousseau meint vielmehr, dass dieser natürliche Mensch nicht nur einmal existiert hat, sondern er glaubt, auch zeitgenössischen Reiseberichten aus Afrika und Polynesien entnehmen zu können, dass dieser natürliche Mensch in manchen Weltgegenden immer noch existiert.

Dieser Mensch, so erklärt uns Rousseau, lebt im Einklang mit sich selbst und der Natur, er ist gesund und glücklich. Niemand vermöge nämlich zu sagen, »welcher Art das Elend eines freien Wesens sein kann, dessen Herz in Frieden und dessen Körper gesund ist« (Rousseau 1997: 133).[17] Das Leben des natürlichen Menschen hat nach Rousseau keine innere Dynamik,

---

[17] Die uneingeschränkt positive Darstellung des »natürlichen Menschen« in einem mutmaßlichen Anfangszustand der Menschengattung stieß auf die bissige Kritik Voltaires. Er gratuliert Rousseau in einem Brief zu seinem »Buch gegen das Menschengeschlecht« und bemerkt: »Man bekommt Lust, auf allen Vieren herumzulaufen, wenn man Ihr Werk liest.« (Rousseau 1964: 1379)

die ihn über diesen Zustand hinaustriebe; Rousseau glaubt also nicht, dass jemand aus eigenem Antrieb diesen Zustand verlassen wollte. Vielmehr sind es äußere Entwicklungen, die die Existenzform des natürlichen Menschen in den meisten Weltgegenden beendet haben. Die Menschen werden zahlreicher und können einander auf der begrenzten Oberfläche der Erde nicht mehr ausweichen. So entstehen allmählich dauerhafte Sozialbeziehungen. Daneben bilden sich technische Fertigkeiten heraus, wie etwa die Metallurgie. Aber auch dies geschieht nicht aus einem eigenen Antrieb des Menschen, sondern »weil irgendein Vulkan metallische Stoffe in geschmolzenen Zustand ausgestoßen haben« (Rousseau 1997: 199) muss. Und schließlich entsteht der Ackerbau, weil nur durch Bearbeitung des Bodens, die für die gewachsene Menschenzahl zusätzlich nötigen Nahrungsmittel gewonnen werden können.

14.3 Das Eigentum als Quelle der misère humaine

Aus dem Ackerbau entsteht das Eigentum. Vom bloßen Besitz unterscheidet sich das Eigentum für Rousseau vor allem durch seine zeitliche Dimension; denn wer sät und den Acker bebaut hat, will im Herbst die Früchte ernten und erklärt deshalb den Acker zu seinem Eigentum. Eigentum ist nach Rousseau ein *zeitlich unbegrenzter Besitz.* Es entsteht so eine Gesellschaft von wehrhaften Ackerbauern, die ihre Rechte und ihr Eigentum mit Gewalt gegeneinander verteidigen können.

Zwei Dinge sind an Rousseaus Eigentumstheorie bemerkenswert:

(i) Rousseau gibt nirgendwo zu erkennen, dass er der lockeschen Auffassung des Eigentums als einer inneren Verbindung von Person und Sache folgen würde. Das Eigentum wird zum Eigentum vielmehr dadurch, dass die Anderen es als Eigentum anerkennen.

(ii) Das Eigentum wird von Rousseau aus bestimmten Produktionsbedingungen hergeleitet, und es ist bei ihm negativ konnotiert. Das Eigentum wird von ihm als die letztliche Quelle aller modernen Übel gesehen.

Alles dies kommt in den ersten Sätzen des zweiten Teils des *Diskurs über die Ungleichheit* (1997: 173) zum Ausdruck: »Der erste, der ein Stück Land eingezäunt hatte und es sich einfallen ließ zu sagen: *dies ist mein* und der Leute fand, die einfältig genug waren, ihm zu glauben, war der wahre Gründer der bürgerlichen Gesellschaft. Wie viele Verbrechen, Kriege, Morde, wieviel Not und Elend und wie viele Schrecken hätte derjenige dem Menschengeschlecht erspart, der die Pfähle herausgerissen oder den Graben zugeschüttet und seinen Mitmenschen zugerufen hätte: ›Hütet euch, auf diesen Betrüger zu hören; ihr seid verloren, wenn ihr vergeßt, daß die Früchte allen gehören und die Erde niemandem.‹«

Das Leben freier Ackerbauern, die jeder ihr Eigentum an Boden gegeneinander behaupten, identifiziert Rousseau mit demjenigen Zustand, den John Locke als Naturzustand bezeichnet. Im Unterschied zu Locke gibt es für Rousseau allerdings kein natürliches Recht auf Eigentum (Rousseau 1997: 203). Das Eigentumsrecht ist gegenüber dem »natürlichen Gesetz« »eine neue Art von Recht«, für dessen Entstehung Rousseau, wie wir gesehen haben, eine funktionale Erklärung anbietet. Eigentum entsteht aus der Notwendigkeit des Ackerbaus. Zunächst herrscht zwischen den Grundbesitzern Gleichheit. Alle sind selbständige Landbesitzer. Unterschiede im Besitz können nicht groß sein, da jeder nur das als Eigentum haben kann, was er selbst zu bestellen in der Lage ist. Solche marginalen Unterschiede spielen in der Gesellschaft aber keine Rolle, insbesondere begründen sie keine asymmetrischen Abhängigkeitsverhältnisse.[18]

---

[18] Dieses frugale Leben der selbständigen Landbesitzer galt auch einigen der amerikanischen *Founding Fathers* als geistig gesundes Leben des Menschen, das sie gegenüber dem verfeinerten und raffinierten Leben der modernen Städte priesen.

14.4 Die moderne Gesellschaft nach Rousseau

Der Zustand der Gleichheit ist jedoch nicht stabil; denn es ist die wirtschaftliche Dynamik, die nun Ungleichheit unter den Menschen hervorruft. Eine Gesellschaft von Ackerbauern kann nur einen begrenzten Kreis von Bedürfnissen befriedigen. Rousseau, dem man fälschlicherweise die Parole »Zurück zur Natur« zugeschrieben hat, hat jedoch keinerlei Neigung, die einfachen Bedürfnisse einer ackerbauenden Gesellschaft als »natürliche Bedürfnisse« zu verklären und sie von künstlichen oder imaginären Bedürfnissen abzusetzen. Das liegt an seiner durchaus modernen Auffassung vom Wesen des Menschen selbst.

Der Mensch hat für Rousseau das Wesensmerkmal der Perfektibilität. Perfektibilität meint nicht, dass der Mensch, wie etwa bei Aristoteles, auf Vollkommenheit oder Perfektion angelegt wäre. Als Perfektibilität bezeichnet Rousseau vielmehr die Fähigkeit des Menschen, seine Neigungen, Fähigkeiten und Bedürfnisse in alle Richtungen zu entwickeln und zu verfeinern, ohne damit jemals an ein Ende zu kommen. Das Zeitalter der Gleichheit ist also deshalb instabil, weil die Menschen ihre Bedürfnisse ständig verfeinern und ihre Arbeit wie ihre Arbeitsmittel ständig fortentwickeln. Die ackerbauende Gesellschaft wandelt sich zu einer arbeitsteiligen Gesellschaft: Es entstehen vielfältige Abhängigkeiten, einerseits wirtschaftlicher, andererseits sozialer Natur im weiteren Sinn. In dieser komplexen Situation entwickelt sich die Ungleichheit unter den Menschen, denn einige sind geschickter und bilden größere Fähigkeiten aus als andere, was sich auf die wirtschaftliche und soziale Stellung der Einzelnen auswirkt.

Man vergleicht sich nun mit anderen und man orientiert sich an einer allgemeinen Meinung, in der man selbst und die Anderen etwas *gelten*. Man will nun weniger etwas sein, denn als jemand erscheinen; man täuscht jetzt Eigenschaften vor, die man gar nicht hat: »Sein und Schein wurden zwei völlig verschiedene Dinge.« (Rousseau 1997: 207) Dieser Zustand, den Rousseau auch den bürgerlichen Zustand nennt, ist in jeder

Hinsicht konfliktträchtig: jeder versucht, den anderen an Reichtum, Macht und Einfluss zu übertreffen. Dieses Streben gibt »allen Menschen einen finsteren Hang ein, sich wechselseitig zu schaden« (ibid.: 209). Wer arm und von den Reichen abhängig ist, wird versuchen, diese Reichen zu berauben. Dieser bürgerliche Zustand, der *etat civile*, wird von Rousseau als ein kriegerischer Zustand geschildert, in dem »die Herrschaft und die Knechtschaft oder die Gewalt und die Räubereien [...] entstehen« (ibid.: 211). Und genau dieser bürgerliche Zustand ist für Rousseau das, was Hobbes fälschlich als Naturzustand bezeichnet.

Rousseau sieht also bereits Arbeitsteilung, wirtschaftliche Abhängigkeit und eine unbegrenzte Entwicklung von Bedürfnissen und Mitteln zu ihrer Befriedigung als Grundzüge der modernen Wirtschaft. Allerdings bewertet er diese Wirtschaft nur negativ. Er betont einseitig die Tendenz zur Ungleichheit und das darin liegende Konfliktpotential. Rousseau ist wie Hobbes der Meinung, dass nur eine schlechthin überlegene souveräne Gewalt in der Lage ist, die diesem Zustand immanenten Konflikte niederzuhalten. Doch diese dient nur den stärksten Mitgliedern der Gesellschaft. Rousseau lässt keinen Zweifel daran, dass in seinen Augen diese souveräne Gewalt »dem Schwachen neue Fesseln und dem Reichen neue Kräfte« gibt (ibid.: 219).

Staatliche Gewalt denkt auch Rousseau in der Figur des Gesellschaftsvertrages. Einen solchen Vertrag hat er aber zweimal entworfen. Am bekanntesten ist die Version seiner Schrift *Vom Gesellschaftsvertrag* (1762), die jedoch, wie Rousseau selbst eingesteht, stark utopische Züge trägt und die Vision einer direkten nichtrepräsentativen Demokratie entwickelt. In seinem *Diskurs über den Ursprung der Ungleichheit unter den Menschen* (1755), in dem Rousseau sich mit der modernen Wirtschaft befasst, findet sich ebenfalls der Gedanke eines Gesellschaftsvertrages, der jedoch die Ideen von Hobbes und Locke parodiert. Dieser Gesellschaftsvertrag ist ein Betrug der Reichen, welche die Armen zu ihren Beschützern machen wollen

(1997: 215), z. B. als Soldaten, Polizisten etc. Der durch diesen Gesellschaftsvertrag entstehende Staat setzt eine Gesellschaft voraus, in der sich alle sozialen Unterschiede auf den von Arm und Reich reduziert haben. Er ist nur ein Instrument der Reichen und wird sich, wie Rousseau annimmt, immer zu einer Despotie entwickeln.

Indem Rousseau den Konflikt und nicht die Kooperation in seiner Sicht der Wirtschaft in den Mittelpunkt stellt und auch betont, dass die Reichen vom Elend der Armen profitieren, bereitet er schon Marx' kritische Perspektive auf die kapitalistische Marktwirtschaft vor.

Neben dieser kritischen Perspektive auf die moderne Ökonomie entwickelt Rousseau jedoch auch eine geschichtliche Sicht auf die menschliche Gesellschaft und Wirtschaft. Das im Grunde statische Modell des Naturzustands bei Hobbes und Locke wird dynamisiert. Was Hobbes und Locke jeweils als Naturzustand portraitieren, erscheint bei Rousseau jeweils als eine Epoche der wirtschaftlichen und gesellschaftlichen Entwicklung der Menschheit, in der Lockes Naturzustand dem hobbesschen vorausgeht. Wir haben hier in nuce das Modell der Geschichte als einer Abfolge ökonomischer Gesellschaftsformen, das Marx in der Vorrede seiner Schrift *Zur Kritik der Politischen Ökonomie* von 1859 vorstellt. Ein tieferer Aspekt von Rousseaus Kritik der modernen Gesellschaft erschließt sich indessen erst vor dem Hintergrund der Moral- und Wirtschaftsphilosophie Adam Smiths, auf den wir nun eingehen wollen, bevor wir noch einmal auf Rousseau zurückkommen.

15. Adam Smith (1723–1790)

Für Rousseau ist die Gesellschaft ein Theater. Ein Theater ist sie auch für Adam Smith, der Rousseaus Gedanken in Großbritannien bekannt gemacht hat (vgl. Streminger 1989: 32 f.). Nur sind die Menschen für Rousseau vor allem Schauspieler, während sie

Smith zunächst einmal, nämlich in seiner »Theorie der moralischen Gefühle«, in der Position des Zuschauers sieht.

Smith hat zwei bekannte Bücher verfasst: *Die Theorie der ethischen Gefühle* (1759) und *Der Wohlstand der Nationen* (1776). Das erste ist ein Beitrag zur Moralphilosophie, das zweite gilt als Gründungstext der modernen Wirtschaftswissenschaften (siehe Manstetten 2000: 232–267). Oft werden diese beiden Bücher in einem Gegensatz gesehen. *Der Wohlstand der Nationen* gilt als die Anerkenntnis der Tatsache, dass man die moderne Wirtschaft nicht auf das Wohlwollen der Menschen, also nicht auf Ethik und Moral, gründen kann. Aber vielleicht gibt es doch mehr Gemeinsamkeiten zwischen Smiths Moralphilosophie und seiner Theorie der Wirtschaft.

15.1 Die Theorie der ethischen Gefühle

Beginnen wir mit der Moralphilosophie. Die *Theorie der ethischen Gefühle* ist ein Buch der philosophischen Ethik. Jede Ethik fragt danach, was das rechte und gute Handeln ist, und will darauf eine Antwort geben. Smith beantwortet diese Frage jedoch nicht direkt. Er fragt, wie der Titel des Buches schon sagt, nach dem ethischen Gefühl, dem *moral sentiment:* Menschen sind affektive Wesen und haben Gefühle, wie Freude, Trauer, Lust, Unlust usw. Es gibt aber auch Gefühle, die direkt eine ethische Haltung zum Ausdruck bringen, wie Dankbarkeit oder Groll. Denn bei diesen Gefühlen können wir fragen, ob jemand die Dankbarkeit oder den Groll auch verdient, der ihm entgegengebracht wird.

Smith beginnt mit der Feststellung, dass jede Handlung ein solches Gefühl der Dankbarkeit oder des Grolls bei den anderen Betroffenen hervorrufen kann. Wie wir eine Handlung beurteilen, hängt nach Smith genau von diesem Gefühl ab. Wenn wir ein moralisches Urteil fällen, sind wir Zuschauer: Wir sehen die Person X, die die Handlung A ausführt, die eine bestimmte Wirkung auf die Person Y hat. Welches Gefühl wird Y dabei haben?

Diese Frage können wir uns dank unserer Fähigkeit zur Sympathie beantworten: Durch die Sympathie können wir mit dem Anderen mitschwingen, seine Gefühle nachvollziehen. Aber dieses Mitschwingen geschieht nicht unmittelbar. Denn unsere Sympathie entspringt gar nicht unmittelbar dem Gefühl des anderen, sondern vielmehr der Erkenntnis der Situation, die dieses Gefühl hervorbringt, nämlich »from the view of the situation which excites it« (Smith 1984: 12). So werden wir die Dankbarkeit des Y nur nachvollziehen können, wenn wir wissen, dass X ihm aus reiner Großmut aus einer schweren Notlage geholfen hat, ohne dass X dazu verpflichtet gewesen wäre. Sympathie ist also gar nicht unmittelbar, sie hängt vielmehr von einer mehr oder weniger genauen Kenntnis der jeweiligen Umstände ab. Und noch ein weiteres Merkmal unterscheidet die Sympathie von einem bloßen Mitschwingen; denn die Sympathie lässt uns gar nicht ohne weiteres das tatsächliche Gefühl des Anderen nachvollziehen. Vielleicht empfindet Y dem X gegenüber überhaupt keine Dankbarkeit. Wir werden aber trotzdem eine Dankbarkeit des Y gegenüber X nachempfinden, weil Y nämlich dankbar sein *sollte*. Dankbarkeit ist in diesem Fall das »schickliche« Gefühl, »*the proper effect*«. Deshalb empfindet die Sympathie nicht das tatsächliche Gefühl nach, sondern das ethisch richtige. Die Sympathie fällt damit ein Urteil. Sie sagt im Grunde, Y sollte Dankbarkeit empfinden. Das ist mehr als ein bloßes Verspüren von Dankbarkeit.

Die Sympathie hat also einen kontrafaktischen Zug, weil sie nicht das wirkliche, sondern das *gesollte* Gefühl nachvollzieht. Wie aber können wir wissen, was das richtige schickliche Gefühl ist? Denn wir könnten uns über das Urteil über das richtige Gefühl von unseren Neigungen und Affekten täuschen lassen. Wir könnten Zorn oder Dankbarkeit empfinden, wo beides nicht am Platze ist. Hier bringt nun Smith den Gedanken des unparteiischen Zuschauers ins Spiel; an diesem unparteiischen Zuschauers sollen wir uns nämlich orientieren. Der unparteiische Zuschauer ist nach dem Muster des Theaterzuschauers gedacht. Warum ist der Zuschauer im Theater unparteiisch? Er ist es deswegen, weil bei dem Spiel, dem er zusieht, seine Interessen nicht beteiligt sind. Es geht nicht um sein Leben und seinen Besitz oder seine Pläne; sein Blick auf das Geschehen auf der Bühne wird also nicht durch seine Interessen getrübt. Er ist eben im dramatischen Konflikt nicht Partei.

Obwohl unparteiisch, ist der Zuschauer nicht unbeteiligt: Er ist kein kalter Beobachter. Seine Affekte bleiben nämlich von dem dramatischen Geschehen nicht unberührt. Er schwingt mit den gespielten Gefühlen der *dramatis personae* mit und ist deshalb in der Lage, den Charakter und die Handlungen der dramatischen Personen zu beurteilen. Er kann sagen, wer von diesen ein Schurke und wer ein edler Mensch ist, wer Recht tut und wer in seinem Handeln fehlt.

Der unparteiische Zuschauer ist keine wirkliche Person, sondern ein Ideal, man könnte sagen: eine Reflexionsidee. Wir kommen zu einem richtigen Urteil im Moralischen, wenn wir uns immer fragen: »Was würde der unparteiische Zuschauer in diesem Fall sagen?« Um diese Frage zu stellen und beantworten zu können, müssen wir von unseren eigenen Interessen absehen können und in der Lage sein, die Perspektiven anderer Beteiligten einzunehmen. Dann werden wir fähig sein, unsere eigenen privaten Empfindungen herabzustimmen.

15.2 Der Wohlstand der Nationen

Die Fähigkeit, die eigenen Interessen und Affekte zu relativieren, die für das moralische Urteil so wichtig ist, brauchen wir nach Smith auch in der Wirtschaft. Äußerlich unterscheidet sich die Wirtschaft, wie sie in Smiths *Wohlstand der Nationen* erscheint, nicht von dem allseitigen Abhängigkeitsverhältnis, das Rousseau den *état civil* nennt. Die Wirtschaft ist für Smith durch die Arbeitsteilung charakterisiert; sie steht insofern in einem diametralen Gegensatz zur Ökonomie des Aristoteles. War für Aristoteles der Haushalt, der *Oikos*, ein Selbstversorger, der nur wenige Güter von anderen Produzenten als Ergänzung zur eigenen Herstellung hinzu erwerben musste, so liegt umgekehrt Smith großen Wert auf die Tatsache, dass schon ganz gewöhnliche Gebrauchsgegenstände, wie etwa ein Hemd, das Werk einer unübersehbaren Zahl von Menschen sind.

Darüber hinaus ist Smiths Vorstellung der Wirtschaft dynamisch. Die Arbeitsteilung ergibt sich nicht aus mehr oder weniger statischen Bedürfnissen der Menschen, sondern aus dem Prozess der Produktion und kann sich deshalb immer weiter entwickeln und differenzieren. Je arbeitsteiliger aber die Produktion ist, desto mehr und unterschiedlichere Güter kann sie mit der gleichen Mühe hervorbringen. Die Wirtschaft ist deshalb eine wachsende Wirtschaft; sie kann die vorhandenen Güter immer weiter vermehren, ohne dass ihr (auf der Produktionsseite) dabei erkennbare Grenzen gesetzt wären.

Die Arbeitsteilung bringt ein Allokationsproblem mit sich: Es muss geklärt werden, welche Güter und Dienstleistungen hergestellt werden und wer welche Aufgaben bei der Produktion übernimmt. Dieses Problem wurde im einzelnen Haushalt bei Aristoteles durch den Verwalter, den *Oikonomos*, gelöst. In den Systemen der neuzeitlichen Politischen Ökonomie seit Beginn des 16. Jahrhunderts, in dem der Staat als ein einziges Haus und der König als Verwalter aufgefasst wurde, wird das Allokationsproblem durch die staatlichen Behörden auf der Grundlage einer merkantilistischen Wirtschaftspolitik gelöst. In den Schriften von Smith, der im 18. Jahrhundert lebte, gibt es eine solche Figur des Verwalters jedoch nicht. Das Allokationsproblem löst bei Smith der Austausch oder der Markt. Wie aber kann der Markt das tun? Niemand hat auf dem Markt ein Interesse, das allgemeine Allokationsproblem zu lösen. Jeder sorgt sich nur um das Eigene. Das heißt, er sucht von anderen die Güter, die er braucht, aber nicht selbst hat, zu erlangen, indem er ihnen das zum Tausch anbietet, was diese selbst haben wollen. Der Marktaustausch beruht also auf dem Eigennutz der Tauschpartner. Er kann jedoch nur funktionieren, wenn dieser Eigennutz oder das Eigeninteresse zugleich die Interessen der Anderen mit in seine

Überlegungen einbezieht.[19] Das Eigeninteresse eines jeden kann sich nur vermittelt über das Eigeninteresse der Anderen befriedigen: man kann die Anderen nur dann dazu bringen, einem zu geben, was man braucht, wenn man ihnen zeigt, dass genau das in ihrem eigenen Interesse liegt und zu ihrem Vorteil ist (Smith 1978: 17). Auch die Wirtschaft verlangt also die Fähigkeit, sich in andere Menschen hineinzuversetzen und deren Perspektiven nachzuvollziehen. Diese Fähigkeit haben wir gerade im Zusammenhang mit dem unparteiischen Zuschauer kennengelernt.

Welche Rolle spielt aber die Fähigkeit, sich in andere hineinzuversetzen, für den Erfolg einer Wirtschaft, für den Wohlstand? Die Antwort, die Smith auf die Frage nach dem Ursprung des Wohlstands der Nationen gibt, ist bekannt. Es ist dies die Figur der unsichtbaren Hand. Diese Gedankenfigur besagt, dass der Einzelne, in dem er seinen einzelnen Nutzen verfolgt, gerade dadurch einen Beitrag zum allgemeinen Wohlstand leistet. Er wird also »wie von einer unsichtbaren Hand« geführt, weil er einen Zweck befördert, den zu verfolgen, er keineswegs beabsichtigt (ibid.: 371). Dieser Gedanke, dass das eigennützige Streben gemeinnützige Wirkung hat, war nicht originell gewesen. Smith kannte ihn u. a. aus Mandevilles (1670–1733) *Bienenfabel* (1924), und er findet sich bereits in Rousseaus *Emile* vom Jahre 1762 (Rousseau 1985: 304), doch Smith macht diesen Gedanken zum tragenden Element der modernen Wirtschaftstheorie. Welche Argumente kann er uns dafür bieten, dass die Marktwirtschaft wirklich von einer solchen unsichtbaren Hand regiert wird?

In den klassischen Systemen der Politischen Ökonomie, die

---

[19] Der Eigennutz ist also hier bereits »gesellschaftlich vermittelt«; er setzt bestimmte Beziehungen unter den Menschen und deren Realisierung durch sie selber voraus. Marx (Grundrisse: 74) bemerkt dazu: »Die Pointe liegt vielmehr darin, daß das Privatinteresse selbst schon ein gesellschaftlich bestimmtes Interesse ist und nur innerhalb der von der Gesellschaft gesetzten Bedingungen und mit den von ihr gegebenen Mitteln erreicht werden kann; also an die Reproduktion dieser Bedingungen und Mittel gebunden ist.«

Smith kritisiert, ist es eine sichtbare Hand, die den Wohlstand fördern soll, nämlich die Hand des Fürsten und seiner Beamten.[20]

Aber inwiefern ist die unsichtbare Hand eine Alternative zur sichtbaren Hand? Als Philosoph ist Smith von der antiken Philosophie der Stoa beeinflusst. Nach dem stoischen Philosophen Zenon von Kition lenkt die Vorsehung, oder der Wille der Weltseele »die Bewegungen, Absichten und Neigungen und die damit übereinstimmenden Handlungen«.[21] Die Idee der unsichtbaren Hand ist offenbar von dieser stoischen Vorstellung inspiriert. Marx hat mit Blick auf diese unsichtbare Hand über die »allpfiffige Vorsehung« (MEW 23: 190) gespottet. Doch dieser Hinweis auf den philosophischen Hintergrund ist natürlich noch kein Argument, warum es eine solche unsichtbare Hand geben sollte. Nun ist es aber so, dass das Wissen, das eine Planwirtschaft benötigt, in der Marktwirtschaft durchaus vorhanden ist. Nur ist dieses Wissen dezentralisiert und liegt bei den einzelnen Wirtschaftsakteuren. Zwar kann die zentrale Leitung nicht über das Wissen verfügen, das zur erfolgreichen Leitung der Wirtschaft erforderlich wäre. Doch, wie gesagt, all dieses Wissen ist in der Marktwirtschaft vorhanden: Der Bäcker weiß, welches Brot seine Kunden in seinem Stadtviertel essen wollen.

---

[20] In Plan- und Zentralverwaltungswirtschaften sozialistischen Typs sollte ebenfalls eine sichtbare Hand Produktion und Bereitstellung von Gütern lenken. Dazu muss die Planungsbehörde die Bedürfnisse und die Einkommen der Gesellschaftsmitglieder, alle ihre Fähigkeiten sowie alle technischen Produktionsverfahren, die zu Verfügung stehenden Kapitalgüter, die Rohstoffvorkommen und Umweltbedingungen kennen. Auf der Basis dieser Kenntnis erstellt die Planungsbehörde einen optimalen Wirtschaftsplan.
Schon Bertold Brecht freilich wusste in seiner *Dreigroschenoper:* »Ja, *mach* nur einen *Plan. Sei* nur ein großes Licht! Und *mach* dann noch 'nen zweiten *Plan.* Gehn tun sie beide nicht.« Die Geschichte des Sozialismus hat gezeigt, in entwickelten und komplexen Wirtschaften ist der Planer überfordert, da er unter anderem nicht über das Wissen aller Mitglieder einer Gesellschaft verfügt.
[21] HWPhil, Bd. 11, Sp. 1207.

Die Unternehmer wissen, wer zu welchen Preisen seine Produkte zu kaufen bereit ist. Der gewitzte Kapitalanleger weiß, welche Wirtschaftszweige prosperieren und welche nicht. So können wir die Idee der unsichtbaren Hand – kantisch gesprochen – als eine Idee der Urteilskraft verstehen. Dieser Gedanke besagt einfach, dass sich das ganze dezentrale Wissen der Akteure und die sich daraus ergebenen Handlungen zu einem – im Grunde – sinnvollen Ganzen fügen, ähnlich wie wir von einer Reihe von gleichartigen Beobachtungen auf ein diesen Beobachtungen zugrundeliegendes Gesetz schließen.[22]

15.3 Smith und Marx

Trotz des marxschen Spotts über das Vertrauen in eine »allpfiffige Vorsehung« ist die Denkfigur der unsichtbaren Hand auch für Marx eigenes Denken von zentraler Bedeutung. Denn Smith verbindet mit dieser Figur eine systemische Sicht der Wirtschaft, die die wirtschaftlichen Prozesse nicht aus den Handlungsintentionen der Akteure erklärt. Streng genommen sind Wirtschaftsakteure für Smith nur unbewusste Funktionäre einer systemischen Tendenz zu einer ständigen Hebung des allgemeinen Wohlstandes, die eben nicht in der Absicht der Einzelnen liegt. Von eben dieser Gedankenfigur ist aber auch die marxsche Kapitalanalyse bestimmt. Nur ist die systemische Tendenz der kapitalistischen Wirtschaft für ihn etwas anderes. Die systemische Tendenz der kapitalistischen Wirtschaft ist nicht auf eine Hebung des allgemeinen Wohlstands gerichtet,

---

[22] Im 20. Jahrhundert hat die Theorie des allgemeinen Gleichgewichts ohne Bezug auf die Idee der unsichtbaren Hand gezeigt, dass sich wirtschaftliche optimale Zustände (Pareto-Optima) durch das dezentrale Handeln der Akteure auf einem Konkurrenzmarkt ergeben. Mathematische Beweise findet sich bei Debreu (1960: Kapitel 6), Arrow und Hahn (1971), Hildenbrand und Kirman (1976), Malinvaud (1985: Kapitel 4), Mas-Colell et al: (1995: Kapitel 16); eine verbale Darstellung geben z. B. Faber und Manstetten (2007: 43–48).

sondern nur auf eine ständige, im Grundsatz grenzenlose Akkumulation des Kapitals.

Smith ist ein janusköpfiger Denker. Mit der Idee einer Politischen Ökonomie, in der er letztlich »eine Lehre für den Staatsmann« entwickelt, steht er noch in der aristotelischen Tradition. Zugleich begründet er aber die moderne Wirtschaftswissenschaft. Zunächst sieht Smith, dass Arbeitsteilung und Kooperation den Menschen dazu befähigen, die Güter dieser Erde (jedenfalls nahezu) unbegrenzt zu vermehren. Die zweite wesentliche Einsicht Smiths ist, dass die moderne Wirtschaft von einer systemischen Tendenz bestimmt wird, die nicht im Willen und in den Absichten der Wirtschaftsakteure liegt. Diese Gedanken Smiths gehen ein in Marx' Analyse der Mehrwertproduktion und in seine These von der absoluten Dominanz der Kapitalakkumulation in kapitalistischen Wirtschaften.

16. Jean-Jacques Rousseau (Teil 2)

16.1 Der homme double

An dieser Stelle müssen wir noch einmal auf Rousseau zurückkommen. Denn Rousseau hat einen Aspekt der modernen Wirtschaft sehr gründlich durchdacht, der bei Adam Smith eine Schlüsselrolle spielt. Und dies ist die Art, wie wir uns in unserem Selbstinteresse immer auf die Interessen der anderen beziehen.

Wie wir gesehen haben, macht Smith zu Anfang seines Buches *Der Wohlstand der Nationen* deutlich, dass wir gerade, wenn wir unseren eigenen Vorteil suchen, auch stets an den Vorteil der anderen denken müssen. Denn wir motivieren die anderen zum Tausch, indem wir uns als jemanden darstellen, der sich vor allem um *ihren* Vorteil Gedanken macht.

Gerade das nimmt Rousseau als einen herausragenden Zug des modernen Menschen wahr: Der Mensch in der modernen

Wirtschaft und Gesellschaft ist für Rousseau ein Doppelwesen, ein »homme double«, der immer an sich selbst denkt, wenn er an andere zu denken scheint (Rousseau 1985: 13), und der umgekehrt aber auch an andere denkt, wenn er an sich selbst zu denken scheint. Was ist damit gemeint? Den ersten Aspekt des Doppelwesens Mensch finden wir bei Smith: Wir sprechen vom Vorteil der Anderen und denken doch nur an unseren eigenen. Wir sind Schauspieler, so sagt Rousseau, die ein Interesse für Andere spielen, das sie in Wahrheit gar nicht haben.

Doch was ist unser eigener Vorteil? Smith scheint anzunehmen, dass das, was unser Vorteil ist, gleichsam naturgegeben ist, also nur in unserer eigenen Person liegt. Rousseau dagegen meint, dass für uns das Denken an andere in der modernen Gesellschaft und Wirtschaft habituell wird. Was nämlich unser eigener Vorteil ist, das entnehmen wir am Ende der Meinung der Anderen: Wir halten für unseren eigenen Vorteil, was diese anderen schätzen oder beneiden. Dies führt am Ende dazu, wie Rousseau glaubt, dass wir das Gefühl unserer eigenen Existenz nur noch aus der Meinung der Anderen ziehen: »[D]er soziable Mensch weiß, immer außer sich, nur in der Meinung der anderen zu leben; und sozusagen aus ihrem Urteil allein bezieht er das Gefühl seiner eigenen Existenz.« (Rousseau 1997: 269) Der Mensch ist auch in dem, was er wirklich will, in seinem Egoismus, gar nicht »bei sich selbst«, sondern nur bei der Meinung der Anderen, bei sozialen Konventionen und gesellschaftlichen Zwängen.

Im Blick auf die Ökonomie bedeutet das, dass wir unser Glück von der Befriedigung einer Reihe künstlicher oder imaginärer Bedürfnisse[23] abhängig machen – von Bedürfnissen nämlich, die Rousseaus natürlichem Mensch ganz fremd sind (vgl. Rousseau 1997: 161). Smith hatte diese künstlich erzeugten Bedürfnisse als chimärisch angesehen und neigte – wenigstens noch in seiner »Theorie der ethischen Gefühle« – der Ansicht zu, jedenfalls der philosophisch gebildete Weise könne den illu-

---

[23] Siehe oben unsere Ausführungen in Kapitel 5.

sionären Charakter dieser Bedürfnisse erkennen und sich mit Wenigem zufrieden geben.

Rousseau ist aber in diesem Punkt moderner als Smith. Er erkennt, dass die moderne Wirtschaft eine Unterscheidung zwischen natürlichen und künstlichen Bedürfnissen letztlich unmöglich macht. Denn die moderne Wirtschaft ist wesentlich durch eine öffentliche Meinung bestimmt. Und was diese öffentliche Meinung als ein Bedürfnis, sei es auch ein künstlich erzeugtes, ansieht, ist hier ein ebenso notwendiges Bedürfnis wie das des in der natürlichen Wildnis lebenden Menschen nach Nahrung und Kleidung. So ist es, um ein Beispiel zu nennen, heute unerlässlich in der Öffentlichkeit oder im Geschäftsleben, sich auf bestimmte Weise zu kleiden: Der dunkle Anzug oder das Kostüm erfüllt somit ein notwendiges Bedürfnis, das gleichwohl nicht natürlich, sondern gesellschaftlich ist.

Rousseaus Beschreibung der modernen Welt ist also in gewisser Hinsicht widersprüchlich oder paradox. Auf der einen Seite verklärt er das vermeintlich einfache und genügsame Leben des »natürlichen Menschen«, dessen Glück gerade darin liegen sollte, dass er sich mit Wenigem zufrieden gab. Auf der anderen Seite erkennt Rousseau doch genau, dass ein solches genügsames Leben in der modernen Gesellschaft und Wirtschaft im Grunde nicht möglich ist. Rousseau glaubt nicht, wie vielleicht noch Smith, man könne unter modernen Bedingungen ein einfaches Leben des Weisen führen. Sein Erziehungsprojekt, in dem Emile im gleichnamigen Roman zu einem solchen natürlichen Menschen erzogen wird, ist, wie Rousseau selbst wußte, eine Utopie.

16.2 Rousseau und Marx

Rousseau erkennt deutlicher als Smith, dass das »Streben nach besseren Lebensbedingungen« nie an ein Ende kommt; denn die moderne Wirtschaft führt in ihrer Dynamik zur Entstehung immer neuer Bedürfnisse und zur Bereitstellung immer weiterer

Mittel, diese zu befriedigen. Wir haben oben in Abschnitt 14.4 auf die Eigenschaft der Perfektibilität hingewiesen, die Rousseau dem Menschen zuspricht. Perfektibilität meint, dass der Mensch seine Fähigkeiten nach allen Seiten unbegrenzt entwickeln kann. Das gilt auch für die Bedürfnisse. Der Mensch kann immer weitere Wünsche nach neuen »Bequemlichkeiten« ausbilden und Mittel dafür ersinnen. Zudem wird die Dynamik der Bedürfnisentwicklung durch das gesellschaftliche Leben angetrieben, in dem die Menschen Konkurrenten füreinander und doch voneinander abhängig sind. Das Streben, sich vor anderen auszuzeichnen, verbunden damit, »nur in der Meinung der anderen zu leben« (Rousseau 1997: 269) führt dazu, dass die Menschen in immer neuen Varianten des Luxus einander zu übertreffen suchen. Aus sich selbst heraus streben also die Bedürfnisse nach einer ins Unendliche gehenden Vervielfältigung. »Wahre Bedürfnisse« (ibid.: 161) gibt es nur im Naturzustand; im gesellschaftlichen Zustand dagegen verliert die Unterscheidung »wahrer Bedürfnisse« von »falschen« oder »eingebildeten« Bedürfnissen ihren Sinn. Mit dieser Einsicht in die unendliche Formbarkeit von Bedürfnissen geht Rousseau über Smith hinaus – und auch Marx ist, wie wir gesehen haben, diese Sicht der Dinge fremd geblieben. Wie wir in Kapitel 5 schon erläutert haben, denkt Marx immer von der Produktion her. Auf die daraus entstehenden Mängel seiner Konzeption haben wir deutlich hingewiesen. Rousseaus Einsicht wurde jedoch von Hegel aufgenommen. Allerdings stellt Hegel Rousseau in gewisser Weise auf den Kopf. Denn wenn Rousseau den gesellschaftlichen Zustand mit seiner ins Unendliche gehenden Vielfalt von Bedürfnissen verurteilt und darin nur eine Erscheinungsform der *misère humaine* sieht, so sieht Hegel darin eine Manifestation der Vernunft.

Es gibt noch einen anderen Aspekt von Rousseaus Analyse, der für Marx eine gewisse Bedeutung erlangen wird. Rousseau ist der erste Denker der modernen Entfremdung. Der moderne Mensch ist, wie oben zitiert »immer außer sich«. Er ist nie er selbst, sondern in seiner »gesellschaftlichen Existenz« (Arendt

1981: 39) nur eine Funktion gesellschaftlicher Abhängigkeiten und Meinungen. Dies wird Marx aufgreifen, wenn er die Menschen in der kapitalistischen Gesellschaft als »ökonomische Charaktermasken«[24] ansieht.

In direktem Gegensatz zu Smith gelangt Rousseau aufgrund seines Menschenbildes zu einer vollkommen negativen Einschätzung der modernen Wirtschaft und Gesellschaft. Diese Sicht ist einseitig, weil sie die von Smith hervorgehobenen Züge der Wirtschaft systematisch unterschätzt. Jedoch sieht Rousseau bereits, dass die wirtschaftliche Dynamik zumindest nicht allein von einem Streben nach immer besseren Lebensbedingungen getrieben wird, sondern dass auch eine bestimmte gesellschaftliche Struktur der Motor der wirtschaftlichen Entwicklung ist. Diesen Gedanken entfalten jeweils in ihrer eigenen Weise Hegel und Marx.

17. Georg Wilhelm Friedrich Hegel (1770–1831)

17.1 Hegel und Marx

Angesichts der großen Bedeutung, die Hegel für Marx im Allgemeinen hat, mag es als selbstverständlich erscheinen, an dieser Stelle nun auch Hegels Philosophie der Wirtschaft zu behandeln. Denn man kann ohne Übertreibung das, was Hegel im Rahmen seiner *Rechtsphilosophie* zur Ökonomie sagt, als eine der elaboriertesten Konzeptionen der Ökonomie bezeichnen, die wir aus der Philosophie kennen. Das gilt cum grano salis sogar gegenüber Adam Smith. Denn was Hegel zur Ökonomie zu sa-

---

[24] »Die Personen existieren hier nur füreinander als Repräsentanten von Ware. Und daher als Warenbesitzer. Wir werden überhaupt im Fortgang der Entwicklung finden, daß die ökonomischen Charaktermasken der Personen nur die Personifikationen der ökonomischen Verhältnisse sind, als deren Träger sie sich gegenübertreten.« (MEW 23: 99–100)

gen hat, ist in einen systematischen Entwurf politischer Philosophie integriert, zu dem es bei Smith nichts Vergleichbares gibt.[25] Anders als Smith ist Hegel zwar selbst kein Ökonom. Doch während bei Smith sich die neuzeitliche moderne Wirtschaftswissenschaft erst herausbildet, setzt Hegel diese Wissenschaft bereits als eine voraus, die sich als solche Wissenschaft konsolidiert hat. So kann Hegel die Wirtschaftswissenschaften bereits als einen Wissenschaftstyp charakterisieren, der in bestimmten Zügen der neuzeitlichen nomologischen Naturwissenschaft (als einer Wissenschaft von Gesetzen) entspricht (Hegel 1969.7: 346 f.).

Doch an dieser Stelle auf Hegels Auffassung der Ökonomie zu sprechen zu kommen, ist in Wahrheit nicht selbstverständlich. Denn so wichtig für Marx Hegels *Wissenschaft der Logik* ist – auf Hegels *Rechtsphilosophie* sowie insbesondere Hegels Theorie der Ökonomie bezieht sich der Marx des *Kapital* so gut wie überhaupt nicht. Hegels *Rechtsphilosophie* war vor allem für den jungen Marx von Interesse; beim späteren finden sich nur einige kursorische Bemerkungen, wie etwa in der von Marx nicht veröffentlichten *Einleitung zur Politischen Ökonomie* (MEW 13: 633, zu Hegels Lehre vom Besitz). Marx' Zurückhaltung gegenüber Hegels *Rechtsphilosophie* hat kaum etwas zu tun mit den Vorbehalten, die heute weithin gegen Hegel bestehen.[26] Danach gilt Hegel häufig als dunkel[27], und in seiner politischen Philosophie als reaktionär oder prätotalitär – für Karl Popper ist er ein Wegbereiter sowohl des Nationalsozialismus

---

[25] Material dazu bieten aber die *Lectures on Jurisprudence* (Smith 1982).

[26] Das trifft auch auf heutige Ökonomen zu. Ausnahmen stellen dar das Buch von Birger Priddat (1990), *Hegel als Ökonom*, und James Buchanans (1974) Aufsatz »Hegel on the calculus of voting«.

[27] Theodor W. Adorno (1970: 104) nennt die dritte seiner »Studien zu Hegel« »Skoteinos oder Wie zu lesen sei«. Skoteinos, der Dunkle, war der antike Beiname des Heraklit. – Nach Rüdiger Bubner (1992: 94) hingegen kann man sagen, »daß die spekulative Dialektik Hegels schwierig, herausfordernd, oder sogar falsch, aber in ihren Grundgedanken nicht eigentlich rätselhaft ist«.

als auch kommunistischer Regimes. Marx hatte aber, wenn es um Hegel geht, sicher keine Vorbehalte gegen einen dunklen und obskuren Denker mit reaktionären Zügen. Denn das Dunkle an Hegels Logik hat Marx nicht weiter gestört, und Hegels politische Philosophie hielt er für eine Philosophie auf der Höhe ihrer Zeit und damit im Deutschland des Jahres 1843 für eine Ausnahmeerscheinung. Dass der Marx des *Kapitals* Hegels *Rechtsphilosophie* weitgehend ignoriert, muss andere Gründe haben. Unsere Vermutung ist, dass Marx in dieser Rechtsphilosophie eine unliebsame Konkurrenz sehen musste. Denn Hegels Theorie der Wirtschaft ist derjenigen von Marx in Vielem ähnlich, nur kommt sie zu ganz anderen Schlüssen. Wir meinen jedoch, dass ein Blick auf Hegels Philosophie der Wirtschaft für das Verständnis von Marx durchaus erhellend ist.

Wir haben in Teil 1 auf die besondere Komplexität der marxschen Politischen Ökonomie aufmerksam gemacht, nämlich darauf, dass sie einerseits philosophisch überdeterminiert ist und sich andererseits selbst zugleich als Moment eines revolutionären Prozesses begreift. Hegels Theorie ist in vergleichbarer Weise komplex. Hegel, der auf Erkenntnisse der zeitgenössischen Wirtschaftswissenschaften zurückgreift, bietet eine Analyse der modernen Ökonomie. Doch diese Analyse ist nicht rein deskriptiv, sondern in einen normativen Kontext eingebettet. Hegel will keinen revolutionären Prozess beschreiben oder befördern; vielmehr will er zeigen, wie in der modernen Ökonomie bestimmte Rechte der Individuen erreicht werden können, die die Philosophie als vernünftig begründet erweist. Wir haben es also bei Hegel mit einer Normativität zu tun, die wir nicht als eine Forderung von außen an eine moralisch indifferente Realität herantragen. Vielmehr will Hegel sagen, dass die Wirklichkeit der modernen Wirtschaft selbst schon normativ ist, nämlich angelegt ist auf die Erreichung vernünftig begründeter Rechte. Das ist strukturell ähnlich wie bei Marx. Auch Marx fordert ja nicht einfach den Umsturz der kapitalistischen Wirtschaftsordnung. Denn es genüge nicht, »daß der Gedanke zur Verwirklichung drängt, die Wirklichkeit muss sich selbst zum Gedanken drängen« (MEW 1: 386). Marx behauptet nun, dass die kapitalistische Wirtschaftsordnung aus sich selbst auf einen solchen Umsturz hintreibt. Demgemäß ist auch »der Kommunismus [...] nicht [...] ein *Ideal*, wonach die Wirklichkeit sich zu richten« hat, sondern »die *wirkliche* Bewegung, welche den jetzigen Zustand aufhebt« (MEW 3: 35).

Wir haben sowohl bei Marx wie bei Hegel eine normative Theorie der Wirtschaft, die wissenschaftlich informiert ist und sich in Marx' Falle sogar als wissenschaftlicher Alternativentwurf versteht. Hinzu kommt, dass Hegel die moderne Ökonomie – in einer Weise – kaum weniger kritisch sieht als vor ihm Rousseau und nach ihm Marx. Sie scheint ihm ein Schauplatz der Not, des geistigen und physischen Verderbens (1969.7: 341); und schon Hegel nimmt in der modernen Ökonomie Phänomene wahr, auf die später Marx den Finger legen wird, so die Tendenz zu einer Polarisierung von Armut und Reichtum sowie eine Gefährdung der Subsistenz des Einzelnen durch Arbeitslosigkeit. Für Hegel sind diese Erscheinungen jedoch kein Antrieb zu einem am Ende unausweichlichen revolutionären Umsturz. Er ist auch nicht der Ansicht, dass der Staat durch Interventionen diese Erscheinungen beseitigen könnte oder sollte. Vielmehr erkennt er in der Ökonomie selbst Elemente der Stabilität, die auf eine Überwindung von Armut, Not und Arbeitslosigkeit hinwirken. Die moderne kapitalistische Marktwirtschaft wird bei all ihrer Irrationalität von Hegel als eine Gestalt der Vernunft gesehen. Seine Perspektive auf die Wirtschaft ist daher – anders als die von Marx – affirmativ.

Eine Nähe zwischen Marx und Hegel besteht schließlich in zwei weiteren wichtigen Aspekten. Denn nicht erst Marx, sondern schon Hegel sieht in der Wirtschaft primär ein Phänomen der Sozialbeziehung. Die Wirtschaft als den Bereich menschlichen Lebens, in dem es um Bedürfnisbefriedigung geht, bezeichnet Hegel als das *System der Bedürfnisse*. Hegel sieht die Wirtschaft somit eingebettet in ein gesellschaftliches Leben, in rechtliche Institutionen und Strukturen der Verwaltung. Auch Hegel spricht deshalb im Grunde schon von »Produktionsverhältnissen«, also von einer Einheit ökonomischer, rechtlicher und institutioneller Strukturen – wobei Hegel anders als Marx von den Bedürfnissen und nicht von der Produktion her denkt. Zudem ist für Hegel nicht die Befriedigung von Bedürfnissen allein das Wesen des Wirtschaftslebens; ebenso bedeutsam ist vielmehr die durch Arbeit vermittelte Teilnahme am sozialen und politischen Leben. Für Hegel geht es in der Wirtschaft um die Bildung des Menschen durch Arbeit (siehe unten Abschnitt 17.5), während Marx diese Wirtschaft unter dem Gesichtspunkt der Selbstwerdung des Menschen durch die Arbeit sieht. Beide Denker unterscheiden sich von allen ihren Vorläufern darin, dass sie der Arbeit eine Bedeutung zumessen, die über die Wirtschaft im engeren Sinne weit hinausgeht.

17.2 Hegel als Denker der Einheit der Gegensätze in der Wirtschaft

Hegel ist ein spekulativer Denker. Spekulativ denken heißt (siehe oben Abschnitt 3.1), einander ausschließende Gegensätze in einer sie integrierenden Einheit zusammenzudenken. Aus Hegels Sicht fordert gerade die moderne Wirtschaft das spekulative Denken heraus, da sie in vielfältiger Weise von solchen Gegensätzen bestimmt ist. So legt sie ganz unterschiedliche Beschreibungen und Bewertungen nahe. Adam Smith und seine liberalen Nachfolger haben diese Wirtschaft als eine Sphäre der Freiheit und des Wohlstandes angepriesen. Rousseau dagegen betrachtet sie als den Ort der Unfreiheit und Abhängigkeit sowie des Elends und der Not. Und beide haben in Hegels Augen auch in irgendeiner Weise Recht.

Hegel betrachtet nämlich die Wirtschaft als einen Bereich, der nur durch solche Gegensätze oder gar Widersprüche zu fassen ist. Diese Gegensätze stehen nicht nur einander gegenüber wie Reichtum und Armut, sondern sie »schlagen« auch ineinander »um« (Hegel 1969.7: 341), und dieses Umschlagen ist in der Wirtschaft das *Dialektische* (ibid.: 353). Die Gegensätze bilden eine unauflösliche Einheit und sind nicht voneinander zu trennen. Wir können das an der Entgegensetzung von Freiheit und Abhängigkeit deutlich sehen. Es ist nämlich keineswegs so, dass wir in mancher Beziehung in der Wirtschaft frei und in anderer wieder unfrei sind: Hegel (1983: 150) stellt vielmehr fest, dass die wirtschaftliche Freiheit »auch zugleich die höchste Abhängigkeit ist«. Denn gerade *in* dieser Freiheit ist man abhängig. Die Freiheit besteht nämlich in der Wirtschaft darin, dass man seine Bedürfnisse nach eigenen Wünschen befriedigen kann und dass man wählen kann, welchen Beruf man ergreift. Diese Willkür und Wahlfreiheit setzen aber voraus, dass andere die Mittel zur Befriedigung der gewünschten Bedürfnisbefriedigung anbieten und die entsprechenden beruflichen Qualifikationen zur Herstellung der Güter und Dienstleistungen auch nachfragen. Wir sind also gerade in unserem Freiheitsgebrauch in höchstem Maße von anderen abhängig.

Ähnlich wie Freiheit und Abhängigkeit ineinander, so schlägt das besondere Individuelle in das Allgemeine um. In der Marktwirtschaft kann das Individuum seine besonderen und individuellen Bedürfnisse befriedigen. Aber gerade das zwingt jeden dazu, sich an dem zu orientieren, was *allgemein* als Bedürfnis anerkannt ist (Hegel 1969.7: 349 f.). Gerade die verfeinerten Bedürfnisse des Luxus usw. sind überhaupt nicht individuell, sondern von einer allgemeinen Meinung bestimmt. Je mehr man sich zum Beispiel von anderen durch »Prestigekonsum« abheben will, desto stärker ist man von der allgemeinen Meinung darüber abhängig, was als Distinktion anerkennungsfähig ist. Man ist also in seinem Verhalten umso allgemeiner, je individueller man ist. Deshalb haben Kritiker wie Rousseau oder Hannah Arendt (1981: z. B. 42) und eine modische »Konsumkritik« die Wirtschaft als ein Reich des Konformismus bezeichnen können, der das individuell Herausragende gerade unterdrückt.

Ein weiterer Gegensatz, der implizit auch schon bei Rousseau und Adam Smith Thema ist, ist der zwischen Eigennutz und Altruismus. Auch dieser Gegensatz ist in der Wirtschaft »zum Widerspruch vereinigt« (Hegel 1969.7: 210); denn zwar verfolgen wir in der Wirtschaft nur unsere eigenen Interessen, doch tun wir das so, dass wir dabei den anderen dienen und zu deren Vorteil wirken: »In dieser Abhängigkeit und Gegenseitigkeit der Arbeit und der Befriedigung der Bedürfnisse schlägt die *subjektive Selbstsucht* in den *Beitrag zur Befriedigung der Bedürfnisse aller anderen* um in die Vermittlung des Besonderen durch das Allgemeine als dialektische Bewegung.« (Hegel 1969.7: 353)

Die bisher genannten Gegensätze waren auch schon Hegels Vorgängern in irgendeiner Weise bekannt. Das gilt allerdings nicht für einen weiteren Gegensatz, nämlich für den zwischen Dynamik und Beständigkeit. Hier ist es eine originäre Einsicht Hegels, dass die Dynamik der Wirtschaft durch Beständigkeit bedingt ist. Die Wirtschaft erscheint auf den ersten Blick dynamisch: Die Bedürfnisse der Menschen sind einem stetigen Wandel unterworfen und können nur mit immer neuen Mitteln befriedigt werden. Die Produktion der Mittel selbst kann immer weiter verbessert und durch die Erfindung neuer Mittel können auch neue Bedürfnisse allererst erzeugt werden. Weder die Bedürfnisse noch die Mittel zu ihrer Befriedigung oder die Weisen ihrer Herstellung sind beständig. Hegel will nun zeigen, dass gerade aus dieser Unbeständigkeit und Dynamik ein Element von Beständigkeit erwächst.

Dass eine dynamische Marktwirtschaft überhaupt beständige Strukturen voraussetzt, war auch zu Hegels Zeiten keine wirklich neue Erkenntnis. Alle politisch philosophischen Denker seit Hobbes und Locke wussten, dass der Austausch auf einem Markt eine verlässliche und stabile Rechtsordnung voraussetzt. Gesetze müssen gegeben und durchgesetzt werden und eine unparteiische Justiz Streitfälle entscheiden. Heute untersucht die Institutionenökonomik eine Vielzahl von Strukturen, die Markttransaktionen erleichtern oder auch erschweren können (vgl. z. B. Richter und Furubotn 2003). Diese Dinge spielen alle auch bei Hegel eine Rolle. Der Rechtspflege und dem Schutz des Eigentums hat er einen ganzen Abschnitt gewidmet (Hegel 1969.7 § 209–229). Doch unabhängig von solchen stabilen Vo-

raussetzungen der Marktwirtschaft weist Hegel auf ebenso stabile Elemente hin, die die wirtschaftliche Dynamik selbst her-
vortreibt. Die arbeitsteilige Marktwirtschaft differenziert sich
in verschiedene Sektoren, nämlich in die Landwirtschaft, das
Handwerk, die Industrie, das Finanzwesen (das Hegel freilich
nicht erwähnt) und den Handel. Diese speziellen Sektoren drängen nun aus sich selbst heraus dazu, sich zu organisieren. So
werden bestimmte Qualitätsstandards festgesetzt, Ausbildungsgänge entwickelt und organisiert, Wirtschaftsverbände und Einrichtungen wie Industrie- und Handelskammern etabliert; zudem müssen Kenntnisse in Produktions- und Wirtschaftswesen
gepflegt und weiterentwickelt werden. Diese Entwicklung stabi-
ler Strukturen bezeichnet Hegel als Herausbildung eines »Un-
terschieds der Stände« (Hegel 1969.7: 354). Diese »Stände« sind
»besondere Systeme der Bedürfnisse, ihrer Mittel und Arbeiten,
der Arten und Weisen der Befriedigung und der theoretischen
und praktischen Bildung«,[28] in die sich die Wirtschaft gliedert.
Und Hegel zeigt, dass eine solche statische Gliederung der dynamischen Wirtschaft nicht systemfremd ist.

17.3 Die Grundstruktur der Wirtschaft

Hegel handelt von der Wirtschaft innerhalb einer Philosophie
des Rechts, also in einem normativen Kontext. Hegels Rechts-
begriff ist weit gefasst und bezieht sich nicht nur auf das formale, im Gesetz niedergelegte Recht, sondern auf alle Institutionen
und soziale Beziehungen, in denen Rechte und anerkennungs-
fähige Ansprüche eine Rolle spielen. Auch die Wirtschaft wird
als eine Sphäre solcher Sozialbeziehungen gedeutet und sie
nimmt bei Hegel eine prominente Stellung ein. Die Wirtschaft
ist wie für Smith auch für Hegel eine Marktwirtschaft, und sie
ist der Kern dessen, was Hegel *bürgerliche Gesellschaft* nennt.

---

[28] Zum Begriff des »Systems der Bedürfnisse« siehe den nächsten Abschnitt.

Diese bürgerliche Gesellschaft bildet sich aus freien Rechtspersonen, die jeweils ihre eigenen individuellen Zwecke verfolgen, dabei aber in vielfacher Hinsicht auf die anderen Personen angewiesen sind, sei es, weil sie deren Hilfe und Dienste, sei es, weil sie deren Anerkennung oder deren Kooperation brauchen.

Für mit Hegel nicht oder nur wenig vertraute Leser ist seine Lehre von der Wirtschaft sicherlich ungewohnt, und wohl auch schwierig. Das liegt zum einen an seiner philosophischen Methodik, dem dialektischen und spekulativen Denken (siehe oben Abschnitt 3.1), zum anderen aber auch an den Begriffen, mit denen Hegel operiert.

Ungewohnt ist zunächst, dass Hegel den Begriff der Wirtschaft gar nicht und den der Ökonomie in einer ganz bestimmten Weise gebraucht. Wenn Hegel von Ökonomie spricht, meint er damit nur die Landwirtschaft (ibid.: 356). Hegel verwendet dagegen einen zentralen Begriff der Wirtschaftswissenschaften, nämlich den des Bedürfnisses: Alles, was wir Wirtschaft nennen, bezeichnet er mit einem auf den ersten Blick merkwürdig erscheinenden Begriff – als *das System der Bedürfnisse*.[29] In diesem Begriff liegt zweierlei. Erstens wird die Wirtschaft als ein System angesehen, d.h. als etwas, das eine gewisse Beständigkeit hat. Zweitens ist dieses System nicht zuerst ein System von Produktionseinrichtungen, wie vielleicht Marx die Wirtschaft beschreiben würde. Der Leitbegriff für Hegel ist hier vielmehr dasjenige, das die Produktion hervorruft und dem diese wiederum dient, nämlich das Bedürfnis.

Hegels (1969.7: 339) Betrachtung der Wirtschaft nimmt daher ihren Ausgang vom Individuum, das der Träger des Bedürfnisses ist. Den individuellen Wirtschaftsakteur nennt er »die konkrete Person, welche sich als *besondere* Zweck ist«. Wir können uns das so übersetzen: Mir geht es als konkreter Person in der Wirtschaft um meine individuellen Zwecke, also um meine besonderen Interessen, die gerade nicht die der Anderen sind. Nur auf meine Interessen kommt es mir dabei an. In

---

[29] Vgl. hierzu Petersen/Fulda (1999).

der Wirtschaft: »Ist jeder sich Zweck, alles andere ist ihm nichts.« (ibid.)

Zwecke und Interessen sind nun von unterschiedlichen Bedürfnissen bestimmt, und diese Bedürfnisse kann niemand für sich allein befriedigen. Jeder ist vielmehr auf andere angewiesen, die ihm das geben, was er zum Leben braucht. Wir erkennen in dieser Struktur leicht die schon von Rousseau und Adam Smith beschriebene arbeitsteilige Marktwirtschaft. Hegels konkrete Person ist ein eigennütziger Akteur, der Züge des *homo oeconomicus* der Wirtschaftswissenschaften, des rationalen Nutzenmaximierers, trägt. Dieser Akteur ist frei in seiner Entscheidung, welchen Bedürfnissen er in welcher Weise nachgeht und wodurch er sie befriedigen will. Gerade diese Freiheit bringt ihn aber in der Marktwirtschaft in ein Verhältnis »allseitiger Abhängigkeit« (ibid.: 340; § 183).

Aus dieser Abhängigkeit erwachsen spezifische Zwänge. Die Abhängigkeit hat eine normierende Wirkung; denn die individuellen Bedürfnisse, die Mittel zur Bedürfnisbefriedigung und die individuellen Fertigkeiten und Kenntnisse müssen marktgängig sein. Marktgängig aber ist nur das, was allgemein anerkannt ist (ibid.: 349; § 192). Bedürfnisse und Mittel sind anerkannt in einer allgemeinen Meinung (»Man braucht heute ein Notebook, ein Mobiltelefon« etc.). Wir sind also in der Wirtschaft von einer allgemeinen Meinung abhängig. Wer in der Marktwirtschaft seine individuellen Bedürfnisse befriedigen will, muss sich nach dieser allgemeinen Meinung richten. Er muss sein »Wissen, Wollen und Tun auf allgemeine Weise bestimmen und sich zu einem Gliede der Kette dieses Zusammenhangs [nämlich der Wirtschaft, die Verf.] machen« (ibid.: 343; § 187). So zeigen also Freiheit und Individualität in der Wirtschaft ihre andere Seite, Abhängigkeit und Gleichförmigkeit. Diese Wirtschaft, in der alle von allen abhängen, ist durch eine Entwicklung bestimmt, in der sich sowohl die Bedürfnisse selbst sowie die Erzeugnisse der Produktion, mit denen sie befriedigt werden, immer weiter differenzieren und verfeinern, wobei auch neue, noch unbekannte Bedürfnisse entstehen. Dieses Entstehen und Befriedigen neuer Bedürfnisse durch immer neue Erzeugnisse und Dienstleistungen führt zu einer inhärenten Dynamik der Wirtschaft (ibid.: 349; § 191 Zusatz).

17.4 Wirtschaftliche Dynamik und das »allgemeine Vermögen«

Die Dynamik der Wirtschaft ist für Hegel eine doppelte. Auf der einen Seite steht die schon von Smith her bekannte Dynamik der Produktionsseite. Diese wird einerseits durch den Erwerb theoretischer und praktischer Kenntnisse der Menschen, andererseits durch »Teilung der Arbeiten« (Hegel 1969.7: 352) vorangetrieben und schließlich durch den Einsatz von »Maschinen« bewirkt (ibid.: 353).

Größeres Gewicht als die Produktion hat für Hegel jedoch die andere Seite, die der Bedürfnisse.[30] Rousseau hatte bereits auf die Formbarkeit, die Plastizität der Bedürfnisse aufmerksam gemacht. Das greift Hegel auf und spricht von einer »ins Unendliche fortgehenden Vervielfältigung« der Bedürfnisse (ibid.: 349).[31] Und nicht nur die Güter, sondern auch die Bedürfnisse selbst haben »reelles Dasein« (ibid.). Etwas hat »reelles Dasein«, wenn es für andere äußerlich wahrnehmbar erscheint. Auf einem Markt erscheinen nicht nur bestimmte Güter als Waren, sondern es treten auch bestimmte, allgemein anerkannte Bedürfnisse als *Nachfrage* auf; hier sind Bedürfnisse nicht mehr nur eine innere, subjektive Befindlichkeit. In einem Bild könnten wir den Unterschied zwischen Hegel und Marx so darstellen: Auf einem Wochenmarkt würde Marx nur die ausgelegten

---

[30] Diese größere Bedeutung zeigt sich schon darin, dass Hegel der Bedürfnisseite doppelt so viele Paragraphen widmet wie der Produktionsseite.

[31] »Das, was die Engländer *comfortable* nennen, ist etwas durchaus Unerschöpfliches und ins Unendliche Fortgehendes, denn jede Bequemlichkeit zeigt wieder ihre Unbequemlichkeit, und diese Erfindungen nehmen kein Ende.« (ibid.: 349)

Früchte etc. nämlich eine »ungeheure Warensammlung« (MEW 23: 49) sehen, Hegel dagegen sieht auch die Käufer, die vielleicht auch »ökonomische Charaktermasken« sind, aber Masken nicht von Waren, sondern von Bedürfnissen. Den Reichtum oder das Vermögen einer Gesellschaft machen nicht nur die Güter, sondern auch die Bedürfnisse aus, weil die Bedürfnisse nämlich eine Gelegenheit zu produktiver Tätigkeit bieten und damit die Möglichkeit, ein Einkommen zu erzielen.

Der Schlüsselbegriff, mit dem Hegel die Wirtschaft als ein System konzipiert, ist der des »allgemeinen Vermögens« (Hegel 1969.7: 353). Dieses Vermögen besteht nicht nur in der Summe der bereitgestellten Güter und Dienstleistungen, sondern auch in der Struktur der Wirtschaft, ihren Produktionsmöglichkeiten und vor allem in der Nachfrage, d.h. den Bedürfnissen, die produktive Tätigkeit anregen. Birger Priddat (1990: 169) sieht daher in Hegels allgemeinem Vermögen einen »frühen Volkseinkommensbegriff«. Denn das allgemeine Vermögen bietet dem Einzelnen die Möglichkeit, »dauerhaft Einkommen zu erzielen« (Petersen 1994: 113).

Die Teilnahme des Einzelnen am allgemeinen Vermögen ist bedingt durch sein besonderes Vermögen, nämlich durch sein »Kapital« und durch seine »Geschicklichkeit«, d.h. durch seine beruflichen Fähigkeiten und Qualifikationen (Hegel 1969.7: 353).

Hegel nennt das allgemeine Vermögen auch das »bleibende Vermögen« (ibid.: 353). Dies deutet darauf hin, dass die wirtschaftliche Dynamik auch ihre andere, nämlich statische, Seite hat, die wir oben bereits angesprochen haben. Die Vervielfältigung, Verfeinerung und Differenzierung von Bedürfnissen ist an eine immer komplexer werdende Struktur der Wirtschaft gebunden. Auch Produktion und Dienstleistungen differenzieren sich immer weiter. Diese Entwicklung erfordert aber stabile und dauerhafte Strukturen. Diese werden von Hegel mit einem leicht missverständlichen Ausdruck als »Stände« bezeichnet. Damit meint Hegel aber nicht die Stände der fest gegliederten feudalen Gesellschaft, also Adel, Klerus, Bürger und Bauern;

vielmehr bezieht er diesen Ausdruck auf eine funktionale Differenzierung der Wirtschaft in bestimmte Sektoren und Berufsgruppen. Der Begriff der Stände bezieht sich also auf die Personen, die in bestimmten Branchen und Zweigen der Wirtschaft tätig sind. Hegel unterscheidet

- einen »substantiellen Stand«,
- einen Gewerbestand und
- einen »allgemeinen Stand«.

Der substantielle Stand umfasst alle diejenigen, die in der Landwirtschaft tätig sind, der Gewerbestand differenziert sich noch einmal in den Handwerksstand, den Fabrikantenstand und den Handelsstand. Zum allgemeinen Stand schließlich gehören die, »die allgemeinen Interessen des gesellschaftlichen Zustandes besorgen« (ibid.: § 205), also alle Beamten, Lehrer, Pfarrer, Wissenschaftler, Künstler, Journalisten und Politiker. Im dynamischen, von permanenter Veränderung bestimmten Geschehen der Wirtschaft sind die Stände etwas Dauerhaftes.

Wir wollen diese Dauerhaftigkeit am Beispiel des Maschinenbaus erläutern, der in der hegelschen Gliederung ein Element des Fabrikantenstandes wäre. Dieser Industriezweig hat zunächst umfangreiche materielle Voraussetzungen, nämlich Vorprodukte, die ständig zur Verfügung stehen müssen, Produktionsanlagen und Verwaltungsgebäude. Daneben werden Infrastrukturen wie die der Energie- und Wasserzufuhr, der Entsorgung von Schadstoffen, der Telekommunikation und des Verkehrs benötigt. Nichtmaterielle Voraussetzungen sind Gesetze, Rechtsordnungen, Rechtswesen, Aufsichtsbehörden, Qualitätsstandards wie die DIN-Norm, Vertriebswege, Finanzsysteme, Versicherungen, Selbstorganisationen der Wirtschaft wie Handwerkskammern, Verbände, Ausbildungsstätten und Ausbildungsgänge, wie etwa die der Maschinenbauingenieure. Ein hochentwickelter Maschinenbau ist eine entscheidende Voraussetzung dafür, dass immer mehr neue Produkte zur Befriedigung alter sowie neuer Bedürfnisse entstehen können. Umso entwickelter, differenzierter und damit »beständiger« der Maschinenbau ist, desto mehr Flexibilität und Dynamik ermöglicht er. Das heißt aber, dass die Dynamik der Wirtschaftszweige von komplexen Strukturen abhängt, die immer schwerer zu verändern und somit immer dauerhafter sind. Die wirtschaftliche Dynamik setzt also gerade große Stabilität der wirtschaftlichen Strukturen voraus. In der Sprache der modernen Wirtschaftstheorie gehören diese Strukturen zu den langfristigen Restriktionen, die den Raum der möglichen Produktion und damit den des möglichen Konsums einer Wirtschaft beschreiben. Veränderbar sind diese langfristigen Strukturen nur im Laufe der Zeit.[32]

Die Stände entstehen aus der Arbeitsteilung, in der sich »objektive Tätigkeiten« und »allgemeingültige Geschicklichkeiten« (Hegel 1969.7: 352) ausbilden. Arbeitsteilung und Entwicklung der Bedürfnisse nötigen die Wirtschaftssubjekte zur Spezialisierung ihrer Tätigkeit. Hegel begrüßt diese Entwicklung, weil er sie für die Basis der Anerkennung hält, die man in der bürgerlichen Gesellschaft erlangen kann. Marx hingegen verwirft genau diese Tendenz der modernen Ökonomie. Er sieht darin eine Form der Entfremdung, ein »Sichfestsetzen der sozialen Tätigkeit [...] zu einer sachlichen Gewalt über uns« (MEW 3: 33). Die kommunistische Gesellschaft aber werde dieses »Sichfestsetzen« überwinden. Marx' Vision der kommunistischen Gesellschaft ist eine Reminiszenz an Aristoteles und die Griechen. Aristoteles hatte in seiner *Politik* (1994: 137; 1278 a 7–8) den Handwerker, den *Banausos*, aus dem »vollkommenen Staat« ausschließen wollen, weil der Handwerker aufgrund sei-

---

[32] Folglich können wir das, was bei Hegel mit dem Ausdruck »Stände« gedacht ist, mit dem wirtschaftswissenschaftlichen Begriff der Bestände untersuchen. Das Konzept der Bestände fokussiert auf Gegenstände und Gegebenheiten mit einem mehr oder weniger starken Beharrungsvermögen, die sich nur langsam in der Zeit verändern können. Hegels Theorie der Wirtschaft zeigt nun, dass deren Dynamik einhergeht mit einer Ausbildung solcher dauerhaften Bestände, ohne dass Hegel freilich eine detaillierte Analyse des Bestandscharakters der Bestände gibt. Siehe Faber et al. (2005) und Klauer et al. (2013).

ner Fixierung auf eine beschränkte Tätigkeit, wie Schreinern oder Schuhe herstellen, ihm als unfähig galt, sich zur Allgemeinheit des politischen Lebens zu erheben. Gegen Marx und gegen Aristoteles ist Hegel jedoch der Meinung, dass eine Teilnahme am politischen Leben Kenntnisse in einer »objektiven Tätigkeit« gerade voraussetzt.

17.5 Wirtschaft und subjektive Rechte

Bisher haben wir Hegel so dargestellt, als gäbe er eine rein beschreibende und analysierende Theorie der Wirtschaft ohne normative Implikationen. Danach wäre Hegels Perspektive auf die Wirtschaft eine solche, wie sie auch moderne Lehrbücher der Wirtschaftswissenschaften einnehmen. Hegel selbst scheint diesen Eindruck zu bestätigen und vergleicht die Wirtschaft und ihre Ordnung mit dem »Planetensystem, das immer dem Auge nur unregelmäßige Bewegungen zeigt, aber dessen Gesetze doch erkannt werden können« (Hegel 1968.7: 347; §189 Zusatz). Doch Hegels Theorie der Wirtschaft ist Bestandteil einer Philosophie des Rechts. Das bedeutet, dass er die Wirtschaft nicht nur als einen rein faktischen Zusammenhang und als ein rein faktisches Geschehen betrachtet. Hegel fragt vielmehr, welche Rechte und Ansprüche des Einzelnen in der Wirtschaft oder dem System der Bedürfnisse gewährleistet und erfüllt werden sollten.

Der Gedanke, dass die Wirtschaft auch Rechte des Einzelnen zur Geltung bringt, findet sich in der herkömmlichen Wirtschaftstheorie nur implizit. So meint der Gedanke der Konsumentensouveränität, dass die Akteure frei entsprechend ihren Präferenzen wählen können, welche Güter und Dienstleistungen sie auf den Märkten anbieten und welche sie dann aufgrund ihres dadurch entstandenen Einkommens nachfragen. Denn man kann diese Konsumentensouveränität auch als ein Recht des Konsumenten interpretieren, welches ihm unter anderem in sozialistischen Planwirtschaften genommen werde.

Auch Hegel spricht von Rechten des Einzelnen. Er stellt ausdrücklich fest, dass den Individuen in bürgerlicher Gesellschaft und Staat das Recht zukommt, »als Privatperson wie als substantielle Person wirklich« zu sein (ibid.: 411; § 264). Dieses Recht differenziert sich noch einmal in vier einzelne Rechte.

Was meinen die beiden Begriffe Privatperson und substantielle Person? Der Begriff der Privatperson ist ein geläufiger Begriff; er bezeichnet bei Hegel auch nichts anderes, als wir gewöhnlich mit ihm verbinden: Privat ist die Sphäre, die sich abgrenzt vom Öffentlichen, in der der Mensch für sich selbst frei ist. Der Begriff der substantiellen Person ist dagegen eine eigene hegelsche Prägung; dem Begriff kommen wir am ehesten auf die Spur, wenn wir die Rechte betrachten, die der Mensch als substantielle Person nach Hegel hat.

Die vier Rechte sind die folgenden, wobei je zwei Rechte der Privatperson und je zwei Rechte der substantiellen Person zukommen.

1. Nach Hegel haben Menschen als vernünftige und zur Selbstbestimmung fähige Wesen ein Recht auf die oben genannte Freiheit der Konsumentensouveränität, und jeder Zwang würde dieses Recht verletzen. Hegel nennt dies das Recht der Besonderheit, »sich nach allen Seiten zu entwickeln und zu ergehen« (ibid.: 340; § 184).

Dieses Recht, seine Bedürfnisse nach eigenem Gutdünken zu befriedigen, ist für Hegel jedoch nicht das einzige, was in der Wirtschaft gewährleistet sein muss.

2. Menschen haben darüber auch das Recht, ihre »Subsistenz« und ihr »Wohl« tatsächlich finden zu können.

Diese beiden Rechte sind die Rechte der *Privatperson* (ibid.: § 264, vgl. § 230).

Neben diesen beiden Rechten der *Privatperson* gibt es nun noch zwei Rechte der »substantiellen Person« (ibid.: § 264). Das Adjektiv »substantiell« gebraucht Hegel in der *Rechtsphilosophie* bevorzugt dann, wenn der Mensch in der Gemeinschaft mit anderen gemeint ist.

3. Das erste Recht der *substantiellen Person* ist, vor anderen etwas zu gelten und anerkannt zu sein, in Hegels Worten, »seine Ehre« zu haben (ibid.: § 253).

4. Das zweite Recht der *substantiellen Person* besteht darin, für einen allgemeinen Zweck tätig sein zu können.

Wir wollen von diesen beiden zuletzt genannten Rechten als von gemeinschaftsbezogenen Rechten sprechen; denn es ist offensichtlich, dass diese Rechte der *substantiellen Person*, anders als die der *Privatperson*, nur in einer Gemeinschaft gewährleistet sein können; denn sein Wohl nach eigenem Gutdünken verfolgen und erreichen, kann der Mensch für sich alleine. Die Anderen braucht er dabei nur als Mittel, in dem er von ihnen die Dienstleistungen und Güter erhält, die er wünscht und braucht. Hier instrumentalisiert der Einzelne die Anderen für seine Zwecke. Eine solche Instrumentalisierung ist aber beim Recht auf Anerkennung jedenfalls nicht möglich, wenn solche Anerkennung um ihrer selbst willen erstrebt wird. Anerkennung setzt zum einen gemeinschaftlich geteilte Standards und Überzeugungen voraus. Zum anderen basiert die Anerkennung in der Wirtschaft darauf, dass ich etwas Bestimmtes leiste, das heißt einen Beitrag zum Wohl Aller erbringe. Das Wohl aller erscheint darin zwar nicht als ein durch gemeinschaftliche Anstrengungen verfolgter, aber doch gemeinschaftlich erwünschter und gebilligter Zweck. Was das zweite gemeinschaftsbezogene Recht betrifft, so versteht es sich von selbst, dass man gemeinsame Zwecke nur in irgendeiner Art von Gemeinschaft verfolgen kann.

Der Sache nach gibt es den Gedanken der substantiellen Person schon vor Hegel. Auch der Bürger in der Polis des Aristoteles ist eine solche Person. Er ist genau darin anerkannt, dass er für den allgemeinen Zweck der Polis tätig ist. Das Neue bei Hegel ist jedoch, dass diese substantielle Person auch eine Figur der Ökonomie, also der Wirtschaft ist.

Nur das erste von Hegel genannte Recht ist ein Recht, dass auch der klassische Liberalismus fordert. Über diesen geht also Hegel weit hinaus. Menschen haben danach auch ein Recht auf

Sicherung ihrer Existenz, auf Anerkennung und auf die Möglichkeit, zu einem allgemeinen Zweck beizutragen. Darin kommt das große Gewicht zum Ausdruck, das Hegel der Wirtschaft für die soziale Existenz überhaupt gibt. Mit diesen weit bestimmten Rechten entsteht aber sofort ein Problem; denn Hegel sieht, dass die Dynamik der Wirtschaft der bürgerlichen Gesellschaft das Erreichen dieser Rechte gefährdet. Hegel beschönigt die sozialen Verwerfungen der modernen Ökonomie nicht und schildert sie nicht weniger düster als Rousseau. Er erkennt die Tendenz zur gleichzeitigen Entstehung von großem Reichtum und großer Armut (Hegel 1969: 389) und die mit beidem verbundene Korruption (Hegel 1983: 196). Die moderne Ökonomie lässt den armen »Pöbel« entstehen, der sich »notwendig« gegen die bürgerliche Gesellschaft empört (ibid.: 195). Außerdem stellt Hegel fest, dass die Dynamik der Wirtschaft zu verbreiteter Arbeitslosigkeit führen kann (Hegel 1969.7: 390). Warum aber zieht Hegel aus dieser Diagnose keinen ähnlichen Schluss wie Marx? Warum sieht er die bürgerliche Gesellschaft nicht ihrem Untergang entgegen gehen? Die Antwort ergibt sich aus dem, was Hegel über das Beständige der modernen Wirtschaft zu sagen hat.

Hegel ist nämlich der Auffassung, dass die Wirtschaft trotz ihrer kritischen Tendenzen darauf angelegt ist, dass in ihr die vier genannten Rechte verwirklicht werden. Hier kommt wieder der Gedanke der Stände ins Spiel. Nach Hegel kann der Einzelne[33] als *Privatperson* keine besondere Anerkennung in Wirtschaft und Gesellschaft genießen, die über die Anerkennung seiner Rechte als *Privatperson* hinausgeht. Er kann eine allgemeine Anerkennung nur genießen, insofern er selbst etwas Allgemeines ist. Das aber ist er als Mitglied eines Standes. Er ist nicht nur ein Individuum, sondern Handwerker, Lehrer, Unternehmer,

---

[33] Der Einzelne ist hier tatsächlich als ausschließendes Maskulinum zu verstehen, weil zu Hegels Zeit Frauen nicht Mitglied der bürgerlichen Gesellschaft sein konnten.

Beamter, Arzt, Soldat oder dergleichen. Und in seinem Beruf ist er Mitglied eines Standes.

Hegel geht noch einen Schritt weiter. Der Stand ist für ihn nicht nur eine Berufsgruppe oder ein Wirtschaftszweig bzw. eine Zusammenfassung aller Personen, die in diesem Zweig tätig sind. Die Stände, in die sich der Gewerbestand untergliedert, haben die Tendenz, sich selbst zu organisieren. Derartige Organisationen nennt Hegel Korporationen. Eine Korporation fasst sämtliche in einem Produktionszweig oder Stand Tätigen zusammen. Sie ist eine Vereinigung zu einem gemeinschaftlichen Zweck; denn sie besorgt die gemeinsamen Interessen des Standes und der darin Tätigen, d. h. sie sorgt z. B. für die Aufstellung und Einhaltung von Qualitätsstandards, für die Organisation der beruflichen Ausbildung und Bildung und sie vertritt den Stand gegenüber anderen Ständen sowie gegenüber staatlichen Stellen. Darüber hinaus trifft die Korporation auch noch Vorsorge für ihre eventuell in Not geratenen Mitglieder (ibid.: 355 f.; §253 Anmerkungen).

Die Korporation ist dem Gewerbestand oder der beweglichen Seite der »bürgerlichen Gesellschaft« eigentümlich; die Korporation ist als stabilisierendes Element nur da zu finden, wo große wirtschaftliche Dynamik herrscht. Eine solche Dynamik gibt es weder beim allgemeinen noch beim substantiellen Stand, weil die Landwirtschaft doch eher statisch ist.

Nicht nur das Recht, sein Wohl zu erlangen, sondern auch das Recht auf Anerkennung und das Recht, für einen allgemeinen Zweck tätig zu sein, soll das Mitglied der bürgerlichen Gesellschaft in der Kooperation finden. Anerkennung und Tätigkeit für einen allgemeinen Zweck stehen beim allgemeinen Stand nicht in Frage, da dessen spezifische Tätigkeit als solche einem allgemeinen Zweck gewidmet ist und die Anerkennung sich daraus von selbst ergibt. Ähnlich liegen die Dinge beim substantiellen Stand. Dieser sorgt für die Nahrung, damit für das unmittelbar Lebensnotwendige, und er pflegt, bearbeitet und formt das Land, das Territorium des Staates. Auch dieser Stand scheint Hegel seiner Anerkennung sicher.

Anerkennung und Tätigkeit für einen allgemeinen Zweck sind beim »beweglichen Gewerbestand« jedoch problematisch. Denn dieser Stand ist häufig nicht im Dienst notwendiger oder substantieller, sondern willkürlicher und gleichgültiger Bedürfnisse tätig. Die Mitglieder dieses Standes sind zudem immer in der Gefahr, entweder ihre Arbeit zu verlieren oder mit der eigenen selbstständigen Unternehmung zu scheitern. Hier scheint es nichts Festes oder »Stehendes« zu geben, das Basis einer möglichen Anerkennung sein könnte. Auch scheint der Gewerbetreibende nur für den eigenen Zweck oder Gewinn zu arbeiten und eine, wenn man es aus der aristotelischen Perspektive sieht, verachtenswerte Existenz zu führen.

Die Korporation ist es nun, die die Erreichung der beiden gemeinschaftsbezogenen Rechte der Person (3. und 4.) gewährleistet; denn Anerkennung genießt der Einzelne als Mitglied einer Korporation: »Das Mitglied einer Korporation [hat] seine Tüchtigkeit und sein ordentliches Aus- und Fortkommen, dass es *etwas ist*, durch keine weiteren äußeren Bezeigungen darzulegen nötig [...]. So ist auch anerkannt, dass es einem Ganzen, das selbst ein Glied der allgemeinen Gesellschaft ist, angehört und für den uneigennützigeren Zweck dieses Ganzen Interesse und Bemühungen hat.« (ibid.: § 253). Kurz: als Mitglied der Korporation ist der Einzelne als jemand anerkannt, der zum allgemeinen Nutzen und Wohl beiträgt. Hierin realisiert die Korporation das erste gemeinschaftsbezogene Recht der Person (3. Recht), indem sie anerkennungsfähig macht, dass der Einzelne in seiner wirtschaftlichen Tätigkeit einen Beitrag zum allgemeinen Wohl leistet. Hegel affirmiert Adam Smiths Lehre von der unsichtbaren Hand, mit der das eigennützige Streben der Wirtschaftssubjekte die allgemeine Wohlfahrt fördert, »indem jeder für sich erwirbt, produziert und genießt, er eben damit für den Genuss der Übrigen produziert und erwirbt« (ibid.: 353; § 199). So »schlägt die subjektive Selbstsucht in den Beitrag zur Befriedigung der Bedürfnisse aller anderen um« (ibid.). Allerdings ist dieser Beitrag zur Befriedigung der Bedürfnisse aller anderen noch kein allgemeiner Zweck. Denn es ist für den Ein-

zelnen ein »Zweck [...], den zu erfüllen er in keiner Weise beabsichtigt hat« (Smith 1978: 371); d.h. die allgemeine Wohlfahrt
ist für den einzelnen Akteur nicht *sein* Zweck.[34]

Sein Zweck kann für den Einzelnen jedoch das Interesse
seines eigenen Standes werden, das die Korporation verfolgt.
Daher gewährleistet die Korporation das zweite gemeinschaftsbezogene Recht (4. Recht) insofern, als sie es ermöglicht, in ihr
selber für das »uneigennützigere« Interesse des jeweiligen Standes zu wirken. Die Korporation bietet also dem Einzelnen die
Chance, für einen allgemeinen Zweck zu wirken, wenn er sich
über seine berufliche Tätigkeit im engeren Sinne hinaus für die
Angelegenheiten der Korporation engagiert. Damit bereitet sie
den Boden für den Staat vor (ibid.: 396; § 255).

Das Engagement für einen allgemeinen Zweck setzt etwas
voraus, das Hegel Bildung nennt.

17.6 Bildung

Das Recht, einen allgemeinen Zweck zu verfolgen, hat nicht unbeträchtliche Implikationen, weil man diesen Zweck nur verfolgen kann, wenn man ihn überblickt und begreift. Hegel denkt
hierbei nicht an diffuse wohltätige Zwecke, sondern an kom-
petente Mitwirkung an der politischen Willensbildung im Staat
oder in diesen untergeordneten Körperschaften, den Gemeinden
oder Korporationen, die nach Hegel Körperschaften des öffentlichen Rechtes sind. Hegel betont nämlich, dass das Verfolgen
allgemeiner Zwecke nicht nur bestimmte ethische, gegebenenfalls altruistische Einstellungen voraussetzt, sondern vor allem
bestimmte Kenntnisse und Fähigkeiten verlangt. Er stellt heraus, dass die Wirtschaft in besonderer Weise zum Erwerb dieser
Kenntnisse und Fähigkeiten beiträgt.[35] Die Wirtschaft hat für

---

[34] Dagegen ist dieser sehr wohl ein Zweck »für den Staatsmann und Ge-
setzgeber« (Smith 1978: 347).

[35] Dieser Gesichtspunkt spielt in den Wirtschaftswissenschaften erst mit

Hegel neben der Bereitstellung von Gütern und Dienstleistungen eine weitere Funktion – und das ist die *Bildung* der Individuen.

Der Begriff der Bildung kann leicht zu Missverständnissen führen; denn Hegel gebraucht auch diesen Begriff in einer für das heutige Alltagsverständnis unüblichen Weise. Wir verbinden mit dem Begriff Bildung vor allem Kenntnisse der Literatur, der Erfahrung mit den schönen Künsten, der Geschichte, der Wissenschaften und der fremden Sprachen. Man kann nicht sagen, dass dies alles für Hegel keine Rolle spielt, aber er setzt den Akzent auf etwas anderes. Wer gebildet ist, muss tatsächlich über eine Reihe von Kenntnissen verfügen. Vor allem aber muss der Gebildete in der Lage sein zu sehen, dass er selbst in einem allgemeinen übergreifenden Zusammenhang, einer »Verflechtung«, von Interessen steht. Insbesondere muss er erkennen können, wie seine eigenen Interessen mit den Interessen der Anderen zusammenhängen. Bildung ermöglicht so, den eigenen Standpunkt und das eigene Interesse relativieren zu können und es vom Standpunkt anderer Interessen aus sehen zu können.[36] Dass jedoch gerade die moderne Wirtschaft eine solche Relativierung des Eigeninteresses verlangt, hatte schon Adam Smith gesehen, und Hegel folgt ihm hierin. Die Individuen bilden sich, weil sie es müssen, wenn sie ihre Zwecke erreichen wollen. Gerade aber dadurch erwerben sie die Kompetenz, auch in politischen Fragen angemessen urteilen zu können. Deshalb ist die Bildung eine notwendige Voraussetzung dafür, dass die Wirtschaftsakteure das zweite gemeinschaftsbezogene Recht, nämlich einen allgemeinen Zweck wirklich sachgerecht zu verfolgen, überhaupt wahrnehmen können.

Wollen wir Hegels Begriff von Bildung recht verstehen, dann müssen wir den polemischen Zusammenhang im Auge

---

Kenneth Arrows Aufsatz »The economic implications of learning by doing»(1962) eine Rolle. Siehe z.B. Barro and Sala-I-Martin (1995: 146–152).

[36] Hegels Begriff der Bildung kommt dem sehr nahe, was Kant (1983, Band V: 390) die »erweiterte Denkungsart« nennt.

behalten, in dem Hegel den Begriff einführt. Hegel wendet sich mit dem Begriff der Bildung nämlich gegen eine verbreitete, auf Rousseau zurückführende Hochschätzung des »natürlichen Menschen«, des »homme de la nature« (vgl. oben Abschnitt 14.2). Was hat es mit dem natürlichen Menschen auf sich? Der natürliche Mensch ist jemand, der immer seinen Bedürfnissen und Gefühlen folgt und diese auch stets unverstellt zum Ausdruck bringt. Der natürliche Mensch ist »echt« oder authentisch. Er ist, wie Rousseau sagt, ganz bei sich oder »in Übereinstimmung mit sich selbst«. Dagegen erschien Rousseau der gebildete oder zivilisierte Mensch als gekünstelt und unecht. Der Gebildete heuchelt Gefühle, die er gar nicht hat, auch seine natürlichen Bedürfnisse sind schon so überformt oder verzerrt, dass er gar nicht mehr weiß, was er eigentlich will. Der gebildete Mensch ist anders als der natürliche unfähig, seinen wahren Empfindungen und Gefühlen Ausdruck zu verleihen.

Auch wir kennen nur allzu gut den Kultus der Authentizität, die Hochschätzung, die zuweilen dem unmittelbaren Ausleben von Bedürfnissen und dem direkten und unverstellten Ausdrücken von Gefühlen entgegengebracht wird. Auch heute wird der gebildete und zivilisierte Mensch häufig als jemand angesehen, der sich seiner eigenen Natur entfremdet hat.

Hegel sagt nun: Ja, das ist ganz richtig, der Gebildete hat sich seiner Natur entfremdet. Das ist gerade das Wesen der Bildung, und es ist aber auch ihr Gutes. Hegel ist nämlich der Ansicht, dass ein Zusammenleben lauter ungebildeter Menschen äußerst unerquicklich wäre; denn dieses Zusammenleben erfordert gerade die Relativierung eigener Bedürfnisse, die Zurücknahme des eigenen Gefühlsausdruckes und die Rücksicht auf die Empfindungen der Anderen. Das alles kann nur der Gebildete, während »der Ungebildete [...] keine Reflexionen für die Empfindungen der Anderen hat« (Hegel 1969.7: 345; § 187 Z). Bildung bedeutet also, einen Abstand zur eigenen Natur zu haben. Diesen Abstand aber gewinnen wir nach Hegel gerade durch die wirtschaftliche Tätigkeit und Arbeit: In der Arbeit beschäftigen wir uns mit Gegenständen, die wir sowohl physisch als auch geistig durchdringen müssen. Die Arbeit stellt objektive Anforderungen an uns, die uns nötigen, unsere eigene Subjektivität, d. h. unsere Gefühle und Bedürfnisse zurückzustellen. Wir müssen in der Arbeit von der Sache her denken und unser Handeln danach ausrichten.

Die Arbeit reißt uns aus unserer Egozentrizität heraus. Sie fordert und ermöglicht es uns zugleich, Distanz zu uns selbst zu gewinnen. Beides gilt noch in anderer Bedeutung in der Marktwirtschaft. Hier muss man nicht nur von den Erfordernissen einer Sache her, sondern von den Perspektiven und Interessen anderer Marktteilnehmer her denken. Jeder muss sich stets das Folgende überlegen: Was können überhaupt meine Interessen in Bezug auf diese Anderen sein und was kann ich von ihnen wollen? Und weiter: in welchem Zusammenhang stehen die Interessen der Anderen mit den meinen? Wo gibt es Übereinstimmung, wo ergänzen sich diese Interessen und wo gibt es Konflikte? Gerade die Fähigkeit, diese Fragen zu beantworten, ist Bildung. Bildung ist also die Voraussetzung dafür, gemeinsame und gemeinschaftliche Interessen erkennen und die eigenen Interessen angemessen wahrnehmen zu können.

Wir halten fest: Die Bildung ist ein notwendiges Element der Teilnahme an einer entwickelten Marktwirtschaft, und zugleich ist die Bildung eine notwendige Voraussetzung, um überhaupt kompetent allgemeine Zwecke verfolgen zu können, d. h. das oben genannte zweite gemeinschaftsbezogene Recht zu erreichen. Damit betrachtet Hegel die Bildung unter einer doppelten Perspektive. Die eine, nächstliegende Perspektive ist die der selbstinteressierten Wirtschaftssubjekte. Für diese ist nämlich die Bildung nur ein Mittel, um die eigenen Zwecke erreichen zu können. Wer in mehr oder weniger weitgespannten Unternehmungen tätig ist, wird ohne umfassende Kenntnisse in wirtschaftlichen, rechtlichen, globalen und anderen Zusammenhängen kaum Erfolg haben. Die zweite Perspektive bezieht sich auf die Funktion der Bildung, die nicht in ihrem Charakter als Mittel für private Zwecke aufgeht. Diese Funktion haben wir oben schon angesprochen. In ihr ermöglicht die Bildung die Wahrnehmung des zweiten gemeinschaftsbezogenen Rechtes der Person, für einen allgemeinen Zweck tätig sein zu können. Denn diese Tätigkeit verlangt eine Einsicht in die übergreifenden Interessen des politischen Ganzen.

Die Funktion der Bildung ist darin allerdings noch nicht erschöpft; denn Hegel ist auch der Auffassung, dass die in der Marktwirtschaft erworbene Bildung eine unerlässliche Voraussetzung für den modernen Staat ist.

17.7 Hegels Staatsverständnis

Wir müssen an dieser Stelle einige erläuternde Bemerkungen zu Hegels Staatsphilosophie einfügen. Nach Hegels Tode haben ihn seine Nachfolger auf der Linken, die sogenannten Links- oder Junghegelianer (siehe oben Abschnitt 3.2) in den Ruf gebracht, ein »reaktionärer preußischer Staatsphilosoph« zu sein. Außerdem wird ihm vorgehalten, den Staat auf Kosten der Einzelnen absolut gesetzt zu haben. Wir halten die erste Meinung für unberechtigt und meinen, dass die zweite zwar ein gewisses Recht hat, aber keinen reaktionären Zug Hegels trifft, sondern eher etwas, das ein Echo des Pathos der Französischen Revolution ist. So hat Karl Marx (MEW 1: 383), der der hegelschen Rechtsphilosophie im Grunde wenig Sympathie entgegenbrachte, diese als Manifestation einer modernen liberalen Position verstanden. Wir glauben, dass Marx hierin Recht hatte. Hegels Staat ist eine konstitutionelle Monarchie mit rechtsstaatlichen Prinzipien einer gewählten Volksvertretung mit Gesetzgebungskompetenz und einer starken öffentlichen Meinung und freier Presse.[37] Wenn Hegel jedoch explizit die Demokratie als Verfassungsform verwirft, darf man das nicht missverstehen. Für Hegel – wie übrigens auch für Kant – meint Demokratie nicht die konstitutionell begrenzte, sondern die uneingeschränkte Volksherrschaft. Kant bezeichnete deshalb die Demokratie sogar als eine

---

[37] Vgl. dazu Petersen (1992).

Form des Despotismus. Die öffentliche Meinung hat – zu Kants und Hegels Zeiten – den Begriff der Demokratie vor allem mit der Schreckensherrschaft der Französischen Revolution in Zusammenhang gebracht.

Hegels Staatsphilosophie enthält eine Fülle von Einsichten. Er erkennt die große Bedeutung der Verwaltung und ihrer Beamten auch für die politische Willensbildung, und vor allem sieht er, dass eine parlamentarische Gesetzgebung und die öffentliche Meinung eine umfangreiche Bildung der Staatsbürger voraussetzen. Nur wer gebildet ist, kann sich wirklich an der Willensbildung beteiligen. Und ebenso verlangt das Durchsetzen von Normen und Gesetzen bei den Normadressaten viel Einsicht, Verständnis und sachliche Kompetenzen.

Aristoteles hat bemerkt, dass es den guten Bürger ausmacht, dass er sowohl gut regieren kann als sich auch gut regieren lässt. Beides setzt in einer modernen Marktwirtschaft und im modernen Staat Bildung voraus; denn die Lebensverhältnisse sind darin komplex. Das verlangt auf der einen Seite umfangreiche Sachkenntnisse bei den Regierenden und den Gesetzgebern. Auf der anderen Seite ist es auch ohne Sachkenntnis gar nicht möglich, Gesetze und Verordnungen adäquat zu befolgen. Bereits das Abgeben einer Steuererklärung verlangt heute umfangreiche Kenntnisse und das, was Hegel Bildung nennt. Und Bildung ist erst recht erforderlich für die Einsicht und das Begreifen politischer Entscheidungsvorgänge. Wenn also bei der Abstimmung im Bundestag über den Europäischen Stabilitätsmechanismus (ESM) im Sommer 2012 Abgeordnete nicht wissen, über welche Haftungssummen des Bundes sie abstimmen, wäre auch dies in Hegels Sinne ein Mangel an Bildung.

17.8 Wirtschaftspolitik nach Hegel

Der Staat ist eine Gemeinschaft seiner Bürger, der allgemeine und gegebenenfalls vernünftige Zwecke verfolgen kann. Kann der Staat aber solche Zwecke in Bezug auf die Wirtschaft verfolgen? Kann es für Hegel eine Wirtschaftspolitik geben? Wirtschaftspolitik ist kein Begriff aus Hegels Wortschatz, und auch Ausführungen zu dem, was wir Wirtschaftspolitik nennen, finden sich in Hegels Schriften nicht. Trotzdem lassen sich aus seiner Philosophie Leitlinien einer Wirtschaftspolitik im heutigen Sinne bestimmen.

Für die Wirtschaftspolitik sind demnach die vier oben in Abschnitt 17.5 erläuterten Rechte maßgeblich, welche Hegel den Individuen zuspricht, d. h. das Recht,

1. sein Wohl nach eigenen Gutdünken zu verfolgen,
2. dieses Wohl auch zu erreichen,
3. als Glied der Gesellschaft anerkannt zu sein und
4. zu einem allgemeinen Zweck beizutragen.

Deshalb ist es nicht die vordringliche Aufgabe der Wirtschaftspolitik, den Wohlstand stetig zu steigern oder ein ständiges Wirtschaftswachstum zu fördern. Schon des ersten Rechtes willen wird sich der Staat schwerwiegender Eingriffe in die Wirtschaft enthalten und insbesondere die marktwirtschaftliche Struktur unangetastet lassen. Insofern könnte man die sich aus Hegels Philosophie ergebende Wirtschaftspolitik als liberal bezeichnen.

Hegel erkennt jedoch ausdrücklich an, dass in der modernen Marktwirtschaft Tendenzen zur Ungleichheit der Einkommens- und Vermögensverteilung, wirtschaftliche Krisen und das Auftreten von Arbeitslosigkeit die Erfüllung des zweiten, dritten und vierten Rechtes in Frage stellen. Doch befürwortet Hegel keine offensive Umverteilungs- und Sozialpolitik des Staates, um diese gefährdeten Rechte zu gewährleisten. Er vertraut vielmehr auf die Selbstorganisation der wirtschaftlichen *Stände* und Korporationen. Die Korporationen können der Ungleichverteilung des Einkommens und Vermögens entgegenwirken, die Armut bekämpfen und die Folgen von Arbeitslosigkeit abmildern. Ebenso verbürgen sie ihren Mitgliedern Anerkennung und eröffnen ihnen die Möglichkeit, für einen allgemeinen Zweck tätig zu sein. Deswegen kann sich der Staat weitgehend auf eine zurückhaltende Aufsicht über die Wirtschaft und ihre Korporationen beschränken: »Freilich muss über dieser [der Korporation, die Verf.] die höhere Aufsicht des Staates sein, weil sie sonst verknöchern, sich in sich verhausen und zu einem elenden Zunftwesen herabsinken würde.« (Hegel 1969.7: 397; § 255 Zusatz) Hegel befürchtet also, die Korporationen könnten ihre institutionelle Macht zu weit ausdehnen und missbrauchen. Allerdings hält Hegel Regulierungen und eine bestimmte Beschränkung des Marktzugangs für sinnvoll und legitim (Hegel 1969.7: 396, § 254:). Entscheidend ist, dass es sich dabei um eine Selbstregulierung der Wirtschaft handelt. Überhaupt ist die Wirtschaftspolitik, die Hegel skizziert, im Wesentlichen indirekt, und sie setzt voraus, dass die Politik in der Wirtschaft schon Kooperationen und Organisationen als Ansprechpartner findet. Auf Marx und dessen Verhältnis zu Hegel werden wir in Kapitel 21 ausführlich eingehen.

Teil 3:

Unbehagen am Kapitalismus
und die Macht der Politik

Vorbemerkung

Wir haben in den Teilen 1 und 2 versucht, das komplexe Werk von Karl Marx aus philosophischer und ökonomischer Perspektive darzustellen. Für eine wirkliche Beurteilung des marxschen Werkes schien uns dies jedoch noch zu wenig. Denn die marxsche Perspektive auf die Wirtschaft und der marxsche Begriff der Wirtschaft sind in der Vielfalt ihrer Dimensionen solitär und deshalb in gewisser Weise unvergleichlich. Konfrontiert man daher Marx' Werk mit anderen Auffassungen von der Wirtschaft, so scheint ein Vergleich immer misslich, da der marxsche Horizont doch viel weiter ist als der des jeweiligen Widerparts. Nun meinen wir aber, dass die Wirtschaftskonzeption von Hegel einen solchen Vergleich in allen Stücken aushält, und deswegen wollen wir in Kapitel 21 die marxsche und hegelsche Auffassung von der Wirtschaft miteinander vergleichen.

Nun hat Hegel zwar ein systematisches Konzept der Philosophie entwickelt, das auch die Gegenstände der praktischen und politischen Philosophie integriert. Jedoch ist Hegels Analyse der modernen Wirtschaft weit weniger monolithisch als diejenige von Marx. Dies kommt vor allem darin zum Ausdruck, dass Hegel eine grundsätzliche Unabhängigkeit des Politischen und des Staates von der Ökonomie unterstellt und zugleich erwartet, gesellschaftliche Institutionen könnten in das Produktions- und Austauschgeschehen steuernd eingreifen. All dies verträgt sich schlecht mit Marx' Ansatz.

Rufen wir uns die Grundzüge dieses Ansatzes noch einmal in Erinnerung. Der Grundbegriff der marxschen Wirtschafts- und der Gesellschaftsanalyse ist der der Produktion. Alle wirtschaftlichen, gesellschaftlichen und politischen Strukturen sind Produktionsverhältnisse. Diese Produktionsverhältnisse oder auch Produktionsweisen entsprechen jeweils einem bestimmten Entwicklungsstand der Produktivkräfte, d. h. dem technischen Stand und der Organisation der materiellen Produktion. So entspricht die kapitalistische Produktionsweise einer hoch entwickelten »Maschinerie und großen Industrie«. Produktionsweise und Produktionsverhältnis bestimmen nach Marx auch die Distribution der produzierten Güter. Staat und Politik sind danach nur abhängige Elemente und Funktionen eines Produktionsverhältnisses.

Bevor wir in Kapitel 21 auf das hegelsche Konzept der Wirtschaft eingehen werden, wollen wir uns in den nächsten drei Kapiteln mit realen Entwicklungen der neuzeitlichen und modernen Wirtschaft befassen, nämlich einmal mit der wenige Jahre zurückliegenden letzten großen Finanzkrise 2008 (Kapitel 18), dann mit den von dem Ökonomen Thomas Piketty (2014) erforschten Verteilungen von Einkommen und Vermögen in modernen »kapitalistischen« Gesellschaften im 20. Jahrhundert (Kapitel 19) und schließlich mit den Reflexionen des Sozialhistorikers Fernand Braudel (1986) über die Entstehung der modernen Wirtschaft zwischen dem 15. und 18. Jahrhundert (Kapitel 20). In diesen drei Kapiteln wird sich zeigen, dass Marx' zentrale Basisannahmen aus empirischer Sicht fragwürdig sind. Das gilt insbesondere für die Rolle von Staat und Politik, die offenbar einen entscheidenden Einfluss auf das Wirtschaftsgeschehen und die Verteilung von Einkommen und Vermögen nehmen können.

In diesem Teil wird uns auch folgende Auffälligkeit beschäftigen: Sowohl Piketty wie Braudel beziehen sich explizit auf Marx. Doch während Marx immer nur von kapitalistischen Gesellschaften und kapitalistischer Produktionsweise spricht, reden Piketty und Braudel ganz selbstverständlich von »Kapitalismus«. Warum meidet Marx diesen Ausdruck, der schon seinen *Zeitgenossen* Louis Blanc und Pierre-Joseph Proudhon (Braudel, Band 2,1986: 254) geläufig gewesen ist? Wie wir sehen werden, handelt es sich hier nicht nur um eine façon de parler. Vielmehr verbergen sich in diesem unterschiedlichen Sprachgebrauch – bei Braudel sogar grundlegende – Differenzen im Verständnis der Wirtschaft.

18. Marx und die gegenwärtige Finanzkrise

18.1 Die Finanzkrise als Bestätigung der marxschen Kapitalanalyse?

Im Jahre 2007 entstand in den USA, ausgelöst durch zahlreiche notleidende Immobilienkredite, eine Finanzkrise, die ein Jahr später durch den Zusammenbruch der Bank Lehmann Brothers Inc. die ganze industrialisierte Welt erfasste. Um einen Kollaps des Bankensystems zu verhindern, haben zahlreiche Staaten mit großem finanziellem Einsatz bedrohte Banken gestützt. Das führte zu einem weiteren Anstieg der Staatsschulden, insbesondere in den USA und Europa. Diese Entwicklung löste in Europa eine Staatsschuldenkrise, die sogenannte Eurokrise aus.

In der öffentlichen Wahrnehmung wurde die Krise durch die hemmungslose Gewinnsucht von Banken und anderen Finanzinstituten wie Hedgefonds und Versicherungen, deren Mitarbeiter sowie von Kapitalanlegern verursacht. Diese Akteure gingen profitable, jedoch hochriskante Geschäfte ein und belohnten ihre Mitarbeiter mit exorbitanten Bonuszahlungen.[1] Dass diese Finanzakteure, als sie in ernste Schwierigkeiten gerieten, durch staatliche Gelder »gerettet« wurden, wurde weithin als eine »Umverteilung von unten nach oben« interpretiert. Die Staaten erschienen als Handlanger des Großkapitals.

Die Marxrenaissance, die bereits seit dem Ende des sozialistischen Regimes in Osteuropa zu beobachten war, bekam durch die Finanzkrise neuen Auftrieb, denn diese Krise schien die marxschen Diagnosen der kapitalistischen Wirtschaft eindrucksvoll zu bestätigen. Wenn man nämlich nicht den schlechten Charakter und die hemmungslose »Gier« von Bankern für

---

[1] »The average salary, including bonus, of a Goldman Sachs employee exploded at the end of the first decade of the millennium to 600000 Dollars. […] In 2011, Goldman Sachs reported of 4 billion dollars [earnings, die Verf.], the average salary was less-than expected 367000 Dollars and there was talk of great disappointment.« (Lachowski 2012: 193)

die Krise verantwortlich machen wollte, so ließ sie sich doch offenbar gut auf den von Marx diagnostizierten Selbstvermehrungstrieb des Kapitals zurückführen. Dieser Selbstvermehrungstrieb, so hatte Marx dargelegt, ist in einem Produktionsverhältnis begründet und institutioneller oder struktureller Natur. Die Gier der Finanzakteure ließ sich dann gut als eine »Charaktermaske« dieses anonymen Triebes verstehen. Marx hatte im dritten Band des *Kapital* festgestellt, dass in der Finanzwirtschaft »das Kapitalverhältnis seine äußerlichste und fetischartigste Form« (MEW 25: 404) erreicht habe. »Der sich selbst verwertende Wert« wird »Geld heckendes Geld«: »Das gesellschaftliche Verhältnis ist vollendet als Verhältnis eines Dings, des Geldes, zu sich selbst.« (ibid.: 405) Im »zinstragenden Kapital«, so hieße das, ist der »sich selbst verwertende Wert« ganz bei sich selbst, da dieses sich anscheinend direkt vermehrt, ohne den Umweg über die materielle Produktion zu nehmen. Und der Vermehrungstrieb des Wertes oder des Geldes hatte doch offenbar die globale Krise herbeigeführt. Vor dem Hintergrund des marxschen Wert- und Kapitalbegriffs konnte man die 2007 beginnende Finanzkrise als den Auftakt einer finalen Krise des Kapitalismus interpretieren.[2] Zugleich schien sich die marxsche Einschätzung des Staates zu bestätigen: In der »Bankenrettung« hatte sich der Staat offenbar als »ideeller Gesamtkapitalist« (MEW 20: 260) erwiesen.

18.2 Eine kurze Geschichte der Finanzkrise

Anders als die verbreitete Sicht, die Finanzkrise von 2007 sei als der Auftakt einer finalen Krise des Kapitalismus zu interpretieren, die die Prognosen von Marx bestätige, sind wir der Auffassung, dass die Finanzkrise nicht die Stärken, sondern im Gegenteil die Schwächen der marxschen Analyse offenlegt. Das zeigt

---

[2] Zu dieser Meinung neigt etwa Graeber (2012) und auch Ferguson (2012) stellt sich eine solche Frage, wenn auch aus ganz anderen Gründen.

sich, wenn man die Finanzkrise einmal näher betrachtet.[3] Der Auslöser für die Krise war die extreme Erhöhung des amerikanischen Diskontsatzes (primary rate) der Federal Reserve Bank New York (FED) von 2 % am 25.06.2003 auf 6.25 % am 29.06.2006 (Labonte und Makinen 2008: 2),[4] aber andere Faktoren haben die Folgen wesentlich vergrößert. Einer dieser Faktoren war die großzügige Vergabe sogenannter »Subprimekredite« für Immobilien. Subprimekredite sind Kredite, bei denen nicht die üblichen »prime«-Bedingungen gelten. An die Bonität des Schuldners wurden wesentlich geringere Anforderungen durch die Kreditgeber gestellt, insbesondere benötigten die Kreditnehmer kein Eigenkapital. Außerdem konnte die Kreditsumme den Wert des Hauses bis zu 20 % übersteigen, so dass die Kreditnehmer mit dieser Summe nicht nur das neue Haus, sondern auch dessen neue Einrichtungen kaufen konnten. Um möglichst viele Immobilienkäufer zum Abschluss eines solchen Kreditvertrages zu bewegen, gewährten die Kreditgeber in den ersten Jahren niedrige Zinsen.

Hinter dieser großzügigen Kreditvergabe standen aber nicht nur Geschäfts- und Gewinninteressen der Banken, sondern vor allem politische Entscheidungen. Zum einen drängte der Staat auf die Vergabe von Subprimekrediten an einkommensschwache Personen, um möglichst vielen Bürgern den Erwerb eines eigenen Hauses zu ermöglichen.[5] Zum anderen ermöglichte die FED durch ihre Politik des billigen Geldes

---

[3] Ausführliche Darstellungen der Geschichte der Finanzkrisen geben Kindleberger und Aliber (2005) sowie Reinhart und Rogoff (2011). Die gegenwärtige Finanzkrise wird ausführliche aus unterschiedlichen Perspektiven behandelt von Sarrazin (2012), Sinn (2012) sowie Admati und Hellwig (2013). Eine knappe Darstellung geben Bernholz, Faber und Petersen (2009).
[4] Gegenwärtig (2013) bewegen sich die Diskontraten in den USA und in der Eurozone unter 1 %, was seinerseits extrem niedrig ist.
[5] Die Politik, einkommensschwache Schichten zu Hausbesitzern zu machen, sollte sozial ausgleichend wirken. Wenn ein solcher Ausgleich nicht durch eine Erhöhung der Löhne erfolgen musste, ließ die Wettbewerbsposition der amerikanischen Wirtschaft sich besser behaupten. Bei dieser

jahrelang günstige Zinsen. Da die Preise der Immobilen in den letzten zwei Jahrzehnten vor dem Ausbruch der Krise im Jahre 2007 ununterbrochen gestiegen waren, wurden allgemein weitere Preissteigerungen erwartet. Die großzügige Vergabe von Subprimekrediten erschien daher als ein vergleichsweise sicheres Geschäft, da die Kredite ja durch die zu erwartenden weiteren Wertsteigerungen der Immobilien gesichert zu sein schienen.

Die Kreditvergabe wurde nicht zuletzt durch neue Finanzinstrumente erleichtert. Die Banken gingen dazu über, Kredite in Schuldverschreibungen zu verbriefen und diese Schuldverschreibungen dann weltweit zu verkaufen. Dabei wurden Kredite unterschiedlicher Bonität gebündelt. Eine solche Bündelung ist als ein Instrument der Risikoabsicherung grundsätzlich sinnvoll. Wird nämlich einer der Kredite notleidend, d. h. kann er von dem jeweiligen Schuldner nicht mehr bedient werden, so hat man gute Chancen, dass die übrigen Kredite in dem entsprechenden Bündel dies nicht tun und Verluste sich begrenzen lassen. Die Verbriefung und der Verkauf von Kreditverträgen brachte den Banken neues Geld und damit die Möglichkeit, weitere Kredite zu vergeben. Derartige Schuldverschreibungen werden als CDOs (Collateralized Debt Obligations) bezeichnet, deren Komplexität noch einmal gesteigert wurde zu sogenannten RMBS (Residential Mortgage-Backed Securities) »mit mit Hypotheken auf Privatimmobilien besicherten Wertpapieren besicherte Schuldverschreibungen«[6] (Ferguson 210: 242).

Im Laufe der Zeit wurden nun zahlreiche Subprimekredite notleidend, und zwar vor allem dann, als die Phase der billigen »Lockzinsen« vorbei war. Mit höheren Zinsen konnten viele Schuldner ihre Kredite nicht mehr bedienen. In dieser Situation

---

Politik spielt jedoch sicher auch eine große Rolle, dass sich die USA als eine »Hausbesitzerdemokratie« (Ferguson 2010: 215) verstehen.

[6] Es geht also um Schuldverschreibungen, die mit Wertpapieren besichert sind, welche Wertpapiere ihrerseits wiederum mit Hypotheken auf Privatimmobilien besichert sind.

erwies sich nun überdies die Sicherung der Kredite aufgrund des amerikanischen Haftungsrechts als unzureichend. Nach diesem Recht nämlich haftet der Kreditnehmer nur mit der Immobilie, nicht aber mit anderen Vermögenswerten oder mit seinem Einkommen. Er konnte seiner Verpflichtungen einfach ledig werden, indem er aus seinem Haus auszog und den Hausschlüssel seiner Bank mit der Post zusandte. Weil auf diese Weise viele Kreditnehmer ihre Häuser an die Banken zurückgaben, kam es zu einem Überangebot auf dem Immobilienmarkt. Die Preise für Häuser fielen. Alle Banken gerieten nun in Schwierigkeiten, die Kredite hielten oder CDOs in ihren Depots hatten, welche ebenfalls einen erheblichen Wertverlust erlitten. Hieraus entstand die internationale Bankenkrise: Banken drohten, insolvent zu werden und waren nicht mehr bereit, sich untereinander Geld zu leihen. Ein Kollaps des gesamten Bankensystems schien möglich. Die Staaten sahen sich daher gezwungen, das Bankensystem durch Bereitstellung großer Geldmittel zu stützen.

18.3 Was kann Marx nicht sehen?

Aus unserer Sicht sind dabei drei Dinge von entscheidender Bedeutung.

(i) Die Politik spielt in diesem Geschehen eine autonome Rolle und hat sogar die Initiative: Sie ist ein Antreiber dieses Prozesses.

(ii) Der Zins und die Bedingungen der Kreditvergabe haben eine allokative Funktion, d.h. sie haben einen entscheidenden Einfluss darauf, wie wirtschaftliche Ressourcen verwendet und welche Investitions- und Produktionsentscheidungen getroffen werden.

(iii) Im Laufe der Entwicklung vor dem Ausbruch der Krise spielen neuartige Finanzinstitute (z.B. Hegefonds) und Finanzinstrumente (z.B. Verbriefungen) eine Rolle. Diese Institute und Instrumente werden oft verdächtigt, ein im Grunde betrügerisches Handeln zu maskieren, d.h. sie erscheinen dann nur als Instrumente, mit denen sich Gewinne auf Kosten anderer machen lassen. Man kann nicht bestreiten, dass diese komplexen Instrumente dazu benutzt worden sind, da man gerade auf ihre Undurchschaubarkeit vertraute. Doch das darf nicht übersehen lassen, dass der Sinn dieser Instrumente in Effizienzgewinnen und Risikoabsicherungen liegt. Diese Instrumente haben ebenso wie der Zins eine allokative Funktion. Verdeutlichen kann man sich das an einem klassischen Finanzinstrument, nämlich dem der Versicherung. So wurde der umfangreiche Seehandel der Niederlande im 17. Jahrhundert erst dadurch möglich, dass die Kaufleute die Möglichkeit bekamen, ihre Schiffe und deren Ladung gegen Schiffbruch, Sturm und Seeräuberei zu versichern (vgl. Ferguson 2010:115–123).

Alle diese drei Punkte, die in der Finanzkrise eine entscheidende Rolle spielen, können von einem Ansatz her, wie ihn Marx formuliert, nicht richtig gesehen werden.

Zu (i). Die Dominanz, die Marx dem Ökonomischen einräumt, führt, wie wir gesehen haben, zu einer unzureichenden Staatstheorie (siehe oben Abschnitt 9.1). Für Marx ist der Staat in den wenigen spärlichen Formulierungen, die sich bei ihm finden, nur ein Agent der Bourgeoisie oder der Kapitalistenklasse. Doch auch wenn man Marx, wie Jon Elster (1986), eine Auffassung des Staates zubilligt, in der der Staat als autonomer Akteur gesehen wird, ist damit die Rolle der Politik in der gegenwärtigen Finanzkrise nicht zu erfassen. Denn auch in dieser »staatsfreundlicheren« Auffassung ist die Ökonomie nur eine Beschränkung für den Staat, nicht aber ein Bereich, den der Staat beeinflussen kann; er kann daher in der Wirtschaft keine eigenen Ziele verfolgen oder das wirtschaftliche Geschehen beeinflussen.

Zu (ii). Dass Marx die beiden anderen oben genannten Faktoren, nämlich die allokative Funktion des Zinses und die Rolle von Finanzinnovationen nicht in den Blick bekommt, hängt mit der Produktionslastigkeit seines Ansatzes zusammen. In diesem Ansatz ergeben sich allokative Entscheidungen nur aus dem Fortschritt der Produktivkräfte oder der Technologie, kurz aus dem technischen Fortschritt. Die Kapitalisten investieren dort, wo die Technologie am fortgeschrittensten ist und die höchsten Profite zu erwarten sind. Der technische Fortschritt ist ein wichtiger Faktor für Investitionsentscheidungen, aber er ist nicht der einzige. Die Sache wird nun dadurch kompliziert, dass die Kapitalisten als Eigentümer der Produktionsmittel das Kapital, das sie investieren wollen, nicht zur Gänze zur Verfügung haben. Sie müssen sich einen Teil des zu investierenden Kapitals leihen, nämlich bei Besitzern großer Vermögen oder bei Akteuren, die über Ersparnisse verfügen. Diese Besitzer von Geldkapital verleihen ihr Geld gegen einen Zins.

Doch welche Höhe hat dieser Zins? Abgesehen von der Feststellung, dass »die Durchschnittsrate des Profits als die endgültig bestimmende Maximalgrenze des Zinses zu betrachten« ist, (MEW 25: 372; MEGA II/15: 351) glaubt Marx, über die Höhe des Zinses lasse sich wissenschaftlich nichts sagen: »Die Minimalgrenze des Zinses ist ganz und gar unbestimmbar.« (MEW 25: 370)[7]

Zu diesem Schluss kommt Marx ohne große Umstände. Er hält sich mit der Frage nach der Höhe des Zinses vermutlich deshalb nicht lange auf, weil sie in seinen Augen nur von nebensächlicher Bedeutung ist. Denn Marx hat keinen Blick für eine mögliche allokative Funktion des Zinssatzes. Diese Funktion wird aber wesentlich von der Höhe des Zinses bestimmt. Marx schreibt dem Zins nur eine distributive Funktion zu. Der Zins bestimme nur, welchen Anteil des Profits den Besitzern von Geldkapital zufällt: »Es ist in der Tat nur die Trennung der Kapitalisten in Geldkapitalisten und industrielle Kapitalisten, die einen Teil des Profits in Zins verwandelt, die überhaupt die Ka-

---

[7] Die herkömmliche Kapitaltheorie zeigt, dass diese Behauptung nicht zutrifft; vgl. dazu die Literaturhinweise in Abschnitt 8.2. – Marx' Fehleinschätzung beruht auf dem Umstand, dass er nur die Nachfrage von Unternehmern nach Kapital berücksichtigte und nicht das Angebot an Kapital durch die Sparer und andere Geldanleger.

tegorie des Zinses schafft; und es ist nur die Konkurrenz zwischen diesen beiden Sorten Kapitalisten, die den Zinsfuß schafft.« (MEW 25: 383; MEGA II/15: 361) Im marxschen Ansatz hat die Höhe des Zinses also mit der Investitionsentscheidung selbst gar nichts zu tun. Die Höhe des Zinses gibt nur eine Art Kompromiss an, wie die beiden Kapitalisten»sorten«, die Unternehmer und Geldkapitalisten, sich den aus der Investition entstandenen Profit teilen. Was dabei nicht in den Blick kommt, ist, dass die Bereitschaft, Geld zu verleihen, an Bedingungen geknüpft ist. Profitable Investitionen können so unterbleiben, weil der geforderte Zins zu hoch ist. Der Grund dafür liegt in der Bedürfnisstruktur der Geldkapitalisten. Diese ist in der Regel durch Minderschätzung zukünftigen Konsums gekennzeichnet. Minderschätzung zukünftigen Konsums bedeutet kurz gesagt: man will eine Einheit eines Konsumgutes lieber heute als morgen haben. Der Zins, den man dafür verlangt, ist der Preis dafür, dass man in der Gegenwart auf den Konsum verzichtet. Der Zinssatz hängt damit von Präferenzen oder eben von den Bedürfnissen ab. Bedürfnisse sind jedoch in sich komplex und spielen eine autonome Rolle bei der Entwicklung der Wirtschaft. Diese Rolle wird bei Marx verkannt, der zu der Meinung neigt, Bedürfnisse seien selbst entweder naturgegeben oder Resultat einer Produktion oder »Erzeugung« (vgl. MEW 3: 28; siehe auch oben Abschnitt 8.1).

Zu (iii). Für Marx ist der Finanzsektor eine im Grunde parasitäre Erscheinung; er reduziert sich im Wesentlichen auf die Verleihung von Geld gegen Zins und hat nur die Funktion, die Geldkapitalisten an dem in der Produktion erwirtschafteten Mehrwert zu beteiligen: »Qualitativ betrachtet ist der Zins Mehrwert.« (MEW 25: 390) Pointiert könnte man sagen, dass die marxsche Perspektive auf das Kreditwesen in den Grenzen der aristotelischen Auffassung vom Zinswucher bleibt. Marx hält das Finanzwesen für unproduktiv, und der Geldverleiher schneidet sich nur einen Teil des Profits des Kapitalisten ab. Wie der Zinswucher des Aristoteles ist auch der Geldverleih bei

Marx ein Nullsummenspiel, in dem Gewinne der einen nur mit Verlusten der anderen erkauft sind.

In seinem Buch *Das Finanzkapital* (1910/1973), das auf marxschen Kategorien aufbaut und manchmal sogar als »der vierte Band des marxschen *Kapital* bezeichnet worden« (Hilferding 1973: 5) ist, analysiert Rudolf Hilferding, wie der Finanzsektor die Konzentration des Kapitals befördert. Diese Wirkung des »Kreditwesens« hatte Marx im *Kapital I* auch schon gesehen, ihr jedoch nur wenige Zeilen gewidmet. Immerhin sieht Marx darin »eine ganz neue Macht«, die »bald eine neue und furchtbare Waffe im Konkurrenzkampf wird und sich schließlich in einen ungeheuren sozialen Mechanismus zur Zentralisation der Kapitale verwandelt« (MEW 23: 655).[8] Doch sowohl bei Marx[9] als auch bei Hilferding werden wichtige Funktionen des Finanzsektors nicht gesehen. Insbesondere bleibt die schon da-

---

[8] »Konkurrenz und Kredit« sind »die beiden mächtigsten Hebel der Zentralisation« (ibid.).

[9] Marx' Ansatz ist als ganzer produktionslastig, wie oben erwähnt. Daher rührt nicht nur eine Unterschätzung der Eigendynamik der Bedürfnisentwicklung, sondern wohl auch eine systematische Unterschätzung des Finanzsektors und der Funktion, die der Finanzsektor für den Bereich der Realwirtschaft hat. Für diese Vermutung spricht, dass sich Marx nur sehr kursorisch über das Finanz- und Kreditwesen äußert. Die Abschnitte über das *zinstragende Kapital* im dritten Band des *Kapitals* sind aus fragmentarischen Äußerungen von Marx hervorgegangen, die der Herausgeber Engels zusammengestellt hat.
In diesem Punkt sind auch die Beiträge im *Compendium on Marxian Economics*, das in der Regel eine wohlwollende Haltung gegen Marx einnimmt, recht kritisch: »Yet what we inherit from Marx comes in part as a set of disorganised notes and references to others' work on finance, these then reorganized by Engels in Capital III. Foundational as his ideas are, the dynamics of finance have become more developed and complex than in Marx's time.« (Marols 2012: 138) Der Autor stellt weiter fest, dass auch nach Marx keine wesentlichen Einsichten zur Finanzwirtschaft aus marxistischer Perspektive gewonnen wurden: »Unlike many other aspects of Marxism, there have been relatively few elaborations of the theory of finance from a Marxist perspective, and these have failed to keep up with material developments themselves.« (ibid.)

mals zu beobachtende Entstehung immer neuer Finanzinstitutionen und Finanzprodukte weitgehend unbemerkt, sieht man einmal von Hilferdings Würdigung der Aktiengesellschaft ab (ibid.: 136–172).

Die Funktionen des Finanzsektors (einschließlich des Versicherungssektors) bestehen einmal in der Entscheidung, welche Investitionsprojekte Kapital erhalten und somit durchgeführt werden können. Weiter leistet der Finanzsektor eine Verteilung der Risiken und trägt damit zur Reduzierung der Unsicherheit bei. Unsicherheit ist zunächst eine Unsicherheit der Natur (so beeinflussen Wetterbedingungen den Agrarmarkt), es gibt Unsicherheiten aber auch auf den Rohstoffmärkten, durch Schwankungen der Wechselkurse etc. Schließlich sind auch die wechselnden und sich wandelnden Bedürfnisse eine Quelle der Unsicherheit.

All dies sind Dinge, die bei Marx keine wirkliche Rolle spielen. Nicht zu vergessen ist in diesem Zusammenhang, dass die Versicherung gegen Risiken selbst allokative Wirkungen hat; denn sie ermöglicht, dass profitable, aber riskante Unternehmungen, etwa im Übersee- oder ganz allgemein im Außenhandel, sowie industrielle Produktionen mit großen Betriebsgefahren durchgeführt werden, die sonst unterbleiben würden.

Die Entwicklung des Finanzsektors kann, wie der Wirtschaftshistoriker Niall Ferguson (2010: 308–317) darlegt, als ein evolutionärer Prozess verstanden werden. In diesem Prozess bilden sich, wie Ferguson zeigt, immer neue Funktionen heraus, die auf wechselnde Bedürfnisse reagieren und auch Entwicklungen der Produktion entscheidend beeinflussen. Illustrieren kann diese Beobachtung die Entstehung moderner Aktiengesellschaften in Deutschland, die ganz wesentlich die große Dynamik der deutschen Wirtschaft in der zweiten Hälfte des 19. Jahrhunderts bestimmt hat. Denn durch diese Gesellschaftsform wurde es möglich, das für die großen Investitionen erforderliche Kapital bereitzustellen. In heutiger Zeit wären die Entstehung von Pensions- und Hedgefonds zu nennen, aber auch die Herausbildung immer neuer komplexer Finanzinstrumente (wie Derivate und

Zertifikate). Aus diesem Grund hält Ferguson die Konzentrationstendenzen im Finanzsektor zwar für unübersehbar, sie scheinen ihm aber weit weniger bedeutsam als die Entstehung immer »neuer Typen von Finanzinstitutionen« (ibid.: 312).

Die Evolution der Finanzinstitutionen und -instrumente ist nach Ferguson ein Prozess, in dem nur wenige dieser Institutionen und Instrumente überleben. Und im Ganzen hält Ferguson diese Evolution für ein erfreuliches Phänomen, das maßgeblich zur Effizienz der Wirtschaft und zu Sicherheit vor Krisen beigetragen hat. Man muss sich dieser vorteilhaften Sicht des Finanzsektors nicht anschließen. Man kann auch geltend machen, dass die neuen Finanzinstitutionen und -instrumente auch das Gegenteil bewirken können. In beiden Fällen aber haben sie allokative Wirkungen, die in einer marxschen Perspektive nicht gesehen werden können.

In der gegenwärtigen Finanzkrise haben aber vor allem die neuen, komplexen Finanzinstrumente eine große Rolle gespielt. Das zeigt zwar, dass diese Instrumente in ihrer Komplexität und ihrer Tendenz, eine immer größere Verflechtung der Banken (interconnectedness) zu fördern, große Gefahren in sich bergen (Admati und Hellwig 2013). Doch weil der marxsche Ansatz die eigentliche Funktion solcher Instrumente nicht in den Blick bekommen kann, bietet er auch keine Einsicht in ihre gefährlichen und im Extremfall desaströsen Wirkungen. Das bedeutet: Aus dem marxschen Ansatz ergibt sich weder eine solide Strategie, wie die Krisen der kapitalistischen Wirtschaft und ihres Finanzsektors überwunden werden können, noch leistet dieser Ansatz eine adäquate Diagnose.

Ist die marxsche Perspektive auf die Finanzkrise also vollkommen wertlos? Das wird man so nicht sagen können. Was die vielfach zitierte Gier der Banken, der Anleger und sogar der kleinen Sparer angeht, kann Marx ein gutes Korrektiv gegen den Moralismus mancher Debatten bieten. Schon Aristoteles war ja aufgefallen, dass alle, die sich mit Geldgeschäften befassen, ihren Reichtum ins Unermessliche vermehren wollen. Aristoteles bemerkt also, dass die Pleonexia in einer spezifischen

Weise mit dem Geld zusammenhängt und sich vornehmlich auf das Geld richtet. Im Grunde stößt Aristoteles darauf, dass zwischen der Pleonexia und dem Geld eine intime Beziehung besteht. Die Pleonexia ist kein Laster, zu dem die Menschen im Allgemeinen mehr oder weniger neigen, sondern eines das bestimmte institutionelle Bedingungen hat. Die Frage, warum Menschen Gier oder Habsucht entwickeln, ist daher eine Frage nach den institutionellen Bedingungen solcher Dispositionen. Und Marx hat eine solche Antwort gegeben, selbst wenn die nicht in jeder Beziehung zu überzeugen vermag. In jedem Fall lehrt er uns, plötzlich endemisch auftretende Gier nach Geld als ein sekundäres, seinerseits zu erklärendes Phänomenen zu sehen.

Weiterhin haben wir oben die Tendenz zur Konzentration angesprochen. Dieser Tendenz schenkt Ferguson nur geringe Aufmerksamkeit. Doch sie ist ein klassisches Thema der marxschen und der marxistischen Kapitalanalyse. Die Probleme, die sich aus der Konzentration von Banken ergeben, sind freilich keinesfalls gering zu schätzen (vgl. z. B. Admati und Hellwig 2013). Denn sie erhöhen den Druck auf Staaten, große Banken vor der Insolvenz zu bewahren, und machen die staatliche Politik erpressbar.

Im Übrigen bleiben noch drei Punkte, zu denen Marx' Analyse möglicherweise noch etwas beizutragen hat, nämlich die Rolle des Staates, das Verhalten der Banken und die Einkommensverteilung.

1. Wir kommen zunächst zur Rolle des Staates. Aus marxscher Perspektive kann der Staat nichts anderes tun, als den Interessen des Kapitals, in diesem Fall den Interessen der Banken und der Anleger, zu dienen – zumindest kann er diesen Interessen nicht zuwiderhandeln. Für diese Auffassung scheint nun in der Tat einiges zu sprechen. Der Finanzsektor hat auf die Politik einen erheblichen Einfluss. Sowohl bei der Aufstellung von Regeln wie bei der faktischen Regulierung sind die Akteure des Finanzsektors maßgeblich beteiligt, und sie haben offenbar einen privilegierten Zugang zur Politik; in Fragen der Finanz-

politik haben sie in besonderer Weise das Ohr des Machthabers (Schmitt 1973: 437–439; Admati und Hellwig 2013: 190 ff.). Dieser privilegierte Zugang wird durch die Neigung der Politiker erleichtert, die Aufgabe der Banken vor allem in der Staatsfinanzierung zu sehen (Admati und Hellwig 2013: 200–204). Man kann daher mit einem gewissen Recht von einem »staatlich-finanzindustriellen Komplex« sprechen. Dies alles verleiht der marxschen Staatsauffassung eine gewisse Plausibilität und macht sie suggestiv. Doch dieser Suggestivität gilt es gerade durch eine solide polit-ökonomische Analyse (ibid.) zu widerstehen.

2. Banken werden auf Kosten der Staatshaushalte und damit der Steuerzahler »gerettet«, während gleichzeitig exorbitante Boni an Bankmitarbeiter und ähnliches gezahlt werden. Das verstärkt die Ungleichverteilung von Einkommen. Diese Tendenz wird weithin als ungerecht empfunden. Ist dies nicht eben das, was die marxsche Kapitalanalyse voraussagt? In der Tat entwickelt *Das Kapital* die These, dass bei zunehmender Produktivität der Lohnanteil des erwirtschafteten Reichtums gegenüber dem Anteil des vom Kapitalisten angeeigneten Mehrwertes immer weiter zurückgeht. Doch ist daran zu erinnern, dass Marx keine Grundlage bietet, bestimmte Einkommensverteilungen als ungerecht zu kritisieren. Im Gegenteil hat er Forderungen nach einer gerechteren Verteilung in einer kapitalistischen Wirtschaft als ungereimt zurückgewiesen. In der kommunistischen Gesellschaft dagegen, so seine Erwartung, werde das Problem der Gerechtigkeit ohnehin verschwinden. Auch ist die Behauptung, die Tendenz zu einer immer größeren Ungleichverteilung sei unausweichlich, nicht überzeugend. Sie kann aber dazu verleiten, eine polit-ökonomische Analyse der Faktoren zu unterlassen, die zu dieser Ungleichverteilung führen. Einen solche Analyse kann zeigen, dass es in einer kapitalistischen Marktwirtschaft keinen unumkehrbaren Trend zu immer größeren Ungleichverteilung geben muss (Admati und Hellwig 2013; Stiglitz 2010)

3. Eine ähnlich problematische Suggestion übt Marx auch auf die populäre Kritik der Banken aus. Wenn oft gesagt wird, die Banken erfänden neue und komplexe Finanzinstrumente, um Anleger und Sparer über Risiken zu täuschen und dadurch ihren Gewinn zu steigern, dann bietet die marxsche Perspektive diesem Argument Unterstützung. Gerade weil in dieser Perspektive die allokative Funktion dieser Instrumente nicht zu erkennen ist, können diese Instrumente nur als Mittel erscheinen, durch die die »Geldkapitalisten« sich einen größeren Anteil des von den Industriekapitalisten erwirtschafteten Profits verschaffen.[10]

19. Das Kapital im 21. Jahrhundert: Thomas Piketty

Die Betrachtung der Finanzkrise im vorigen Kapitel hat Beschränkungen des marxschen Ansatzes aufgezeigt – einerseits in Hinsicht auf die Einschätzung der wirtschaftlichen Bedeutung des Finanzsektors. Auf der anderen Seite fällt die eigenständige Rolle ins Auge, welche die Politik in dieser Finanzkrise gespielt hat. Die Bedeutung der Politik wird von Marx, wie wir in Kapitel 10 dargelegt haben, nicht nur akzidentiell, sondern systematisch unterschätzt. Das zeigt Pikettys Buch *Das Kapital im 21. Jahrhundert*, in dem deutlich wird, welchen Einfluss die Politik auf das wirtschaftliche Geschehen und im Besonderen auf die Verteilung von Einkommen und Vermögen nimmt.

Dass Thomas Piketty in seinem Buch Karl Marx besondere Aufmerksamkeit schenkt, zeigt schon dessen Titel. *Das Kapital im 21. Jahrhundert* ist eine deutliche Reverenz vor dem marx-

---

[10] Dieses Kapitel wurde vorab am 7.10.2013 im FAZ-Blog veröffentlicht. Darauf wurden mehrere Kommentare von Lesern ins Netz gestellt. Zu diesen haben wir am 21.12.2013 summarisch Stellung genommen; siehe Faber und Petersen (2013) http://blogs.faz.net/fazit/2013/10/07/karl-marx-und-gegenwaertige-finanzkrise-2734/

schen Hauptwerk *Das Kapital,* und Piketty knüpft an einige zentrale Thesen von Marx an, auch wenn der Charakter seines Buches sich deutlich von dem seines Vorbildes unterscheidet.

19.1 Charakterisierung des Buches
Das Kapital im 21. Jahrhundert

Das marxsche Kapital stellt, wie wir in Teil 1 unseres Buches dargelegt haben, einen ganz neuen philosophisch-ökonomischen Ansatz dar, der eine Kritik der klassischen Wirtschaftswissenschaft mit einem umfassenden Begriff von Ökonomie, Wirtschaft, Gesellschaft und Politik verbindet und der sich zugleich als integrales Moment einer revolutionären Transformation der kapitalistischen Gesellschaftsform versteht. Man kann diesen Ansatz in einem heute geläufigen Sinne als hybrid bezeichnen, insofern als er mehrere Dimensionen von Philosophie, Wissenschaft insbesondere Ökonomie und praktischer Gesellschaftskritik zu integrieren sucht.

Mit dem Titel seines Buches stößt Piketty den Leser geradezu auf Marx. Gemessen an dem anspruchsvollen marxschen Vorhaben nimmt sich Pikettys Werk indes eher konventionell aus. So ist seine Theorie des Wirtschaftswachstums auf dem Stand der siebziger Jahre der herkömmlichen Wirtschaftstheorie, der Neoklassik. Auch entwickelt Piketty anders als Marx keine umfassende Theorie der Wirtschaft und lässt auch die von Marx als so bedeutsam hervorgehobene Sphäre der Produktion als solche unbeachtet.[11]

Die eigentliche Leistung Pikettys liegt im Bereich der Empirie. In seinem Buch widmet sich Piketty einer systematischen und umfassenden Untersuchung eines von den Wirtschaftswissenschaften meist stark vernachlässigten Gebietes, der Entwick-

---

[11] Überwiegend kritisch zu Pikettys theoretischem Ansatz sind mehrere Beiträge in dem Buch von Fullbrook und Morgan (2014), siehe insbesondere den Aufsatz von Lars Pålsson Syll.

lung der Einkommens- und Vermögensverteilung. Dies tut er differenziert und unter Verwendung der heute verfügbaren statistischen bzw. ökonometrischen Methoden.

Gegenstand des Buchs sind die Entwicklungen der Einkommens- und Vermögensverteilung vor allem in den USA, England, Frankreich und Schweden sowie in eingeschränktem Rahmen auch in Deutschland. Der Zeitraum umfasst teils die Spanne von über 300 Jahren, der Schwerpunkt seiner Forschung liegt jedoch auf den letzten 100 Jahren. Die Basis der Untersuchung bildet eine systematische Analyse von Steuerdaten, was man angesichts der großen Datenmenge durchaus als Pionierleistung bezeichnen kann. Hierbei achtet Piketty nicht nur auf die Verteilung von Einkommen und Vermögen überhaupt, sondern auch auf das Verhältnis von Nationaleinkommen und Kapitalstock (Kapital-Einkommens-Verhältnis) sowie das Verhältnis von Kapital und Arbeitseinkommen. Er diagnostiziert folgende Tendenzen:

- Die Zeit vor 1914, die sogenannte Belle Époque, war durch eine extreme Ungleichheit der Einkommens- und Vermögensverteilungen sowie durch einen hohen Wert des Kapital-Einkommens-Verhältnisses, das heißt des Verhältnisses von Kapitalstock und Nationaleinkommen innerhalb eines Landes, gekennzeichnet.

- Die Ungleichheit und das Kapital-Einkommens-Verhältnis reduzierten sich im Gefolge der beiden Weltkriege erheblich und erreichten in den fünfziger und sechziger Jahren des 20. Jahrhunderts einen Tiefpunkt,

- stiegen jedoch seit den siebziger Jahren wieder kontinuierlich an. Heute hat die Verteilungsungleichheit in manchen Ländern wieder das Ausmaß der Belle Époque erreicht, wenn nicht gar überschritten.

- Bei alldem beobachtet Piketty eine stetige Tendenz zur Akkumulation des Kapitals, die anscheinend nur durch außerordentliche Ereignisse wie die beiden Weltkriege unterbrochen werden kann.

- Diese Ungleichheit, wenn sie ein gewisses Maß überschreitet, hält Piketty für ungerecht. Im letzten Teil seines Buches schlägt er daher eine Reihe von steuerpolitischen Maßnahmen vor, welche die Verteilungsungleichheit vermindern und der Tendenz ihrer ständigen Vergrößerung systematisch entgegenwirken sollen.

Was Piketty (2016: 29-31) eigentlich will, zeigt sich recht deutlich in seiner Diskussion der sogenannten Kuznetskurve. Der Ökonom Simon Kuznets (1901–1985) kam durch empirische Forschung zu dem Ergebnis, dass im Verlauf der Industrialisierung im Zeitraum von 1913 bis 1948 in Nordamerika (und weniger stark in Westeuropa und Japan) die Ungleichheit der Einkommen und Vermögen zunächst rasch zugenommen hatte, um sich dann wieder zu reduzieren. Die graphische Darstellung einer zunächst zunehmenden und dann abnehmenden Ungleichheit hat die Form einer Glockenkurve, die als Kuznetskurve (Kuznets 1955) bekannt wurde. Die Kuznetskurve beruht indes nur auf empirischen Beobachtungen, nicht aber auf einer Theorie. Doch stützte diese Graphik die »optimistische« (ibid.: 30) Erwartung, die wirtschaftliche Entwicklung in kapitalistischen Ökonomien werde ganz von selbst zu einer Reduktion zunächst entstandener Verteilungsungleichheiten führen. Pikettys eigentliches Motiv scheint zu sein, genau diese Erwartung zu widerlegen. Er will offenbar zeigen, dass der Kapitalismus eine natürliche Tendenz zu einer stets wachsenden Ungleichheit hat.

19.2 Marx und Piketty

Die Akkumulation des Kapitals

Die Behauptung dieser Tendenz zu wachsender Ungleichheit gründet in einer Annahme, die Piketty nun tatsächlich von Marx übernimmt. Wie Marx unterstellt Piketty dem Kapital eine Tendenz zu unbegrenzter Akkumulation. »The hypothesis that wealth tends to concentrate to a high degree and the plausibility of this as *deep structural tendency* (sic) of capitalism« (Morgan and Fullbrook 2014: 4), diese Hypothese wird von Marx und Piketty geteilt. Der Unterschied zwischen beiden liegt nur darin, dass Marx für diese Tendenz eine theoretische Begründung bietet (siehe oben Abschnitt 8.2), während Piketty sich ausschließlich auf empirische Daten stützt.

Wie Marx erkennt auch Piketty einen mit der unbegrenzten Kapitalakkumulation verbundenen tendenziellen Fall der Profitrate (ibid.: 301 ff.). Eine unbegrenzte Kapitalakkumulation führt nach Piketty zu einem unbegrenzten Wachstum des Kapital-Einkommens-Verhältnisses). Daher stelle »der von Marx dargestellte dynamische Widerspruch [einer letzten Endes selbstzerstörerischen Kapitalakkumulation; die Verfasser] [...] ein echtes Problem dar« (ibid.: 303). »Und bei einem bei einem unbegrenzt hohen Kapital-Einkommens-Verhältnis muss die Kapitalrendite zwangsläufig immer weiter sinken und schließlich nahe null liegen.« (ibid.: 302 f.). Freilich könne, was Marx – auch aufgrund einer unzureichenden Auswertung der verfügbaren Statistiken (ibid.: 304) – nicht gesehen habe, »das kontinuierliche Wachstum von Produktivität und Bevölkerung« »das permanente Hinzufügen neuer Kapitaleinheiten im Gleichgewicht« halten (ibid.: 303).

Unterschiedliche Kapitalbegriffe

Die Diagnose einer Tendenz zur unbegrenzten Kapitalakkumulation mit einer damit verbundenen Abnahme der Kapitalrendite, woraus sich zugleich eine wachsende Ungleichheit der Einkommen und Vermögen ergebe, scheint allerdings die einzige Gemeinsamkeit zwischen Marx und Piketty zu sein. Denn die beiden Autoren haben nicht einmal denselben Kapitalbegriff. Für Marx ist das Kapital der Wert, der »sich selbst verwertet« (MEW 23: 169). Dieser Wert erscheint zunächst als Geld, das sich durch den Kauf der Arbeitskraft und deren Ausbeutung ständig vermehrt. Piketty (2016: 70) definiert dagegen Kapital als »die Gesamtheit der nicht-humanen Aktiva [...], die auf einem Markt besessen und ausgetauscht werden können. Das Kapital umfasst insbesondere die Gesamtheit des Immobilienkapitals (Grundstücke, Häuser), das Wohnzwecken dient, und des Geld- und gewerblichen Kapitals (Gebäude, Ausrüstungen, Maschinen, Patente usw.), das von Unternehmen und der öffentlichen Hand genutzt wird.«

Im Grunde bestimmt Piketty seinen Kapitalbegriff aus der Perspektive der Steuererhebung: Kapital ist alles, worauf man eine Kapitalsteuer erheben kann. Auch ein selbstgenutztes Wohnhaus ist nach seinem Begriff ein Kapital, für Marx dagegen nicht; denn es stellt ja keinen Wert dar, der sich selbst verwertet.

Der Rheinische Kapitalismus und der Wert des Kapitals

Was aber ist der Wert des Kapitals, und zwar in quantitativer Hinsicht? Was ist seine Wertgröße? Für Marx ist die Wertgröße des Kapitals durch in ihm vergegenständlichte Arbeitszeit bestimmt. Eine eigene Theorie des Wertes findet sich in Pikettys Buch nicht, jedoch trifft er eine interessante Unterscheidung zwischen dem Markt- oder Börsenwert und dem Buchwert von Unternehmen. Der Buchwert von Unternehmen setzt sich aus den Kosten für die Beschaffung des Kapitals, also der Grundstücke, Gebäude, Produktionsanlagen, Patente etc. zusammen. Diese Wertbestimmung hat eine – jedenfalls oberflächliche – Ähnlichkeit mit der marxschen Werttheorie.[12] Der Markt- oder Börsenwert eines Unternehmens ist dagegen der aktuelle Kaufpreis oder der Kurs, zu dem das Unternehmen oder dessen Anteilscheine an der Börse gehandelt werden.

Markt- oder Börsenwert und Buchwert von Unternehmen klaffen nach Pikettys Beobachtung in Deutschland weit aus-

---

[12] Auch wenn Piketty sicher nicht der Arbeitswertlehre folgt und vielmehr annehmen dürfte, dass monetäre Kosten in Form von Preisen den Grenznutzen der jeweiligen Güter ausdrücken.

einander. In dem ausführlichen Abschnitt mit dem Titel: *Deutschland: Rheinischer Kapitalismus und Gesellschaftseigentum* beschreibt er den Rheinischen Kapitalismus als

»ein Wirtschaftsmodell, in dem die Unternehmen nicht nur den Aktionären gehören, sondern auch einer gewissen Anzahl andere Gruppen, deren Interessen mit den Unternehmen verbunden sind – die ›Stakeholder‹. Das sind zunächst die Arbeitnehmervertreter (die in deutschen Aufsichtsräten nicht nur eine beratende Funktion, sondern ein Mitspracherecht haben, ohne Aktien des Unternehmens zu besitzen), aber manchmal auch Vertreter des jeweiligen Landes, von Verbraucherverbänden, Umweltschutzorganisationen usw.« (ibid.: 194)

Dieses Modell des Rheinischen Kapitalismus erklärt für Piketty das scheinbare Paradox, dass trotz einer hohen Spar- und Investitionsquote in Deutschland die Privatvermögen deutlich geringer sind als in Frankreich und Großbritannien. Diese Differenz der Privatvermögen ist bedingt durch den geringeren Börsen- oder Marktwert (ibid.: 193) der deutschen Unternehmen, der wiederum auf die umfangreichen institutionellen Verpflichtungen und Beschränkungen zurückzuführen ist, denen die Unternehmen unterliegen. Neben der oben erwähnten »Mitbestimmung« der Arbeiternehmervertretung sind das die Beschränkung der Vertragsfreiheit durch die Tarifautonomie, der Kündigungsschutz und das Erfordernis, bei Entlassungen Sozialpläne zu entwickeln. Deswegen haben nach Piketty deutsche Unternehmen einen geringeren Wert als vergleichbare Unternehmen in Frankreich und Großbritannien. Für Marx dagegen, der einer objektiven Werttheorie folgt, wäre der Wert dieser einander entsprechenden Unternehmen in den verschiedenen Ländern gleich.

Einfluss der Politik und der Gerechtigkeit

Das Beispiel des Rheinischen Kapitalismus zeigt für Piketty folgendes: Die institutionellen Bedingungen dieses Wirtschaftsmodelles sind durch die Politik gesetzt. Daher fügt sich dieses Beispiel in die generelle Perspektive Pikettys ein, in der Politik und Staat nicht einfach Erfüllungsgehilfen des kapitalistischen Prozesses sind wie bei Marx, sondern eine durchaus eigenständige Rolle spielen und die Wirtschaft im Allgemeinen und im Besonderen die Verteilung der Vermögen und Einkommen entscheidend beeinflussen können (siehe auch oben Abschnitte 10.1 und 10.2). In dieser generellen Perspektive will Piketty vor allem zeigen, dass die Abnahme der Ungleichheit zwischen 1914 und 1950 einerseits eine Folge der beiden Weltkriege und andererseits aber auch energischer Maßnahmen der Politik, wie der Verstaatlichung von Unternehmen und einer konfiskatorischen Besteuerung hoher Einkommen und Vererbung von Vermögen war. Andererseits war es, wie Piketty darlegt, wiederum die Politik, die seit den siebziger Jahren des 20. Jahrhunderts durch Steuersenkungen und Deregulierungen entscheidend zur erneuten Zunahme der Ungleichheit beitrug.

Was wir in Kapitel 18 bei der Finanzkrise gesehen haben, wird durch Piketty noch einmal deutlicher: dass, anders als Marx nahelegt, die Politik auch in einer »kapitalistischen Gesellschaft« ein eigenständiger Faktor ist und als solcher einen erheblichen Einfluss auf das Wirtschaftsgeschehen nehmen kann.

Wir haben oben in Abschnitt 7.5 auf Marx' Desinteresse an Fragen der Gerechtigkeit hingewiesen. Denn Marx hält eine Kritik der kapitalistischen Gesellschaft und ihrer Verteilung des Eigentums für grundsätzlich verfehlt. Ganz anders Piketty: Die Ungerechtigkeit der Einkommens- und Vermögensverteilung hält er offenbar für das Hauptproblem des Kapitalismus. Doch warum soll diese Verteilung ungerecht sein? Piketty hat eigentlich keinen Begriff von Gerechtigkeit, er verweist vielmehr auf vorherrschende Vorstellungen von Gerechtigkeit. So bemerkt er, »dass der Glaube, Ungleichheiten sollten eher auf Arbeit und individuellen Verdienst beruhen, konstitutiv für unsere demokratische Moderne ist.« (ibid.: 319) Diese Gerechtigkeitsvorstellungen, die man als meritokratisch bezeichnen könnte, scheint Piketty ohne nähere Reflexion zu übernehmen.

Ein Gerechtigkeitsproblem ist für Piketty daher in erster Linie das arbeitslose Kapitaleinkommen – neben dem exorbitanten Anstieg der Einkommen der »Supermanager« (ibid.: 417), die kaum als »Entlohnung oder Anreiz für besondere Leistungen« (ibid.: 690) zu verstehen seien.

Diesen Ungerechtigkeiten soll nun die Politik durch Besteuerung von Spitzeneinkommen und insbesondere von Kapital und Kapitalertrag sowie von Vererbung entgegenwirken (ibid.: Vierter Teil). Auch hierin zeigt sich wieder die autonome Rolle, die Piketty der Politik zuspricht. Und noch etwas anderes wird dabei deutlich. Piketty hält Gerechtigkeit im Kapitalismus für möglich. Der Kapitalismus ist für ihn nicht unausweichlich eine nur revolutionär zu überwindende Ausbeutergesellschaft. Anders als Marx akzeptiert Piketty daher die kapitalistische Wirtschaftsweise als eine, zu der jedenfalls vorerst keine erstrebenswerte Alternative in Sicht ist.

20. Fernand Braudel: die Dynamik des Kapitalismus

Im letzten Satz des vorigen Kapitels haben wir den Begriff »kapitalistische Wirtschaftsweise benutzt«, als wir Piketty mit Marx verglichen haben. Dieser Begriff ist eine Verlegenheitslösung, da Marx immer nur von kapitalistischer Produktionsweise oder kapitalistischer Gesellschaft spricht, Piketty dagegen ganz unbefangen von Kapitalismus. Anders als den Begriff Kapital definiert Piketty den Begriff Kapitalismus nicht. Kapitalismus wird offenbar vage als eine entwickelte Marktwirtschaft verstanden, in der das Kapital eine dominierende Rolle spielt.

Anders liegen die Dinge bei Fernand Braudel. Braudel denkt wie Piketty aus einer Fülle empirischen Materials heraus, doch verwendet er den Begriff Kapitalismus nicht naiv. Braudel definiert nicht nur diesen Begriff, sondern er gibt uns auch Gründe, warum er von Kapitalismus und nicht wie Marx von kapitalistischer Produktionsweise spricht. Und weil er überdies nicht nur Kapitalismus und Marktwirtschaft voneinander unterscheidet, sondern in bestimmter Hinsicht einen Gegensatz zwischen beiden erkennt, enthält sein Werk eine zu dem marxschen Verständnis alternative Konzeption der kapitalistischen Wirtschaftsweise.

Fernand Braudel (1902-1985) ist ein französischer Historiker und ein Vertreter der sogenannten *Annales*-Schule, benannt nach der geschichtswissenschaftlichen Zeitschrift, die heute *Annales. Histoire. Sciences Sociales* heißt. Die *Annales*-Schule hat einen wirtschafts- und sozialgeschichtlichen Schwerpunkt und widmet langfristigen Entwicklungen vorrangige Aufmerksamkeit. Braudels dreibändiges Hauptwerk *Sozialgeschichte des 15. bis 18. Jahrhunderts* steht paradigmatisch für diese Ausrichtung; die Titel seiner drei Bände lauten: *Der Alltag*, *Der Handel* und *Aufbruch zur Weltwirtschaft*.

Braudel verarbeitet in diesen Bänden eine Fülle empirischen Materials, wobei er bewusst begriffliche Unschärfen in Kauf nimmt. Neben diesem voluminösen Werk hat Braudel (1986) drei Vorlesungen unter dem Titel *Die Dynamik des Kapitalismus* publiziert, die ein Resümee seiner Forschungsarbeit in den genannten drei Bänden darstellen und prägnante Thesen daraus ableiten. Vor allem diese Vorlesungen zeigen deutlich, wie sich Braudel einerseits an Marx orientiert und andererseits in vielfacher Hinsicht zu Marx ganz konträren Schlussfolgerungen gelangt.

20.1 Braudel und die aristotelische Trias

In Braudels großem Werk wird Aristoteles nur an einer einzigen Stelle erwähnt. Doch Braudels Grundunterscheidung kann ihre Herkunft aus der aristotelischen Lehre von der Wirtschaft nicht verleugnen. Aristoteles unterscheidet im Wirtschaftsleben drei Bereiche (siehe auch oben Kapitel 11):

- einmal die weitgehend an der Selbstversorgung der einzelnen Haushalte orientierte landwirtschaftliche und handwerkliche Produktion,

- eine periphere Tauschwirtschaft, in der sich Mangel und Überfluss an einzelnen Gütern zwischen den einzelnen Haushalten über einen Markt austauschen, wobei bei Aristoteles vom Markt in unserem Sinne gar nicht die Rede ist, und
- drittens eine auf Tauschhandlung beruhende künstliche Erwerbswirtschaft (Chrematistik), in der es am Ende nicht um den Erwerb von Gütern zur Bedürfnisbefriedigung, sondern um den unbegrenzten Erwerb von Geld und Reichtum geht.

In analoger Weise unterscheidet Braudel (1986: 15, 43)

- einen Bereich des materiellen Lebens mit der materiellen Produktion,
- eine Marktwirtschaft als Sphäre des Gütertausches und
- schließlich den Bereich des Kapitalismus, in dem es um Gewinnerzielung und Geldvermehrung geht.

Die besondere Pointe dieser letztlich auf Aristoteles zurückgehenden Unterscheidung der Wirtschaftslehre ist, dass Braudel anders als Marx Kapitalismus und Marktwirtschaft als unterschiedliche, in einzelnen Aspekten sogar gegensätzliche Phänomene betrachtet. Und außerdem wird sich zeigen, dass Braudel anders als Marx ohne weiteres bereit ist, auch den Kaufmann des Aristoteles, der sich dem unbegrenzten Gelderwerb hingibt, durchaus als Kapitalisten zu bezeichnen.

20.2 Kapital, Kapitalist, Kapitalismus

Während Braudel (1985–1986, Band 2: 248-256) in seinem Hauptwerk vor allem die Begriffshistorie des »Kapitalismus« dokumentiert, gibt er in seinen Vorlesungen eine Definition der Begriffe Kapital, Kapitalist, Kapitalismus:

»Das *Kapital* ist eine greifbare Realität, es umfaßt die leicht identifizierbare Masse der finanzierbaren Ressourcen, die ständig eingesetzt werden; ein *Kapitalist* ist ein Mann, der die Verwertung des Kapital in dem ununterbrochenen Produktionsprozess, zu dem jede Gesellschaft verurteilt ist, dirigiert oder zu dirigieren versucht; und der *Kapitalismus* ist, grob gesprochen (aber nur grob gesprochen), die Art und Weise, in der – meist aus wenig altruistischen Gründen – dieser ständige Verwertungsprozess vorangetrieben wird« (Braudel 1986: 48).

Damit werden Kapital und Kapitalist ebenso definiert, wie es Marx im ersten Abschnitt des Kapitels 4 des Bands 1 des *Kapitals* tut. Das entscheidende Kriterium ist der unaufhörliche Verwertungsprozess. Von einer Bindung dieses Verwertungsprozesses an den »Kauf und Verkauf der Arbeitskraft« will Braudel allerdings nichts wissen. Was aber ist dann für Braudel die Quelle des Gewinns oder des Profits?

20.3 Zwei Typen von Tausch

Es ist heute weitgehend üblich, entwickelte Tauschbeziehungen generell unter dem Begriff einer Marktwirtschaft zu subsumieren. Im Gegensatz hierzu unterscheidet Braudel (1986: 51 ff.) zwei Formen von Tausch, A und B, und nur mit einer Form von Tausch will er den Begriff »Marktwirtschaft« assoziieren. Formen dessen, was Braudel als Marktwirtschaft bezeichnet, sind der »lokale oder im näheren Umkreis stattfindende Handel mit Weizen oder Holz [...], die zur nächsten Stadt geschafft werden; ebenso der Handel über größere Entfernungen, wenn er regelmäßig stattfindet und geplant ist, also routinemäßig abläuft und sowohl den großen wie den kleinen Händlern Möglichkeiten bietet.« (ibid.: 49) Diese Form des Tauschs vom Typ A ist ein »transparenter« Austausch, »bei dem jede Partei schon im Voraus die Regeln und den Ausgang kennt und die stets bescheidenen Profite ungefähr einkalkulieren kann.« (ibid.: 50) Der Tausch setzt eine arbeitsteilige Produktion voraus, er besteht zwischen vielen, etwa gleichen Marktteilnehmern, folglich herrscht hier im Ideal vollkommene Konkurrenz. Die Norm der vollkommenen Konkurrenz spielt auch in den Modellen der Wirtschaftswissenschaften, wie der Mikroökonomie, der Allgemeinen Gleichgewichtstheorie und der Wohlfahrtstheorie, eine zentrale Rolle.

Dem gegenüber steht die Tauschform B, »welche Transparenz und Kontrolle meidet« (ibid.: 50). Die Tauschakte der Form B vollziehen sich nicht auf dem »traditionellen *public market*« der Marktwirtschaft, sondern auf einem *private market*, den Braudel sogar einen *counter market* nennen möchte. Das eigentümliche Feld dieser undurchsichtigen privaten Märkte ist in der frühen Neuzeit der Fernhandel (ibid.: 52), dessen ausgedehnte Handelsbeziehungen sich »den üblichen Regeln und Kontrollen« entziehen können. Im Fernhandel können sich nur vermögende Großkaufleute engagieren, die dank der Intransparenz des Marktes auch die Konkurrenz fernhalten können. Dieser Fernhandel eröffnet die Möglichkeit exorbitanter Gewinne – natürlich bei hohen Risiken und Unsicherheiten. Bei diesem Tausch geht es nicht um Bedürfnisbefriedigung, sondern nur um den Gewinn. Deswegen spezialisieren sich die Großkaufleute nicht auf bestimmte Warengruppen, sondern suchen sich immer die Bereiche aus, in denen »die wirklich großen Gewinne winken« (ibid.: 57). Die Großkaufleute beschränken sich nicht auf den Warenhandel, sondern betätigen sich auch in Geldwirtschaft, Grundbesitzspekulation, Immobilien, Agrarwirtschaft sowie anderen gewinnträchtigen Produktionssektoren, wobei sie sich auffälliger Weise fast »nie für das Produktionsverfahren« selbst interessieren (ibid.: 57). Weil dieses vielfältige Engagement ein immer größeres Geldvermögen verlangt, bilden sich bei den Großkaufleuten Dynastien, also Familien, heraus, die über Generationen und damit lange Zeiträume stetig Vermögen akkumulieren (ibid.: 63).

Diese Tauschform B ist für Braudel die typische Tauschform des Kapitalismus, und die darin tätigen Kaufleute sind Kapitalisten (ibid.: 55, 57). Aber wie wir schon angedeutet haben, treten in dieser Parallele große Unterschiede zu Marx hervor.

Wie Marx unterscheidet Braudel also einen einfachen Warentausch, den er als Marktwirtschaft bezeichnet, von einem kapitalistischen Austausch, bei dem es nicht um Bedürfnisbefriedigung, sondern nur um den Gewinn geht. Doch für Braudel ist der Kapitalismus nicht wie für Marx an die Industrieproduktion und an eine dort stattfindende Ausbeutung der Arbeitskraft gebunden. Vielmehr ist der Kapitalismus ursprünglich ein Handelskapitalismus (ibid.: 42). Dieser Handelskapitalismus ist bereits im Treiben der athenischen Kaufleute am Werke, das Aristoteles (1994) im ersten Buch der *Politik* kritisch beleuchtet, während Marx solche Zuschreibungen für ein völlig verfehltes Quidproquo hält.[13] Außerdem würde Braudel die moderne Gesellschaft nicht als kapitalistische Gesellschaft bezeichnen, weil der Kapitalismus in seinen Augen bisher »weit davon entfernt [war], die gesamte Marktwirtschaft zu erfassen oder zu dirigieren, obwohl er sich auf sie als unerläßliche Vorbedingung stützen mußte.« (ibid.: 42)

Braudel unterscheidet in seiner Schlussfolgerung »zwei Typen von Austausch. Der eine ist alltäglich und basiert auf Konkurrenz, weil er einigermaßen transparent ist; der andere – die höhere Form – ist komplex und an Herrschaft orientiert. Diese beiden Typen werden weder durch die gleichen Mechanismen noch durch die gleichen Individuen bestimmt. Nicht im ersten, sondern im zweiten Typus liegt die Sphäre des Kapitalismus« (ibid.: 58)

20.4 Kapitalismus und Staat

Braudel sieht den Kapitalismus in einer Sphäre von intransparenten Tauschstrukturen lokalisiert. Darin profitiert er von der Möglichkeit, andere von lukrativen Geschäften auszuschließen sowie von faktischen und rechtlichen Monopolen. Mit anderen Worten, der Kapitalismus umgeht den Markt bzw. die

---

[13] »In Realencyclopädien des klassischen Altertums kann man den Unsinn lesen, dass in der antiken Welt das Kapital völlig entwickelt war, ›außer dass der freie Arbeiter und das Kreditwesen fehlten.‹ Auch Herr Mommsen in seiner ›Römischen Geschichte‹ begeht ein quidproquo über das andre.« Marx (MEW 23: 182)

Marktwirtschaft mit ihrem mehr oder weniger transparenten Tausch. Dazu muss sich der Kapitalismus aber, wie Braudel ausführt, mit der staatlichen Gewalt verbünden. Für Braudel ist die Gesellschaft nicht durch ihre ökonomische Struktur allein determiniert. Sie wird daneben auch durch kulturelle, religiöse und vor allem politische Hierarchien bestimmt. Diese Hierarchien lassen sich im Allgemeinen nicht auf die ökonomischen Strukturen zurückführen. Insbesondere ist der Staat nicht »die Form der Organisation, welche sich die Bourgeois sowohl nach Außen als nach innen hin zur gegenseitigen Garantie ihres Eigentums und ihrer Interessen notwendig geben« (MEW 3: 62), und zwar auch dann nicht, wenn die Bourgeois tatsächlich die staatliche Macht kontrollieren.

»Jede ›dichte‹ Gesellschaft läßt sich in mehrere ›Einheiten‹ unterteilen: in den Bereich des Ökonomischen, des Politischen, des Kulturellen und des Hierarchisch-Gesellschaftlichen. Das Ökonomische ist nur im Zusammenhang mit den anderen ›Einheiten‹ zu begreifen, in denen es sich verteilt und denen es zugleich seine Tore öffnet. Es kommt zur Aktion und Interaktionen. Der Kapitalismus als besondere, partielle Form des Ökonomischen läßt sich aufgrund dieser Nachbarschaften und dieser Überlappungen erklären; nur auf diese Weise erkennt man sein wahres Gesicht.« (Braudel 1986: 60)

Braudel weist darauf hin, dass der Staat sich gegenüber dem Kapitalismus sowohl unterstützend und fördernd oder im Gegenteil auch abweisend verhalten kann. So habe etwa in China der Kapitalismus aufgrund der ablehnenden Haltung des Staates keinerlei Chancen gehabt.[14] »So agierte der moderne Staat manchmal zugunsten und manchmal zuungunsten des Kapitalismus, den er nicht geschaffen, sondern geerbt hat. Einmal ermöglicht er die Ausdehnung des Kapitalismus, ein andermal zerstört er seine Triebkräfte. Der Kapitalismus triumphierte nur

---

[14] Braudel hat seine Forschung im Jahr 1979 publiziert und konnte daher die Reformen von Deng Hsiao Ping und ihre Auswirkungen nicht mehr berücksichtigen.

dann, wenn er mit dem Staat identifiziert wurde, wenn er der Staat war.« (ibid.: 60)[15]

Nicht der Kapitalismus bestimmte also die Entwicklung der Gesellschaft, vielmehr hing er umgekehrt von den gesellschaftlichen Hierarchien ab: »Der Staat stand also der Finanzwelt entweder wohlwollend oder feindlich gegenüber – je nach seinem eigenen Gleichgewicht und seiner eigenen Widerstandskraft.« (ibid.: 60 f.). So wurde »das wirkliche Schicksal des Kapitalismus durch dessen Konfrontation mit den sozialen Hierarchien entschieden.« (ibid.: 62)

In den Zeiten vor den modernen Massendemokratien waren solche Beziehungen zur politischen Macht nur einer kleinen Gruppe von Vermögenden an der Spitze der Gesellschaft möglich. Nur diese Gruppe konnte »immer auch Freunde des jeweiligen Fürsten und Verbündete und Nutznießer des Staates« (ibid.: 54) sein. Deshalb stellt Braudel fest: »[I]m Grunde entfaltet sich der Kapitalismus an der obersten Spitze der Gesellschaft. Hier wurde seine ganze Kraft wirksam und sichtbar. Nur auf der Ebene der Bardis, der Jacques Coeur, der Jakob Fugger, der John Law oder der Joseph Necker haben wir eine Chance, ihn zu entdecken « (ibid.: 59).

20.5 Kapitalismus oder kapitalistische Produktionsweise

Wir haben im letzten Abschnitt gezeigt, dass Braudel im Unterschied zu Marx das Politische und den Staat als etwas Eigenstän-

---

[15] »Während seiner [i. e. des Kapitalismus] ersten großen Phase, in den italienischen Stadtstaaten Venedig, Genua und Florenz, befand sich die Macht in den Händen der Geldaristokratie. Im Holland des 17. Jahrhunderts herrschte die Aristokratie der Regenten im Interesse und sogar aufgrund der Direktiven der Geschäftsleute, der Kaufherren oder Kreditgeber. Die englische Revolution von 1668 markierte ebenfalls den Machtantritt der Geschäftswelt im holländischen Sinne. Frankreich dagegen lag um ein ganzes Jahrhundert zurück: Erst nach der Juli-Revolution von 1830 richtete sich die Handelsbourgeoisie bequem in der Regierung ein.« (ibid.: 60)

diges ansieht, dessen Aktionen sich nicht als nur abhängige Funktion des Kapitalverhältnisses begreifen lassen. Dies ist indessen nur ein Aspekt der tiefgreifenden Differenzen, die zwischen Marx und Braudel im Verständnis des modernen Kapitalismus bestehen. Dass nämlich Braudel von Kapitalismus und Marx nur von kapitalistischer Produktionsweise oder kapitalistischer Gesellschaft spricht, ist weit mehr als nur eine terminologische Differenz.

Im Grunde stimmen Braudel und Marx nur im Verständnis der Begriffe des Kapitals und des Kapitalisten überein (siehe oben Abschnitt 20.2). Kapital ist ein Gut, Geld oder allgemeiner ein Finanztitel, das sich in einem ständigen Prozess der Verwertung befindet, der nur um der Gewinnerzielung willen betrieben wird. Der Eigentümer des Kapitals und Interessent des Verwertungsprozesses ist der Kapitalist. Der Kapitalist kann diesen Prozess selbst betreiben oder das auch einem Agenten überlassen.

Die Differenzen zwischen Marx und Braudel liegen im Verständnis des Kapitalismus bzw. des kapitalistischen Verwertungsprozesses. Sie betreffen einmal die Stellung dieses Prozesses zur Marktwirtschaft, das andere Mal seine Stellung zur materiellen Wirtschaft. Das wollen wir in den nächsten beiden Abschnitten zeigen.

Kapital und Marktwirtschaft

Marx ist sich zwar der Tatsache bewusst, dass es Tauschbeziehungen und Märkte auch schon vor der Zeit gegeben hat, die sich für ihn als kapitalistische Epoche darstellt. Marx unterscheidet auf der analytischen Ebene den einfachen Warentausch von einem kapitalistischen Tausch, in welchem es nicht primär um die Befriedigung von Bedürfnissen, sondern um die Erzielung von Gewinn geht. Doch es ist Marx' zentrale These, dass eine entwickelte Tauschwirtschaft stets eine kapitalistische Tauschwirtschaft ist. Diese These haben wir oben in Abschnitt 7.2 hinsichtlich der Analyse der warentauschenden Gesellschaft herausgearbeitet. Wir haben dort auch darauf hingewiesen, dass

Marx in diesem Zusammenhang eine hegelsche Denkfigur, »Aufhebung im realphilosophischen Kontext«, variiert und sie in einen anderen Zusammenhang transponiert. Wie Hegels *Rechtsphilosophie* (1969.7) mit dem »abstrakten Recht« der individuellen Person beginnt, das doch nur in den konkreten Institutionen von Gesellschaft und Staat sowohl wirklich als auch darin »aufgehoben« und bewahrt ist, so ist bei Marx die entfaltete Marktwirtschaft, mit der *Das Kapital* beginnt, nur in einer kapitalistischen Gesellschaft möglich. Deshalb gibt es bei Marx nur eine analytische und keine reale Trennung zwischen Marktwirtschaft und kapitalistischem Prozess.

Wir wollen das kurz erläutern. Die ersten drei Kapitel des *Kapitals* beschreiben

- eine warentauschende Gesellschaft oder eine Marktwirtschaft mit einfachem Tausch,
- allseitigem Tausch unter Vermittlung des Geldes und
- schließlich Tausch mit Kredit.

Doch Marx will damit keine historische Abfolge von einfachem und entwickeltem Tausch zur Kreditwirtschaft behaupten, und auch nicht, dass solche Formen der Wirtschaft unabhängig vom kapitalistischen Austausch bestehen könnten. Marx' These ist also, dass es eine solche Marktwirtschaft für sich alleine gar nicht gibt, sondern sie nur in »kapitalistischer Produktionsweise« existieren kann. Kapitalistische Produktionsweise und Marktwirtschaft bilden eine notwendige Einheit. Marx sagt damit: Es gibt nur kapitalistische Markwirtschaften und was als nichtkapitalistische Marktwirtschaft erscheint, ist eigentlich gar keine, sondern nur ein Randphänomen. Ein solches Randphänomen bildet für Marx der periphere Tausch in der »feudalistischen Produktionsweise«, welche auf der direkten nichttauschmäßigen Ausbeutung der Bauern durch den Grundherrn beruht.

Braudel (1986: 43) dagegen unterscheidet Kapitalismus und Marktwirtschaft real: Die Marktwirtschaft ist »nur das Verbindungsglied zwischen Produktion und Konsumtion, und bis ins 19. Jahrhundert hinein bildete sie nur eine mehr oder weniger dicke und resistente – manchmal jedoch auch sehr dünne – Schicht zwischen dem unter ihr liegenden Ozean des Alltagslebens und den Entstehungsprozessen des Kapitalismus«.

Braudel hebt hervor, dass es in der Vergangenheit immer wieder entwickelte Marktwirtschaften gab, die sich nicht zu kapitalistischen Marktwirtschaften entwickelt haben – wie in China vor dem 20. Jahrhundert. Auch Braudel sieht, dass der Kapitalismus eine Art von Tausch voraussetzt, doch dies ist typischerweise nicht der transparente Tausch einer Marktwirtschaft, sondern ein intransparenter Tausch, der durch asymmetrische Information, faktische und rechtliche Monopole sowie durch politische Macht dominiert wird. Braudel geht sogar so weit zu sagen, die kapitalistische Gewinnerzielung vertrage sich mit der Transparenz der Marktwirtschaft nicht.

Auf der klaren Trennung zwischen Kapitalismus und Marktwirtschaft basiert Braudels These, der Kapitalismus sei, jedenfalls historisch, nur ein Phänomen an der Spitze von Wirtschaft und Gesellschaft, das nicht das Ganze der Wirtschaft prägt. Durchdringt der Kapitalismus so einerseits nicht die Wirtschaft im Ganzen, so ist er andererseits auch nicht an eine bestimmte Produktionsweise gebunden. Dazu mehr im Folgenden.

Kapitalismus und kapitalistische Produktionsweise

Für Marx ist die Quelle des Gewinns bzw. des Profits die Mehrwertproduktion durch die Ausbeutung der Lohnarbeit. Die Ausbeutungs- bzw. Mehrwertrate kann der Kapitalist durch fortschreitende Mechanisierung und technischen Fortschritt steigern. Daher ist die dem Kapitalismus eigentümliche Wirtschafts- und Produktionsform die »große Industrie«, deren Ausbildung und Entwicklung das Gewinninteresse vorantreibt. Das kapitalistische Produktionsverhältnis mit Privatbesitz der Produktionsmittel und privater Aneignung der Profite ist so die entscheidende Triebkraft (siehe oben Abschnitt 7.6) der Entwicklung der Produktivkräfte (siehe oben Kapitel 4) und der industriellen Innovation. Die industrielle Produktion ist die dem Kapitalismus eigentümliche Produktionsform, und der Kapitalismus ist genuin immer Industriekapitalismus. Dagegen neigt Marx dazu, Finanz- und Handelskapitalismus als bloße Derivate oder parasitäre Formen dies Industriekapitalismus anzusehen. Deshalb spricht er niemals von »Kapitalismus«, sondern von kapitalistischer Produktionsweise, die sich nicht nur durch ihre rechtliche Verfassung, sondern auch in ihrer materiellen Gestalt der Produktion von anderen Produktionsweisen wie zum Beispiel der feudalistischen Produktionsweise unterscheidet. Die feudalistische Produktionsweise beruht nach Marx wiederum notwendig auf Agrarproduktion.

Die Sicht von Braudel auf den Kapitalismus ist ganz anders. Für Braudel (1986: 47) gibt es keinen intrinsischen Zusammenhang zwischen Kapitalismus und industrieller Revolution: Der Kapitalismus hat die industrielle Revolution nicht hervorgebracht, sondern nur in besonderem Maße von ihr profitiert. Kapitalismus kann sich überall dort herausbilden, wo die materielle Wirtschaft das erlaubt, d. h. wo es ein Mehrprodukt gibt. Braudel nimmt aber nicht wie Marx an, dass der Kapitalismus dieses Mehrprodukt in jedem Falle steigert. Der Kapitalismus sorgt nur für dessen besondere und in der Regel immer ungleicher werdende Verteilung. Der Kapitalismus prägt nicht die Gestalt der materiellen Wirtschaft. Für Braudel gibt es daher keine besondere kapitalistische Produktionsweise. Und ebenso wenig akzeptiert Braudel die marxsche These, dass unterschiedliche Produktionsweisen eine historische Abfolge bildeten. Typisch für den Kapitalismus sei viel mehr »eine Gleichzeitigkeit, eine Synchronie« (ibid.: 84) verschiedener Produktionsweisen. »Der Kapitalismus ist die Erfindung einer ungleichen Welt« (ibid.: 83). Deswegen kann er zugleich auf industrieller Produktion in Westeuropa, Leibeigenschaft in Osteuropa und Sklaverei auf dem amerikanischen Kontinent beruhen (ibid.: 83 f.).

Marx betrachtet kapitalistische Verwertung, entfaltete Marktwirtschaft und industrielle Produktion als eine Einheit. Braudel aber nimmt diese Einheit in seiner Unterscheidung zwischen Kapitalismus, Marktwirtschaft und materiellem Leben auseinander und betont, dass diese drei unterschiedenen Sphären jeweils ihrer eigenen Dynamik folgen.

Zusammenfassend können wir feststellen: Der Begriff des Kapitalismus bei Braudel ist zugleich weiter als auch enger als der der kapitalistischen Produktionsweise bei Marx. Der Kapitalismus ist ein Phänomen, das sich »an der obersten Spitze der Gesellschaft« (ibid.: 59) entfaltet hat und das lange Zeit nicht die Wirtschaft als Ganze prägte, anders als das nach Marx die kapitalistische Produktionsweise tut. Umgekehrt ist für Braudel der Kapitalismus im eigentlichen Sinne nicht auf die Epoche der Industrieproduktion beschränkt, sondern er ist ein Phänomen, das zu allen Zeiten auftreten kann. Anders als Marx sieht Braudel keine Schwierigkeit darin, die antiken römischen und griechischen Plantagenbesitzer und Großkaufleute als Kapitalisten zu bezeichnen.

Zudem sieht Braudel den Kapitalismus nicht als treibende Kraft der Entwicklung der Produktivkräfte. Im Manifest der Kommunistischen Partei haben Marx und Engels dagegen die Bourgeoisie, also die Kapitalistenklasse, für Ihre »höchst revolutionäre Rolle in der Geschichte« (MEW 4: 464) gelobt. Diesem Lob hätte sich Braudel kaum angeschlossen. Braudel neigt vielmehr dazu, den Kapitalismus nicht als treibende Kraft, sondern als bloßen Profiteur der gesellschaftlichen Entwicklung der Produktivkräfte zu sehen. »In der langfristigen Perspektive der Geschichte ist der Kapitalismus ein später Gast. Er tritt erst ein, wenn der Tisch schon gedeckt ist.« (Braudel 1986: 68) Er ist also kein Adler, der die Beute schlägt, sondern eher ein Geier, der das Aas frisst.

20.6 Marx' Analyse der kapitalistischen Gesellschaft – eine partikulare und keineswegs selbstverständliche Position

Braudel stimmt, wie oben erwähnt, in einem wesentlichen Punkt mit Marx überein. Die Begriffe Kapital, Kapitalist und

Kapitalismus sind wie bei Marx auf einen Verwertungsprozess bezogen, dessen einziger Zweck die Erzielung von Gewinn ist. Doch sonst formuliert Braudel vor allem Thesen, die Marx widersprechen.

(i) Braudel macht einen systematischen Unterschied zwischen Marktwirtschaft und Kapitalismus und will sogar einen Gegensatz erkennen. Denn der Kapitalismus setze notwendig intransparente Tauschstrukturen und Monopole voraus, die Marktwirtschaft als solche sei wesentlich transparent.

(ii) Weiter legt Braudel dar, dass der Kapitalismus nur ein Phänomen an der Spitze der Gesellschaft sei und nicht die Wirtschaft als ganze präge, dass

(iii) er nicht die typische Form der Industriegesellschaft sei und

(iv) dass er nicht die Entwicklung der Produktivkräfte vorantreibe, sondern nur parasitär von dieser Entwicklung profitiere.

(v) Schließlich zeigt Braudel durch empirische Forschung, dass der Kapitalismus immer von gesellschaftlichen und politischen Hierarchien abhängig war, und dass insbesondere Staat und Politik eine gegenüber ihm eigenständige Sphäre bilden.

Braudels Position macht indirekt deutlich, dass die marxsche Analyse der kapitalistischen Gesellschaft eine partikulare und keineswegs selbstverständliche Position ist. Ja sie ist viel weniger selbstverständlich, als die konventionelle Wirtschaftswissenschaft meint, die ebensowenig wie Marx Kapitalismus und Marktwirtschaft unterscheidet und ebenso wie er von der innovativen Rolle des Kapitalismus bzw. des »freien Unternehmertums« überzeugt ist.

20.7 Fragen an Braudel

Braudels Position ermöglicht neue Perspektiven. So ist es in seinem Verständnis ohne weiteres möglich, den zeitgenössischen chinesischen »Staatskapitalismus« als eine durchaus reguläre Form des Kapitalismus zu deuten. Die Nähe vieler Kapitalisten zur kommunistischen Partei in China ist bekannt; sie ist offenbar unabdingbar, will man gewinnträchtige Geschäfte größeren Ausmaßes tätigen. Ebenso bekannt ist das Phänomen der »verdeckten Interessen«: Funktionäre von Staat oder Partei betätigen sich zugleich als kapitalistische Unternehmer und nutzen ihre (im Sinne Braudels) hierarchische Macht, um unliebsame Konkurrenten auszuschalten. Wer Kapitalismus und Marktwirtschaft für identisch hält, wird derlei für »systemfremd« halten. Braudel muss das nicht. Er hat beobachtet, dass die Kapitalisten »immer auch Freunde des jeweiligen Fürsten« waren, und in China sind sie nun offenbar gleichsam dieser Fürst selbst.

Freilich mag man sich fragen, ob Braudel seine Thesen nicht überpointiert. François Bourguignon (2013) weist darauf hin, dass gerade eine entfaltete globale (und durchaus transparente) Marktwirtschaft Chancen eröffnet, große Gewinne zu erzielen (auch wenn es dann den Gewinnern wiederum zuweilen gelingt, Quasimonopole oder Oligopole zu errichten).

Übertrieben scheint auch die Betonung der parasitären Rolle des Kapitalismus. Braudel (z. B. 1986: 59) begegnet der schumpeterschen Figur des kapitalistischen Unternehmers als einer Triebkraft des wirtschaftlichen Fortschritts (Schumpeter 1964) mit großer Reserve, weil er der Auffassung ist, dass dieser Unternehmer sich nur einen übergroßen Anteil des von der materiellen Wirtschaft erzeugten Reichtums aneignet. Doch scheint es nicht abwegig, auch dem im Fernhandel tätigen Großkaufmann die Pionierleistung zu attestieren, unter großen Risiken neue Handelswege erschlossen zu haben. Wir haben außerdem in Kapitel 18 unter anderem gezeigt, dass die berüchtigten »neuen Finanzinstrumente«, die in der Finanzkrise von 2008 eine zentrale Rolle spielten, nicht nur Instrumente zur Bereicherung der Finanzakteure sind, sondern auch eine produktivitätssteigernde Funktion haben.

Dies führt zu einem weiteren Punkt. Die mit dem Fernhandel verbundenen Risiken kann nur der vermögende Großkaufmann auf sich nehmen, und nur er vermag die lange Frist zu überbrücken, die zwischen der Investition und dem schließlich anfallenden Gewinn liegt. Das leugnet Braudel nicht. Ebenso ist aber zu bedenken, ob nicht auch die Kapitalakkumulation Voraussetzung für Innovationen in der materiellen Produktion ist und unter Umständen auch der konzentrierte Reichtum von Familiendynastien (Braudel 1986: 63-65) in besonderer Weise risikoreiche und nur langfristig rentierende wirtschaftliche Unternehmungen erlaubt.

21. Hegel als Alternative zu Marx?

Inwiefern kann Hegel eine Alternative zu Marx sein? Er kann das nur, wenn er etwas anderes als Marx tut, dies aber in einer vergleichbaren oder sogar ähnlichen Weise. Die Komplexität der marxschen Kapitalanalyse ergibt sich u. a., wie wir dargelegt haben, daraus, dass Marx eine theoretische Analyse und Beschreibung der kapitalistischen Wirtschaft mit einer praktisch-politischen Perspektive verbindet. Denn die Kapitalanalyse soll zugleich ein treibendes Element der revolutionären Umgestaltung dieser kapitalistischen Wirtschaft sein.

Ähnlich verhält es sich auch bei Hegel; er gibt ebenfalls keine rein theoretische Analyse, sondern betrachtet die Wirtschaft zugleich aus der Perspektive der praktischen Philosophie. Hegel gibt uns also Antworten auf die Fragen, wie wir uns in der Wirtschaft richtig verhalten und welche Haltung wir als politisch Handelnde zu ihr einnehmen sollen. Anders gesagt, er gibt uns eine Antwort auf die Frage, was die richtige Wirtschaftspolitik ist. Die marxsche Antwort auf diese Frage ist klar. Eine Wirtschaftspolitik, in der wir sinnvolle Ziele in Bezug auf die kapitalistische Wirtschaft verfolgen können, ist nur als revolutionäre Aufhebung dieser Wirtschaft möglich. Für diese Antwort kann Marx durchaus einige Argumente anführen. Er kann auf die prinzipielle Schwierigkeit hinweisen, wirtschaftliche

Prozesse durch politische Eingriffe zu regulieren. Und vor allem kann er zeigen, dass es nicht möglich ist, abstrakten Vorstellungen von Gerechtigkeit wie von einem gerechten Arbeitslohn in der Marktwirtschaft Geltung zu verschaffen. Denn die Forderung nach gerechter Entlohnung läuft der Logik der marktwirtschaftlichen Prozesse zuwider. Und darüber hinaus, und darin ist Marx wirklich originell, zeigt er in den *Randglossen zum Gothaer Programm*, dass eine solche Forderung nicht einmal konsistent zu formulieren ist (vgl. oben Abschnitt 7.5).

Hegels Konzeption unterstellt jedoch die Möglichkeit einer, von Marx verworfenen, affirmativen Wirtschaftspolitik. Hegel argumentiert durchaus von einer bestimmten Idee von Gerechtigkeit her, nämlich von den oben in Abschnitten 17.5 und 17.8 genannten vier Rechten der privaten und substantiellen Person. Hegel kann geltend machen, dass die moderne Wirtschaft in ihrer Struktur darauf angelegt ist, diese Rechte auch zu realisieren. Und auf diese Überlegung kann sich eine Konzeption von Wirtschaftspolitik stützen. Aus diesem Gedanken der vier Rechte ergeben sich nun Ziele der staatlichen Politik auf die Wirtschaft. Diese Ziele sind zum einen,

- diesen Rechten überall Geltung zu schaffen,
- für die Sicherung der materiellen Basis, des staatlichen und gesellschaftlichen Lebens zu sorgen sowie
- die politische Stabilität zu sichern.

Diese umfassenden Ziele lassen sich konkretisieren. Danach sollte der Staat zunächst

- sich um die Minderung der Folgen wirtschaftlicher Krisen bemühen.
- Weiter sollte der Staat auf die Nivellierung von Einkommens- und Vermögensunterschieden hinwirken,
- Arbeitslosigkeit bekämpfen und
- für Bildung sorgen – ein Ziel, das auch Adam Smith als Aufgabe staatlicher Politik begriffen hat.

In diesem Zusammenhang scheint es uns wichtig, darauf hinzuweisen, dass die Mehrung des Reichtums oder das *Wirtschaftswachstum* in einer hegelschen Konzeption kein primäres

Ziel staatlicher Politik ist. Zwar kann es Gründe geben, ein solches Wirtschaftswachstum um anderer Ziele willen zu fördern – etwa um der Sicherung der materiellen Basis oder der politischen Stabilität willen, oder um der Arbeitslosigkeit entgegenzuwirken. An sich selbst jedoch hat die Politik kein Interesse an der Förderung des Wirtschaftswachstums.

Allerdings – und dies ist hier möglicherweise von noch größerer Bedeutung – schließt die hegelsche Konzeption eine wachstumsorientierte Politik auch nicht prinzipiell aus. Hegel ist nicht Aristoteles, der jeder Steigerung wirtschaftlicher Produktion und Bedürfnisbefriedigung eine Grenze setzen will, weil die Idee des guten Lebens dieser Bedürfnisbefriedigung ein bestimmtes Maß vorgibt. Hegel aber sieht, dass es in der Entwicklung der Bedürfnisse keine Grenze gibt. Deshalb ist die – übrigens keineswegs isolierte – Meinung Priddats (1990: 156) unzutreffend, Hegel habe »die alte ethische Kritik der Maßlosigkeit des Erwerbsstrebens erneuert«.[16] Das hat Hegel nicht, und deswegen ist wachstumsorientierte Politik eine, wenn auch freilich nur unter bestimmten Umständen, mögliche Option.

Welche Möglichkeiten aber hat die Politik in einer kapitalistischen Marktwirtschaft? Wir haben schon gesehen, dass anders als Marx nahelegt, die Politik nicht durch das Kapitalprinzip bestimmt wird, und dass, wie Braudel zeigt, »Kapitalismus« und Marktwirtschaft keinen notwendigen Zusammenhang bilden. Die Ausbildung kapitalistischer Formen der Wirtschaft ist offenbar im Gegenteil abhängig von politischen Entscheidungen; doch welche Möglichkeiten hat die Politik in einer Marktwirtschaft, die durch eigene Gesetzmäßigkeiten bestimmt ist, ihre Ziele zu verfolgen?

Wie kann der Staat aber seine Ziele erreichen? Er kann das, weil die Wirtschaft in ihrer Selbstorganisation der staatlichen Politik bereits entgegenkommt. Die Interessen der Wirtschaft-

---

[16] Die moderne philosophische Hegelforschung sieht zwar die Modernität der hegelschen Konzeption, doch außerhalb dieser Forschung ist eine Einschätzung wie die Priddats weit verbreitet.

akteure sind für die Politik nicht einfach Beschränkungen, sondern Interessen, die dem Staat Kooperationsmöglichkeiten eröffnen. Das Bild von staatlicher Politik, das Hegel zeichnet, ist das einer indirekten Steuerung. In der Terminologie der modernen Governancediskussion würde man die von Hegel skizzierte Wirtschaftspolitik als eine Form des kooperativen Regierens bezeichnen (vgl. Petersen und Klauer 2012). Kooperatives Regieren bedeutet, dass die staatliche Politik, wenn sie bestimmte Ziele nicht einseitig durch Einsatz ihrer souveränen Macht erreichen kann, versucht, diese Ziele in der freiwilligen Kooperation mit nichtstaatlichen Akteuren (kommunalen, privaten sowie aus Verbänden oder Nichtregierungsorganisationen etc.) zu realisieren. Dabei wird immer unterstellt, dass die Interessen der staatlichen Politik und dieser Akteure nicht nur im Konflikt miteinander stehen, sondern sich auch ergänzen und zum Teil zu einer Übereinstimmung gelangen können.

Während Marx die kapitalistische Wirtschaft im Ganzen von der Pleonexia, dem Mehrhabenwollen, bestimmt sieht, ist Hegel der Auffassung, dass diese Pleonexia immer nur eine Seite in der Wirtschaft ist und auch nur in einem der Stände, nämlich dem »Gewerbestand« (Industrie, Handel, Banken, Versicherungen etc.), ihren eigentümlichen Ort hat.

Da Hegel aber die Wirtschaft unter dem Aspekt betrachtet, wie sie die vier vorgenannten Rechte der Personen realisiert, kann er auch die Figur der sich hinter dem Rücken der Individuen vollziehenden Entwicklungen (unsichtbare Hand, Förderung des allgemeinen Wohlstandes durch den Eigennutz, Logik der Kapitalakkumulation) noch einmal in einer Weise deuten, wie sie sich sonst nicht findet. Diese Figur wird nicht nur auf wirtschaftliche Phänomene bezogen (die Wirkung der unsichtbaren Hand sieht Hegel auch), sondern auch auf politische Phänomene und Interessen. Bildung müssen die Einzelnen erwerben, um ihre eigennützigen Interessen verfolgen zu können, doch für Hegel ist dabei vor allem von Bedeutung, dass sie dadurch zu urteilsfähigen Bürgern des Staates werden, die durch ihre er-

worbenen Kenntnisse in der Lage sind, kompetenter in der politischen Willensbildung mitzuwirken.

Weiter ist hervorzuheben, dass insbesondere die Differenzierung zwischen landwirtschaftlicher und gewerblicher (Handwerk, Industrie und Handel) Wirtschaft einen sachlichen Grund
für entsprechende Differenzierungen der staatlichen Politik
gibt. Auf der Basis des Ansatzes von Hegel kann man zeigen,
warum es in der Landwirtschaft wirtschaftlich sinnvoll ist, in
großem Ausmaß zu regulieren und etwa Subventions- und
Preispolitik zu betreiben.[17]

Auch eine Wettbewerbspolitik des Staates findet sich bei
Hegel schon skizziert. Denn so wichtig Korporationen für die
Wirtschaft und die Politik sind, es besteht die Gefahr, dass diese
Organisationen selbst das Wirtschaftsgeschehen überregulie-
ren, etwa durch Beschränkung des Marktzugangs durch Mit-
bewerber oder Kartellbildung. Einer solchen Überregulierung
muss der Staat entgegenwirken. Hegel spricht in dieser Hinsicht
von der Gefahr, die Korporationen könnten zu einem »elenden
Zunftwesen« herabsinken. Damit ist vor allem die Tendenz der
Korporationen gemeint, wie die mittelalterlichen Zünfte Konkurrenz und Wettbewerb zurückzudrängen. Heute würde Hegel
auch sicherlich Gefahren sehen, dass diese Verbände und Organisationen einen illegitimen Einfluss auf die Politikgestaltung
selbst nehmen können.

Insofern als Hegel immer von den vier Rechten der Person
her argumentiert, kann er eine legitime liberale Position der
Wirtschaftspolitik formulieren, die sich nicht auf die Formel
der Stärkung der Marktkräfte reduziert. Dabei ignoriert er kei-
nes der Probleme, die Marx erkennt und von denen Marx meint,
dass sie eine staatliche Wirtschaftspolitik unmöglich machen;
Hegel stellt keine der Forderungen an die Wirtschaftspolitik,
für deren Unrealisierbarkeit Marx gute Gründe angeben kann.

---

[17] Das soll nicht heißen, dass Subventionierung und Preissetzung im Einzelnen nicht auch verfehlt sein können – im Einzelnen kann das zwar der
Fall sein, aber nicht grundsätzlich.

Insbesondere plädiert Hegel nicht für direkte staatliche Eingriffe zur Förderung der Gleichheit von Einkommen und Vermögen. Diese Zurückhaltung erklärt sich nicht aus Rücksichten, die der Zeit geschuldet sind, sondern hat einen systematischen Grund in Hegels Ansatz: Der Staat muss immer die Selbstregulierung der Ökonomie berücksichtigen.

Gerade weil Hegel die sozialen Verwerfungen, die die moderne Wirtschaft mit sich bringt, keineswegs bagatellisiert, ist seine Theorie der Wirtschaft die vielleicht stärkste und subtilste Verteidigung der Marktwirtschaft. Marx hat diese Theorie weitgehend ignoriert und nicht versucht, sie zu erschüttern. Vermutlich hätte er das auch nicht können. Gegen liberale Theorien, die abstrakt die Freiheit und die Vorteile dieser Wirtschaftsform herausstellen, kann Marx immer darauf verweisen, dass häufig ein Teil der Menschen dieser Wirtschaft von diesen Vorteilen ausgeschlossen ist und die abstrakte Freiheit ohne diese Vorteile keine wirkliche Freiheit ist (vgl. MEW 23: 199; MEW 4: z. B. 477). Gegen Hegel ist das nicht so leicht möglich. Dass die abstrakte Freiheit des Proletariers noch keine wirkliche Freiheit ist, das sieht auch Hegel. Doch Hegel sieht einen Weg, wie in der modernen Marktwirtschaft jeder einer wirklichen Freiheit teilhaftig werden kann.

Wir können an dieser Stelle kein definitives Urteil darüber abgeben, ob Hegels Einschätzung der modernen Wirtschaft adäquater ist, als diejenige von Marx. Möglicherweise hat Hegel die Fähigkeit dieser Wirtschaft zur Selbstregulierung auch überschätzt. Vielleicht ist er seinem Programm der Versöhnung der Gegensätze hier zu umstandslos gefolgt. Doch man kann Hegel nicht vorhalten, diese Gegensätze zu beschönigen und sie weniger scharf zu zeichnen als Marx. Uns ging es in diesem Kapitel darum zu zeigen, dass man, auch wenn man Marx' kritische Diagnose mehr oder weniger teilt, mit guten Gründen zu anderen Schlussfolgerungen gelangen kann. Insofern ist die durch Hegel eröffnete Perspektive eine wirkliche Alternative zu Marx.

22. Die Macht der Politik

Bei Diskussionen um den Kapitalismus steht typischerweise die Frage im Vordergrund, ob die kapitalistische Wirtschaft mehr erwünschte oder unerwünschte Wirkungen zur Folge hat. Kapitalismus fördere das Wachstum, den technischen Fortschritt und damit die Wohlfahrt, so die eine These. Oder aber, so die Kritiker, der Kapitalismus führe zu stetig wachsender Ungleichheit innerhalb der Staaten wie international, er sei verantwortlich für das Elend der Entwicklungsländer und für die Umweltzerstörungen durch die Industriegesellschaft. Je nachdem, ob man einer dieser beiden Extrempositionen zustimmt oder eine mittlere Position des Sowohl-als-Auch vertritt, wird dann entweder die vollständige Deregulierung des Kapitalismus oder auf der anderen Seite seine Abschaffung gefordert – oder man spricht sich für eine Einhegung und mehr oder weniger maßvolle Regulierung kapitalistischer Aktivitäten aus.

Solche Diskussionen tun nach unserer Einschätzung den zweiten Schritt vor dem ersten. Sie formulieren praktisch-politische Empfehlungen, ohne sich zuvor zu fragen, was die Natur des Kapitalismus eigentlich ist und welche Handlungsmöglichkeiten es in Bezug auf ihn überhaupt gibt. Und auch die möglichen konterproduktiven Folgen möglicher Eingriffe in die kapitalistische Wirtschaft werden zumeist nur unzureichend bedacht.

Das marxsche Unternehmen ist nicht von dieser Art. *Das Kapital* von Marx ist ein Versuch, den Kapitalismus bzw., wie Marx zu sagen bevorzugt, »die kapitalistische Produktionsweise«, zu begreifen. Marx tut damit eben das in Bezug auf den Kapitalismus, was Hegel in der Rechtsphilosophie in Bezug auf den Staat gefordert hat. Es geht Hegel danach nicht darum, »den Staat darüber zu belehren, wie er sein soll, sondern ihn als Vernünftiges zu begreifen und darzustellen.« (Hegel 1969.7: 26) Auch Marx begreift den Kapitalismus als etwas »Vernünftiges« (als etwas, was wir aus guten Gründen affirmieren sollten). Denn in seinem Stadienmodell der Geschichte ist der Kapitalismus eine notwendige Etappe in der Entwicklung der Produktiv-kräfte. Die Frage, ob der Kapitalismus wünschenswert ist oder nicht, schien Marx deswegen verfehlt. Doch Marx stellt die Dynamik der kapitalistischen Wirtschaft als eine schlechterdings übermächtige dar, in die politische Eingriffe gar nicht möglich sind (vgl. oben Abschnitt 9.1).

Wenn wir deshalb im vorigen Kapitel der marxschen Konzeption die Auffassung des Sozialgeschichtlers Fernand Braudel entgegengestellt haben, so deshalb, weil Braudel die Rolle des Kapitalismus innerhalb der Wirtschaft anders beurteilt als Marx und auch die Beziehung des Kapitalismus zur Politik anders sieht.

22.1. Einführung

Das marxsche Unternehmen ist Politische Ökonomie bzw. deren Kritik. Deswegen waren im Bisherigen Fragen der Politik, welche die Ökonomie betreffen, immer wieder Gegenstand unserer Darstellung; das betrifft Fragen

- der Einkommens- und Vermögensverteilung,
- der Gerechtigkeit und
- schließlich die Frage, was der Staat überhaupt ist und
- ob er und welche Möglichkeiten Staat und Politik haben, in die Sphäre der Politik einzugreifen.

Anders gefragt, gibt es überhaupt eine von der Ökonomie unabhängige Macht und wenn ja, wie weit reicht sie? Insoweit wie Marx hierzu Aussagen formuliert, negieren diese jede Unabhängigkeit von Staat und Politik gegenüber der Sphäre der Ökonomie. Verteilung von Gütern, Einkommen und Vermögen ergeben sich aus den Produktionsverhältnissen; Forderungen nach einer gerechten Verteilung sind nicht nur ohnmächtig, sondern in sich verfehlt, und der Staat ist in Engels' Worten ein »ideeller Gesamtkapitalist« (MEW 20: 260) oder er ist, wie es in der *Deutschen Ideologie* heißt: »weiter Nichts als die Form der Organisation, welche sich die Bourgeois sowohl nach Außen als nach innen [sic!] hin zur gegenseitigen Garantie ihres Eigentums und ihrer Interessen notwendig geben.« (MEW 3: 62) Danach wäre der Staat nicht einmal eine politische »Diktatur der Bourgeoisie« (Philosophisches Wörterbuch 1969, Band 2: 1036), in der sich die Kapitalistenklasse der politischen Organisation bemächtigt hätte. Unsere Diskussion der jüngsten Finanzkrise und der historisch gerichteten Untersuchungen von Thomas Piketty und Fernand Braudel stellen die marxschen Thesen zu Staat und Politik jedoch grundsätzlich in Frage.

22.2 Was ist Politik?

Um die Frage nach der Macht der Politik beantworten zu können, müssen wir uns wenigstens kurz darüber verständigen, was wir unter Politik eigentlich verstehen. Das Wesen der Politik wird von vielen in ganz unterschiedlichen Dingen gesehen, sodass dieses Unterfangen nicht ganz leicht ist. Geeignet erscheint uns ein Kriterium, das Niklas Luhmann vorgeschlagen hat. Luhmann (1947b: 159) sieht die spezifische Funktion der Politik in der »Herstellung bindender Entscheidungen«. Diese »politische Funktion« bleibt nach Luhmann in mehreren Richtungen offen: »im Hinblick auf die Themen, über die entschieden und im Hinblick auf die Motive, die die Annahme der Entscheidungen bewirken.« (ibid.) Hinzu kommt, »daß das politische System die Annahme noch unbestimmter beliebiger Entscheidungen, [...], sicherstellen müsse.« (ibid.) Das bedeutet, dass Politik wesentlich mit Macht verbunden ist, welche »die Übertragung von Entscheidungsleistungen ermöglicht.« (ibid.: 160) Dass eine Entscheidung bindend ist, heißt demnach, dass der Entscheidende Macht in dem Sinne hat, dass er Andere dazu bringen kann, diese Entscheidung zu befolgen und dies jederzeit und unter allen (normalen) Umständen.[18]

---

[18] Siehe dazu Petersen (2018).

Politik als Herstellung bindender Entscheidungen bezieht sich daher immer auf eine politische Einheit, die territorial oder personell gegen andere solche Einheiten abgegrenzt ist. Hierin liegt ein wichtiger Unterschied zur Ökonomie, insofern diese Ökonomie eine Marktwirtschaft ist. Die Marktwirtschaft ist immer darauf angelegt, Grenzen zu überschreiten und überhaupt grenzenlos zu sein. Die Politik ist zentral, die Marktwirtschaft dagegen dezentral.

Die Leistung der Politik besteht nun in der Erhaltung einer stabilen Struktur, die zugleich als legitime Ordnung akzeptiert wird. In einem formalen Sinn kann man diese Ordnung als gerecht bezeichnen.

Dieser allgemeine Begriff der Politik lässt sich auf alle im weitesten Sinne staatlichen Strukturen anwenden, also auch auf theokratische oder andere Herrschaftsformen mit uneingeschränkter Gewalt. In einem spezifischeren Sinn, der auf das ursprüngliche Verständnis bei den antiken Griechen zurückgeht, besorgt die Politik das allgemeine Interesse einer Gemeinschaft von Gleichen. Die Politik ist gerecht, wenn sie jedem gibt, was ihm zukommt, und zugleich das allgemeine Wohl fördert. In diesem Sinn ist für Marx in Klassengesellschaften Politik nicht möglich. Denn es gibt kein allgemeines Interesse, das Kapitalisten und Proletarier oder allgemeiner herrschende und beherrschte Klassen miteinander verbände. Politik im spezifischen Sinne kann es aber nur geben, wenn der Klassengegensatz nicht die politische Einheit zerreißt, also unter einer kritischen Schwelle bleibt, sodass es zwischen Kapitalisten und Proletariern ein gemeinsames allgemeines Interesses gibt.[19]

Für Marx und Engels hatte die Überzeugung, dass es ein solches allgemeines Interesse von Kapitalisten und Proletariern nicht gibt, angesichts des damaligen Elends der Arbeiterklasse hohe Plausibilität. Ob es in einer »kapitalistischen Gesellschaft« ein allgemeines Interesse jemals geben kann, das den Gegensatz zwischen Kapital und Arbeit relativiert, ist hier freilich nicht

---

[19] Siehe dazu auch Schmitt (1963: 38 u. 73).

unsere Frage. Wir wollen vielmehr klären, inwieweit die Politik, sei es im engeren oder weiteren Sinne des Begriffs, sich in der modernen auf Marktbeziehungen beruhenden Wirtschaft durchsetzen kann. Das ist eine Frage, die sich zumindest nicht allein in einer philosophisch-begrifflichen Erörterung klären lässt.

22.3 Politik und Marktwirtschaft

Welche Macht hat die Politik über die Wirtschaft? Es gibt historische Beispiele, in denen die Politik der bestimmende Faktor auch der Ökonomie gewesen ist. In Altägypten waren Produktion und Distribution ganz in Händen der politischen Macht.[20] Beispielhaft zeigt das die Josefsgeschichte aus dem Buch Genesis. Das Aufspeichern von Getreide in den sieben fetten Jahren und die kontrollierte Ausgabe in den sieben mageren Jahren ist alleinige Angelegenheit des Pharaos und seines Beauftragten Josef. Ein weiteres Beispiel der Neuzeit stellen die sozialistischen Planwirtschaften zwischen 1917 und 1989 dar, in denen die Wirtschaft vom Staat zentral gelenkt wurde.

Die Dinge stellen sich aber grundlegend anders in einer entwickelten Marktwirtschaft dar, auch wenn sich solche Marktwirtschaften nicht ohne tatkräftige Politik ausbilden können. Marktwirtschaften haben eine Eigengesetzlichkeit. Sie sind zwar kein System, aber haben doch systemische Züge, die vor allem Adam Smith herausgestellt hat. Es gibt in einer Marktwirtschaft ein System der Preise. Cum grano salis bilden sich die Preise durch Angebot und Nachfrage, und zugleich sorgen die Preise dafür, dass Angebot und Nachfrage eine Tendenz haben, sich auszugleichen. Monetärer Sektor (Preise) und realer Sektor (Güter und Dienstleistungen) bilden einen sich selbst regulierenden, rekursiven und systemischen Zusammenhang. Dieser Zusammenhang bildet für die Politik eine Grenze ihrer Macht;

---

[20] Siehe Assmann (1991, 1995; 1995: z. B. 238).

denn Eingriffe in die Marktwirtschaft haben nicht nur akzidentiell, sondern systemisch unbeabsichtigte und unerwünschte Nebenwirkungen, die oft das erstrebte Resultat in sein Gegenteil verkehren. Die moderne Wirtschaftswissenschaft kann hierfür mit einer Fülle von Beispielen aus ganz unterschiedlichen Bereichen, insbesondere aus dem Arbeitsmarkt, aufwarten. Treffend bringt das eine Anekdote über den Minister Ludwigs XIV. Jean-Baptiste Colbert (1619–1683) zum Ausdruck; Colbert fragte den Händler Le Gendre: »Was kann ich für Sie tun?« Le Gendre hat darauf erwidert: »Was Sie für uns tun können? Lassen sie uns nur machen (laissez nous faire).«[21] Direkt kann die Politik nur Rahmenbedingungen setzen, die im wesentlichen Verbote sind. Will sie darüber hinaus positive Ziele erreichen, kann sie das nur durch indirekte Steuerung versuchen, wie z. B. durch Erhebung von Abgaben oder durch Subventionen.[22]

22.4. Politik und Kapitalismus

Wir haben oben in Kapitel 20 das zentrale Werk des Sozialgeschichtlers Fernand Braudel behandelt. Entgegen einer verbreiteten Auffassung trennt Braudel Kapitalismus und Marktwirtschaft. Braudel weist auf historische Beispiele von entwickelten Marktwirtschaften hin, die keine signifikante Akkumulation von Kapital kannten. Umgekehrt ist der Kapitalismus, das heißt eine Wirtschaftsweise, die primär am Gewinn und der Kapitalakkumulation interessiert ist, darauf angewiesen, dass es eine Marktwirtschaft gibt, also Märkte und ein Geldwesen existieren. Doch hängt der Kapitalismus, wie Braudel zeigt, häufig davon ab, dass er die für die Marktwirtschaft typische Transparenz umgehen und Konkurrenz weitgehend aus-

---

[21] Vgl. Foucault (2006: 40).
[22] Luhmann (2000: 113) beschreibt die Herausbildung der modernen Marktwirtschaft als »Systemdifferenzierung von Wirtschaft und Politik.«

schalten kann. Der Kapitalismus benötigt, wie Braudel ausführt, rechtliche oder faktische Monopole, und dazu braucht er die Unterstützung der Politik.

Die Trennung von Kapitalismus und Marktwirtschaft bei Braudel beruht auf einer wichtigen Einsicht, nämlich dass Markwirtschaften sich spontan bilden, dass aber die Kapitalakkumulation häufig nur mit politischer Unterstützung möglich ist bzw., wie Braudel am Beispiel der Ming-Dynastie (1368-1644) in China zeigt, auch unterdrückt werden kann. Politik und Staat haben also Möglichkeiten, die Herausbildung kapitalistischer Wirtschaftsstrukturen zu steuern. Sie können sie fördern durch Gewährung von Monopolen und Handelsprivilegien oder durch Subventionen und die Politik kann die Kapitalakkumulation auch behindern, etwa durch Besteuerung, und sie sogar ganz unterdrücken. Vermutlich kann die Politik in kapitalistische Strukturen direkter eingreifen als in das, was wir Marktwirtschaft nennen.

Wie Braudel gezeigt hat, ist der Aufstieg des Kapitalismus durch eine Allianz von Kapitalisten und politischer Macht bedingt, wenn nicht beide insofern identisch werden, als die Kapitalisten selbst die politische Macht innehaben, wie z.B. in Florenz die Geldaristokratie der Medici und anderer Familien. Eine derartige Personalunion von wirtschaftlicher und politischer Macht hatte Karl Marx auch im *18. Brumaire des Louis Bonaparte* (MEW 8) beobachtet, als er unterschiedliche Fraktionen der Bourgeoisie zwischen der Revolution von 1848 und dem Staatsstreich Louis Napoleons 1851 sich an der politischen Macht abwechseln sah. Daraus darf man jedoch nicht schließen, dass der moderne Staat nur eine Organisationsform oder ein »Exekutivausschuss« der Bourgeoisie ist.

Braudels Forschungen zur Entstehung des Kapitalismus zeigen auch, dass der Staat sowohl in die Verteilung von Einkommen und Vermögen eingreifen kann, ohne dass die Eigendynamik der Marktwirtschaft die Folgen solcher Eingriffe neutralisiert. Dies aber war Marx' These, die jedoch auf der Arbeitswertlehre und deren Anwendung auf die Ware Arbeitskraft beruhte. Dass diese Begründung jedoch aufgrund der Mängel der Arbeitswertlehre nicht trägt, hatten wir bereits in Abschnitt 8.1 gezeigt.

22.5 Fazit

Es zeigt sich, dass die Frage nach der Macht der Politik in der Wirtschaft differenziert beantwortet werden muss. Durch die Herausbildung einer umfassenden Marktwirtschaft ist eine Sphäre entstanden, die sich dem direkten Zugriff der Politik entzieht. Die Politik kann hier nur Rahmenbedingungen festlegen und Instrumente der indirekten Steuerung anwenden. Allerdings zeigt die Entwicklung des Kapitalismus, dass direkte Eingriffe der Politik in das Wirtschaftsgeschehen gleichwohl möglich sind, und zwar sowohl was die Einkommens- und Vermögensverteilung als auch die Akkumulation von Kapital (vgl. oben Kapitel 19) betrifft. In keinem Fall aber ist die Auffassung haltbar, die Marx wenigstens nahelegt, dass nämlich die Politik eine bloße Funktion der Ökonomie sei.

Teil 4

23. Fazit

Vorbemerkung

In Teil 1 dieses Buches haben wir uns ganz auf das Werk von Karl Marx konzentriert und im Anschluss daran in Kapitel 10 ein erstes Fazit formuliert. Wir werden darauf hier im Einzelnen nicht mehr zurückkommen. Um zu einer wirklichen Beurteilung zu gelangen, haben wir Marx in Teil 2 im Kontext diskutiert, indem wir zunächst auf seine Vorläufer in der Philosophie der Wirtschaft eingegangen sind. Dieser Teil hat ideengeschichtlichen Charakter. Teil 3, in dem wir das marxsche Konzept auf den Prüfstand stellen, versammelt unterschiedliche Kapitel, von denen die ersten drei der Empirie besonderes Gewicht geben. In Kapitel 18 konfrontieren wir den marxschen Ansatz mit der Finanzkrise von 2008 und ihren Folgen. Kapitel 19 vergleicht Marx mit der empirischen Untersuchung des Ökonomen Thomas Piketty *Das Kapital im 21. Jahrhundert.* Kapitel 20 beschäftigt sich mit den sozialgeschichtlichen Untersuchungen Fernand Braudels, die ein anderes Verständnis von kapitalistischer Wirtschaftsweise nahelegen, als Marx es hat. In diesen drei Kapiteln werden Grenzen und Einseitigkeiten des marxschen Konzepts deutlich, die vor allem mit seiner systematischen Unterschätzung der Politik zusammenhängen. Im vorletzten Kapitel von Teil 3, dem Kapitel 21, gehen wir der Frage nach, ob nicht die von Hegel entwickelte Lehre von der bürgerlichen Gesellschaft, einen geeigneten Rahmen darstellt, in dem sich die Einseitigkeiten des marxschen Ansatzes vermeiden lassen, die gleichwohl seine Stärken zu Geltung kommen lassen. In Kapitel 22 untersuchen wir, welche Macht die Politik hat, wirtschaftliches Geschehen zu beeinflussen.

Die Renaissance, die Marx gegenwärtig erfährt, zeigt seine ungebrochene Attraktivität. Welche Gründe hat sie? Zuerst wohl das wachsende Unbehagen an dem modernen marktwirtschaftlichen Wirtschaftssystem, das Marx als Kritiker dieses Wirtschaftssystems wieder interessant macht. Und Marx ist eben nicht irgendein Kritiker. Durch seine stupende Intelligenz, durch die Leichtigkeit, mit der er sich in Ökonomie und Philosophie bewegt, hat er stets den Eindruck vermittelt, über Einsichten zu verfügen, die allen anderen, die über unser Wirtschaftssystem nachdenken, abgehen. Aus Marx konnte immer ein gewisser intellektueller Hochmut Honig saugen, der mit mildem Lächeln auf die liberalen Verteidiger der Marktwirtschaft ebenso wie auf deren Kritiker, die sie politisch reformieren wollen, herabsieht. Zugleich kann für Marx einnehmen, dass er mit vergleichsweise einfachen Gedankengebilden wie der Arbeitswertlehre, der Mehrwerttheorie und dem Gesetz des tendenziellen Falls der Profitrate dem Anschein nach eine komplexe Ökonomie gedanklich durchdringen und ihre langfristige Entwicklung prognostizieren kann. Auch wenn diese Theorien und Theoreme viele Fragen offen lassen und die daraus folgenden Prognosen sich bisher nicht bewährt haben, scheint es doch vielen so, als könne man aus dem marxschen Werk noch bisher ungehobene Schätze bergen und neue Einsichten gewinnen.

Marx' ungebrochene Attraktivität und die gegenwärtige Marxrenaissance stellen noch einmal nachdrücklich die Fragen, mit denen sich auch die Autoren dieses Buches beschäftigt haben:

23.1 Was können wir von Marx lernen? Was hat er über unsere Wirtschaft zu sagen?

Die Leser unseres Buches mögen bei diesen beiden Fragen ein wenig ratlos sein. Jedenfalls gibt es auf diese Fragen keine einfachen Antworten. Vielleicht beginnen wir damit festzustellen, was Marx alles nicht sagt, was ihm gleichwohl häufig zugeschrieben und wofür er zu Unrecht in Anspruch genommen wird. Denn wenn es das Schicksal jedes bedeutenden Denkers ist, von seiner Umgebung und der Nachwelt missverstanden zu werden, dann hat dieses Schicksal Marx besonders hart getroffen. Entgegen einer weitverbreiteten Ansicht wollen wir Folgendes festhalten:

- Marx fordert keine Regulierung der kapitalistischen Wirtschaft.
- Er ergreift nicht Partei für den Staat gegen den Markt.
- Er kritisiert die Einkommensverteilung in der kapitalistischen Wirtschaft nicht als ungerecht.
- Er plädiert nicht für eine Verstaatlichung aller oder auch nur einiger Unternehmen.
- Die populäre Kritik an der Gier der Banker, Spekulanten, Anleger oder anderer kann sich nicht auf Marx berufen.
- Marx ist kein Kritiker des Marktliberalismus. Mit gutem Recht kann man ihn »a champion of free trade« (Desai 2002: 3) nennen. Es besteht keineswegs ein unüberwindlicher Gegensatz zwischen Marx' Einschätzung der modernen Wirtschaft und den marktliberalen Ideen eines Friederich August von Hayek. Beide treffen sich in der Überzeugung von der Unregulierbarkeit der kapitalistischen Marktwirtschaft. Beide halten staatliche Wirtschaftspolitik für unmöglich, systemfremd und verfehlt, beide sehen in der Wirtschaft einen konkurrenzgetriebenen evolutionären Fortschritt und beide weigern sich, die Resultate des marktwirtschaftlichen Austauschprozesses unter Kriterien der Gerechtigkeit zu bewerten.
- Marx ist kein moralischer oder moralisierender Kritiker der kapitalistischen Gesellschaft.
- Marx ist kein Verächter der modernen »Bourgeoisie«. Im *Manifest der Kommunistischen Partei* rühmen Marx und Engels die Bourgeoisie oder die Kapitalistenklasse für deren unvergleichliche Leistungen.

Marx zeigt also durchaus eine gewisse Nähe zu marktliberalen Positionen, und er verweigert sich jeder – jedenfalls direkten – moralischen Kritik an der modernen kapitalistischen Wirtschaft. Von daher ist es etwas verwunderlich, dass Marx immer noch eine Leitfigur des gegenwärtigen Antikapitalismus ist und die Überzeugung, dass »Marx recht hätte« (vgl. Eagleton 2011), wieder recht populär ist. Aber womit soll Marx Recht gehabt haben? Vieles an seinem Werk wirkt disparat und unzureichend integriert, so dass gar nicht leicht zu sagen ist, was denn nun die marxsche These sein soll.

Aus unserer Sicht dürfte Folgendes entscheidend sein. Marx war niemals an partikularen Verbesserungen der kapitalistischen Wirtschaft oder an einer Verminderung von Einkommensungleichheiten interessiert. Vielmehr stellte Marx eine radikale Alternative zur gegenwärtigen Wirtschaftsform in Aussicht und trat dabei mit dem Anspruch auf, dieser Alternative auch noch ein wissenschaftliches Fundament geben zu können.

Dieses Programm konnte Marx glaubhaft machen, weil sich bei ihm eine überlegene Intellektualität, eine außerordentliche Formulierungsgabe und ein ebenso außerordentlicher Fleiß miteinander verbinden. So konnte Marx sich selbst wirkungsvoll als einen Denker inszenieren, der in seinen tiefen Einsichten nicht nur in die Ökonomie, sondern auch in die geschichtliche Bedingtheit der menschlichen Existenz allen anderen überlegen ist.

Marx' Wirkung ist freilich nicht ohne Friedrich Engels zu verstehen, dessen Leistungen häufig unterschätzt werden. Seit den frühen 1840er Jahren war Engels Marx intellektuell und freundschaftlich eng verbunden, und Engels ist es auch gewesen, der Marx' Interesse auf die Nationalökonomie gelenkt hat. Dabei hat Engels Marx' intellektuelle Überlegenheit stets ohne Vorbehalt anerkannt. Doch er hat Entscheidendes für Marx' Popularität getan, in dem er wie ein »gestiefelter Kater« Marx als den Begründer des wissenschaftlichen Sozialismus oder den »Darwin der Geschichtswissenschaft« feierte. Das war umso wirkungsvoller, als es Engels verstand, die oft spröden marxschen Thesen und Theoreme in zwar vergröbernde, aber griffige und einprägsame Formulierungen zu übersetzen.

23.2 Marx' Leistungen

Was aber hat Marx nun geleistet? Will man seine Leistungen mit einem Wort charakterisieren, so liegen sie wohl darin, dass er in besonderem Maße neue und überraschende Zusammenhänge herstellt und dass er sich in verschiedenen Disziplinen mit großer Professionalität bewegen kann.

- Mit großer Leichtigkeit bewegt sich Marx in Ökonomie, Philosophie, Geschichte, Ideengeschichte und Politik, so dass er mit Recht als einer der Begründer der Soziologie angesehen werden kann (Löwith 1990: 213).
- Besonders beeindruckend ist Marx' umfassende Interdisziplinarität.
- Marx hat einen guten Blick dafür, wie sehr der Mensch ein Gemeinschaftswesen oder ein gesellschaftliches Wesen ist.
- An modernen Gesellschaften mit einer Marktwirtschaft wird meistens die große individuelle Freiheit und Unabhängigkeit der Einzelnen herausgestellt. Marx aber sieht, dass gerade hier die Abhängigkeit der Individuen voneinander besonders stark ist. Das haben allerdings auch schon Rousseau und Hegel gesehen.
- Marx sieht, dass man politische Ideen, wirtschaftliche, rechtliche und institutionelle Strukturen in einem Zusammenhang sehen muss; dies ist der Kern der »materialistischen Geschichtsauffassung«.
- Ein besonderer Aspekt der »materialistischen Geschichtsauffassung« ist dieser: Marx hat einen Blick für die Funktionsweise von philosophischen und politischen Theorien in einer Gesellschaft. Damit ist nicht nur gemeint, dass solche Theorien Ideologien sind, d. h. Ausdruck von partikularen Interessen, die als allgemeine Interessen auftreten. Mit Funktion meinen wir auch, dass solche Theorien nicht nur ein Reflex gesellschaftlicher und ökonomischer Strukturen und Verhältnisse, sondern auch ein eigenes prägendes Moment dieser Verhältnisse sind. Kapitalistische Strukturen setzen voraus, dass die Individuen sich selbst als unabhän-

gige Privatpersonen und Eigentümer verstehen, wie dies die liberalen Theorien von John Locke und Adam Smith tun. Insofern hat Marx entdeckt, dass die liberalen Ideen von Freiheit, Gleichheit und Eigentum nicht eine äußerliche Maske sind, hinter der sich kapitalistische Ausbeutung und Herrschaft verbergen, sondern dass sie vielmehr die spezifische Form sind, in der sich in der kapitalistischen Wirtschaft Ausbeutung und Herrschaft realisieren. Aus dieser Entdeckung hat Marx jedoch wenig gemacht. Entwickelt hat einen derartigen Zusammenhang Alasdair MacIntyre (1988) in seinem Buch *After Virtue*, dessen Analyse der Rolle von Moralphilosophie in modernen und vormodernen Gesellschaften von Marx inspiriert ist.

- Er erkennt die Abhängigkeit der Distribution von der Produktion, d. h. dass sich bei gegebenen »Produktionsverhältnissen« eine bestimmte Distribution von Einkommen und Vermögen ergibt, die sich nur begrenzt nachträglich korrigieren läßt.

- Marx kritisiert subtil allzu einfache Gerechtigkeitsvorstellungen. Er hat große Reserven gegen abstrakte Verteilungsnormen, weil er sieht, dass sich diese in Marktwirtschaften nicht einfach umsetzen lassen.

- Er wandte sich gegen die einfache moralische Kritik an Gier und Habsucht und macht auf deren institutionelle Bedingtheit aufmerksam.

- Marx sieht als erster das Problem, das eine rein wirtschaftliche Macht für die Politik darstellt. Dieses Problem besteht nicht darin, dass die Vermögenden durch Organisation, Lobbying und Ähnliches Einfluss auf die politische Willensbildung gewinnen, sondern darin, dass die Politik in Abhängigkeit von rein ökonomischen Entscheidungen gerät, wie Standortwahl von Unternehmungen, Produktionsentscheidungen und Einstellungspraxis von Unternehmen. Derartige ökonomische Entscheidungen haben unmittelbar keinen politischen Bezug, doch muss die Politik stets auf sie reagieren.[1] Diese Entdeckung hat Marx allerdings veranlasst, diese ökonomische, nicht politische Macht für politisch schlechthin unbeeinflussbar zu halten.

• Er sieht sehr klar die intrinsische Dynamik der kapitalistischen Wirtschaft.

• Er hat im Vergleich zu seinen Zeitgenossen eine außergewöhnlich präzise Sicht auf Umweltprobleme und kann diese methodisch mit dem Konzept der Kuppelproduktion sehr gut analysieren.

• Marx leistet einen – eigenwilligen, aber originellen – Beitrag zur europäischen Metaphysik. Der Begriff *Metaphysik* ist vieldeutig; heute meint er meist die Analyse von Begriffen und die Beschäftigung mit den Strukturen des Wissens. Die klassische Metaphysik fragte jedoch nach den letzten Gründen des Seienden, nach einer nichtsinnlichen Realität, die hinter dem sinnlich erfahrbaren Seienden liegen sollte. Zu solchen letzten Gründen des Seienden gehören sowohl die Ideen in Platons Philosophie als auch das *Ding an sich* Immanuel Kants, ein Ding also, wie es jenseits dessen ist, wie es uns (sinnlich) erscheint. Was die Metaphysik enthüllt, ist oftmals als die »wahre Welt« hinter der scheinhaften sinnlichen Welt aufgefasst worden. Die Welt der Metaphysik ist eine *verkehrte Welt.*
Und als eine solche verkehrte Welt der Metaphysik schildert uns Marx die Welt der Waren und der kapitalistischen

---

[1] Niklas Luhmann (2000) macht darauf aufmerksam, dass der »›Kapitalismus‹« »durch Organisation eigene Machtstrukturen [erzeugt], die sich nicht politisieren lassen« (136). Die Politik sieht sich damit konfrontiert, dass »sich […] Machtquellen ganz anderer Art [entwickelten], nämlich solche, die auf der Organisation der Arbeit beruhen sowie darauf, daß Arbeit (und nicht Eigentum) die verbreitetste Form der Teilnahme an Wirtschaft ist« (ibid.: 79). Daraus zieht Luhmann die Folgerung, »daß Differenzen, die die Wirtschaft erzeugt und hinterläßt, politisch nicht zur Wahl gestellt werden können. Das Parteienschema links/rechts oder sozialistisch/liberal bleibt hoffnungslos hinter den Realitäten zurück.« (ibid.: 113)

Produktion. Waren sind sinnlich-übersinnliche Dinge. Sinnesgegenstände oder Gebrauchswerte sind die Erscheinungsformen ihres »Gegenteils, des Werts«, der etwas Nichtsinnliches ist, sinnlich-konkrete Arbeit wird zur bloßen Erscheinungsform der nichtsinnlichen abstrakten Arbeit und der Wert selbst wird zur »sich selbst bewegenden Substanz«, die in Wahrheit hinter dem Gewinnstreben der Kapitalisten steht. Die Metaphysik des marxschen *Kapitals* ist freilich eine ironisch gebrochene, denn hinter den sinnlichen Erscheinungen stehen nicht ewige Wesenheiten oder Ideen, sondern ihrerseits verkehrte gesellschaftliche Verhältnisse, die zugleich mit ihrer falschen Metaphysik überwunden werden sollen.

23.3 Marx' Defizite

Den Leistungen stehen jedoch Defizite gegenüber.

- Seine Leistungen ergeben kein Ganzes, er hat sie nicht zu einer kohärenten Theorie der kapitalistischen Wirtschaft integriert. Das liegt vor allem an der Schwäche dessen, was er für das Kernstück einer solchen Theorie hält. Dieses Kernstück ist für Marx die ökonomiewissenschaftliche Erklärung der kapitalistischen Wirtschaft, die auf der Arbeitswertlehre beruht und deren wichtigstes Gesetz das Gesetz des tendenziellen Falls der Profitrate ist. Beides aber bleibt schwach und kann nicht überzeugen.

- Eine Schwäche sehen wir in Marx' Neigung, seine Thesen zu überziehen. Das gilt vor allem für seine Staatstheorie. Er unterschätzt die Gestaltungsmöglichkeiten des Staates; die gängige Phrase von der »Herrschaft des Kapitals« hat Marx zwar nicht geprägt, aber ihr doch Vorschub geleistet. – Auch ist hier die Sicherheit zu nennen, mit der Marx künftige Entwicklungen als notwendig voraussagen zu können glaubt.

- Eines der schwerwiegendsten Defizite ist, dass die Perspektive auf die Wirtschaft ganz von der Produktion bestimmt ist. Hier weisen vor allem Rousseau und Hegel auf eine von der Produktion unabhängige Dynamik der Entwicklung der Bedürfnisse hin, die einen entscheidenden Einfluss auf das Wirtschaftsgeschehen hat. Dieses Defizit ist mittelbar auch dafür verantwortlich, dass die marxsche Perspektive keinen angemessenen Begriff des Finanzsektors ermöglicht. Wir haben das im vorigen Kapitel dargelegt.
- In seiner Fragmentarität gibt Marx keine integrale Theorie und Kritik der Wirtschaft und Gesellschaft. Das unterscheidet ihn markant von Hegel, wie wir in den Kapiteln 17 und 21 gezeigt haben.
- Seine durchaus triftige Kritik an liberalen Freiheitsideen und an der Rolle des Privateigentums hat Marx dazu verleitet, das Kind mit dem Bade auszuschütten und die individuelle Freiheit in toto zu verwerfen.
- Ein großes Problem liegt darin, dass Marx mit ganz unterschiedlichen Erklärungsansätzen arbeitet, deren Verhältnis zueinander nicht wirklich geklärt wird. So weiß man nicht recht, welche Rolle bei der Kapitalakkumulation die »Selbstbewegung des Wertes« auf der einen Seite und das Verhalten rationaler Akteure unter Bedingungen der Konkurrenz auf der anderen Seite spielen und wie sich beides zueinander verhält.
- Der gerade von marxfreundlichen Kritikern hervorgehobene Vorwurf der mangelnden intellektuellen Sorgfalt ist berechtigt. Sprünge und unbegründete Behauptungen sind in Marx' Argumentation häufig zu finden.

Die genannten Schwächen verhindern die Ausarbeitung eines wirklich entwicklungsfähigen Theorieansatzes. Deswegen läßt uns Marx in gewisser Weise ratlos zurück. Will man seine vielen Einsichten daher fruchtbar machen, muss man aus seiner Perspektive heraustreten und ihn damit überschreiten.

23.4 Unser Fazit

Was bedeuten nun diese Leistungen und Defizite von Marx für die Beantwortung der Frage, was wir von Marx lernen können und welche Einsichten und Perspektiven er uns bieten kann? Uns scheint, dass auf der Grundlage seines Werks eine wissenschaftliche Klärung wirtschaftlicher Prozesse in der modernen Marktwirtschaft nicht möglich ist. Das liegt vor allem an der einseitigen Betonung der Produktion, an dem veralteten Instrumentarium der Arbeitswertlehre und am Fehlen einer überzeugenden Preistheorie. Dieser Kritik könnte man entgegnen, dass Marx ja ein Autor des 19. Jahrhunderts war. Man könnte doch seine Theorie modernisieren und auf den Stand der »bürgerlichen« Wirtschaftswissenschaften bringen. Diese modernen Theorien berücksichtigen in ganz anderer Weise als Marx die Nachfrageseite der Ökonomie. Wollte man diese aber in den marxschen Ansatz inkorporieren, dann würde dies die ganze Anlage der Werttheorie in quantitativer Hinsicht, d. h. Arbeitswertlehre und Mehrwerttheorie, grundsätzlich in Frage stellen. Denn nach dieser Theorie beruht der Wert eines Gutes nur auf dessen Produktion durch den Menschen.

Die Fixierung auf die Produktion ist ein konservativer Zug der marxschen Theorie. Diese Fixierung ist aber nicht nur den Bedingtheiten der Zeit geschuldet, in der die Theorie entstanden ist. Nicht nur zeitgenössische Ökonomen haben das Eigengewicht der Nachfrageseite in ihren Theorien berücksichtigt – so insbesondere John Stuart Mill (1806–1873) und auch schon Johann Heinrich Gossen (1810–1858). Wie wir gezeigt haben, haben auch Philosophen wie Rousseau und Hegel die Eigendynamik der Bedürfnisse erkannt, und Hegel hat dies sogar systematisch in seiner Theorie der Wirtschaft integriert, ohne dass Marx darauf rekurriert. In dieser Hinsicht ist Hegel »moderner« als Marx. Der marxsche Ansatz unterliegt intrinsischen Beschränkungen und erlaubt deshalb keine brauchbaren wirtschaftswissenschaftlichen Prognosen. Insbesondere hat sich das Gesetz der tendenziell fallenden Profitrate nicht bewährt.

Als ein aussichtsreiches Programm erschiene uns aber eine Kritik der Politischen Ökonomie, die sich im Rahmen der »materialistischen Geschichtsauffassung« mit der gegenwärtigen neoklassischen Wirtschaftswissenschaft so befasste, wie Marx es mit der klassischen Politischen Ökonomie getan hat. Eine solche Kritik würde wirtschaftswissenschaftliche Theorien und philosophische Entwürfe, die sich auf die Ökonomie beziehen, nicht nur als einer »ökonomischen Basis« »entsprechende« »Bewußtseinsformen« (MEW 13: 8) deuten. Eine solche Kritik würde auch zu verstehen suchen, welche Rolle solche Theorien und Entwürfe in der realen Ökonomie spielen, d. h. wie sie selbst die Wahrnehmung der Ökonomie und das Handeln darin prägen. Eine solche Analyse freilich hat Marx eher nur skizziert als wirklich durchgeführt, und heute können wir Bemühungen in dieser Richtung nicht erkennen. Auch der Analytische Marxismus, der von der neoklassischen Ökonomik her argumentiert, versucht gerade keine Kritik der neoklassischen Politischen Ökonomie zu entwickeln.[2]

Wir vermuten allerdings, dass in einer solchen Kritik der gegenwärtigen Politischen Ökonomie die Arbeitswertlehre keine Rolle mehr spielen würde. Und wir bezweifeln, dass eine derartige Kritik der gegenwärtigen Ökonomie noch selbst eine positive wirtschaftswissenschaftliche Theorie sein könnte. Auch liegen die Einsichten von Marx auf einer anderen Ebene als der der positiven Theorie und verdanken sich seiner Fähigkeit, die ökonomischen Phänomene im Zusammenhang mit rechtlichen, sozialen, politischen und historischen zu sehen. Marx hatte zwar keine überzeugende integrative Theorie entwickelt, doch er hat noch den integrierenden philosophischen Blick, den Hegel in seiner *Rechtsphilosophie* zeigt. So sieht Marx nicht nur, dass sich in der modernen Welt Abhängigkeiten in die Form individueller Freiheitsrechte kleiden, sondern auch das merkwürdige Faktum, dass massive Ungleichverteilungen und Ausbeutung

---

[2] Zu diesen Gedanken hat uns ein kritischer Einwand von Wilhelm Beermann gebracht.

nicht durch Gewaltverhältnisse, sondern durch frei geschlossene Verträge ermöglicht werden. Weil er diesen Blick für solche Zusammenhänge hat, kann Marx nun wirklich Prognosen, wenn auch keine wirtschaftswissenschaftlichen, stellen. Er sieht, dass wir gerade durch die Ausdifferenzierung individueller Rechte auf einem Weg der immer weiteren »Vergesellschaftung des Menschen« sind und sich unsere Existenzweise immer weiter kollektiviert. Marx erwartete, dass der Sozialismus oder die kommunistische Gesellschaft der Endpunkt der Kollektivierungstendenzen sein würde, den wir irgendwann einmal zwangsläufig erreichen würden. Diese Vision der kommunistischen Gesellschaft ist durchaus widersprüchlich; denn Marx sieht in ihr nicht nur die Verwirklichung einer kollektiven Existenzform des Menschen, sondern zugleich die Einlösung des humanistischen Ideals einer Gesellschaft von Persönlichkeiten, die ihre Individualität frei entfalten. Doch vermutlich sind es gerade solche Widersprüche, die Marx' in mancher Hinsicht verführerische Attraktivität ausmachen.

Widersprüche eines Autors sind nicht immer diesem Autor alleine anzulasten. Häufig drückt sich in solchen Widersprüchen auch ein ungelöstes Problem aus. Ein solches ungelöstes Problem ist unser Verhältnis zur natürlichen Umwelt. Unsere Lebensweise hat die Tendenz, die Natur als bloßes Material zu verbrauchen und sie so in gewisser Weise für nichts zu achten. Gerade diese Seite finden wir auch bei Marx. Beim marxschen Materialismus ist auffällig, dass die Natur als solche gar keine Rolle spielt. »Die Natur ist für ihn [sc. Marx], ebenso wie für Hegel, nur die untergeordnete Vorbedingung menschlicher Tätigkeit [...]. Das Materielle des historischen Materialismus ist also nicht etwa die Natur, sondern deren Aneignung durch den Menschen.« (Löwith 1990: 209) Doch gerade Marx entwickelt einen Blick dafür, dass diese an sich selbst offenbar nichtige Natur ihre eigene Dynamik hat, nach der sich die menschliche Aneignung der Natur oder die Produktion richten muss. Und mehr noch: Marx sieht durchaus, dass die Natur etwas ist, was durch die kapitalistische Produktion zerstört werden kann. Uns scheint an dieser Feststellung nur eines wenig überzeugend, nämlich dass Marx die Naturzerstörung als ein Spezifikum der kapitalistischen Produktionsweise sieht. Mit dieser Produktionsweise verbindet sich die Umweltzerstörung offenbar deswegen, weil sie wie keine andere vor ihr die Produktivkräfte entfesselt hat, wie das *Manifest der Kommunistischen Partei* behauptet. Es ist vielleicht nicht eine von Marx' geringsten Leistungen, dass er eines der Hauptprobleme unserer industriellen Lebensweise zwar nicht auf den Begriff, doch in außergewöhnlicher Weise zum Ausdruck bringt.

Literaturverzeichnis

Von Marx und Engels

Die Schriften von Karl Marx und Friedrich Engels werden in der Regel nach der Ausgabe der *Marx Engels Werke* Berlin (MEW) mit Band- und Seitenzahl zitiert. Auch wird gelegentlich auf die Marx-Engels Gesamtausgabe (MEGA) verwiesen.

Im Einzelnen werden die folgenden Schriften zitiert:

a) Karl Marx:
Kritik des Hegelschen Staatsrechts. MEW 1: 201–333.
Zur Judenfrage. MEW 1: 347–377.
Zur Kritik der Hegelschen Rechtsphilosophie. Einleitung. MEW 1: 378–391.
Das Elend der Philosophie (Misère de la Philosophie). Antwort auf Proudhons »Philosophie des Elends«. MEW 4: 63–182.
Rede über die Frage des Freihandels. MEW 4: 444–458.
Der achtzehnte Brumaire des Louis Bonaparte. MEW 8: 111–207.
Zur Kritik der Politischen Ökonomie. MEW 13: 3–160.
Einleitung zur Kritik der Politischen Ökonomie. MEW 13: 615–642.
Kritik des Gothaer Programms (Randglossen zum Programm der Deutschen Arbeiterpartei). MEW 19: 11–32.
Randglossen zu A. Wagners »Lehrbuch der politischen Ökonomie«. MEW 19: 355–383.
Das Kapital. Erster Band. Buch I: Der Produktionsprozeß des Kapitals. MEW 23.
Das Kapital. Zweiter Band. Buch II: Der Zirkulationsprozeß des Kapitals. MEW 24.
Das Kapital. Dritter Band. Buch III: Der Gesamtprozeß der kapitalistischen Produktion. MEW 25.
Thesen über Feuerbach. MEW 3: 5–7.

b) Friedrich Engels
Umrisse zu einer Kritik der Nationalökonomie. MEW 1: 499–524.
Die Lage der arbeitenden Klasse in England. MEW 2: 225–506.
Karl Marx, »Zur Kritik der Politischen Ökonomie« (Rezension). MEW 13: 468–477.
Herrn Eugen Dührings Umwälzung der Wissenschaft (»Anti-Dühring«). MEW 20: 1–303.
Dialektik der Natur. MEW 20: 305–570.

c) Karl Marx/ Friedrich Engels
Die Deutsche Ideologie. MEW 3: 9–530.
Manifest der Kommunistischen Partei. MEW 4: 459–493.

Weiter werden von Karl Marx zitiert:
Grundrisse der Kritik der Politischen Ökonomie (Rohentwurf). Dietz Verlag, Berlin, 1974.
Das Kapital. Kritik der Politischen Ökonomie. Dritter Band. Marx-Engels-Gesamtausgabe (MEGA). Abteilung II. Band 15. Akademie-Verlag, Berlin, 2004.
Krisenhefte. MEGA IV. Exzerpte, Zeitungsausschnitte und Notizen zur Weltwirtschaftskrise. November 1857 bis Februar 1858. De Gruyter Akademie Forschung, Berlin, Boston, 2017.

Von Karl Marx und Friedrich Engels:
Karl Marx, Friedrich Engels (1954), *Briefe über »Das Kapital«*, Dietz Verlag, Berlin.

Von anderen Autoren

Admati, Anati und Martin Hellwig (2013) *The Bankers' New Clothes. What's Wrong with Banking and What to Do About it*, Princeton University Press, Princeton, Oxford.
Adorno, Theodor W. (1970) *Drei Studien zu Hegel*, Suhrkamp, Frankfurt am Main.
Arendt, Hannah (1981) *Vita Activa oder Vom tätigen Leben*, Piper, München.
Arendt, Hannah (1993) *Elemente und Ursprünge totaler Herrschaft*, 3. Auflage, Piper, München.
Arendt, Hannah (1994) Tradition und die Neuzeit, in, dies., *Zwischen Vergangenheit und Zukunft. Übungen im politischen Denken I*, herausgegeben von Ursula Ludz, Piper, München, 23–53.

Aristoteles (1994) *Politik*, Reinbek, Rowohlt.

Aristoteles (1995) *Die Nikomachische Ethik*, nach der Übersetzung von Eugen Rolfes bearbeitet von Günther Bien, Meiner, Hamburg.

Arrow, Kenneth J. (1962) »The economic implications of learning by doing«, in *Review of Economic Studies*, 29: 155–173.

Arrow, Kenneth J. und Frank H. Hahn (1971) *General Competitive Analysis*, Holden-Day, San Francisco.

Assmann, Jan (1991) *Ägypten. Theologie und Frömmigkeit einer frühen Hochkultur*, 2. Auflage, Kohlhammer, Stuttgart, Berlin, Köln.

Assmann, Jan (1995) *Ma'at. Gerechtigkeit und Unsterblichkeit im alten Ägypten*, C.H. Beck, München.

Backhaus, Hans-Georg (1997) *Dialektik der Wertform. Untersuchungen zur Marxschen Ökonomiekritik*, Freiburg.

Barro, Robert J., Xavier Sala-I-Martin (1995) *Economic Growth*, McGraw-Hill, New York etc.

Baumgärtner, Stefan (2000) *Ambivalent Joint Production and the Natural Environment*, Physica-Verlag, Heidelberg, New York.

Baumgärtner, Stefan, Malte Faber und Johannes Schiller (2006) *Joint Production and Responsibility in Ecological Economics. On the Foundations of Environmental Policy*. Edward Elgar, Cheltenham UK, Northampton, MA, USA.

Becker, Christian, Dieter Ewringmann, Malte Faber, Thomas Petersen und Angelika Zahrnt (2015) »Endangering the nature is unjust. On the status and future of sustainability discourse«, in *Ethics, Policy & Environment*, 18: 60–67.

Berlin, Isaiah (1963/1971) *Karl Marx*, Piper & Co., München, 1963, zitiert aus H. Claus Recktenwald (Hrsg.), Karl Marx, *Geschichte der Politischen Ökonomie*, Kröner, Stuttgart: 300–322.

Bernholz, Peter (1993) »The importance of Böhm-Bawerk's theory of capital and interest from a historical perspective«, in *History of Economic Ideas* I//2: 21–58.

Bernholz, Peter (2008a) »War die aktuelle Krise voraussehbar oder vermeidbar«, in *Finanz und Wirtschaft* 81. Jg., Nr. 25, 29.3.

Bernholz, Peter (2008b) »A lender of last resort – Braucht die SNB Reserven«, in *Finanz und Wirtschaft* 81. Jg., Nr. 57, 19.7.2008.

Bernholz, Peter und Malte Faber (1971) »Diskussion einiger Probleme der Arbeitswertlehre«, in *Schmollers Jahrbuch* 91: 657–668.

Bernholz, Peter und Malte Faber (1972) »Diskussion einiger Probleme der Arbeitswertlehre bei erweiterter Reproduktion«, in *Zeitschrift für Wirtschafts- und Sozialwissenschaften* 92: 389–305.

Bernholz, Peter, Malte Faber und Thomas Petersen (2009) »Kausalität in den Wirtschaftswissenschaften: Welche Ursachen hat die Finanzkrise?«, Discussion Paper No. 488, Department of Economics, University of Heidelberg.

Bertram, C. (2008) »Analytical Marxism«, in J. Bidet und S. Kouvelakis (Hrsg.) *Critical Companion to Contemporary Marxism*, Brill, Leiden.

Binswanger, H. C. (1986) »J. G. Schlossers Theorie der imaginären Bedürfnisse«, in H. Scherf (Hrsg.), *Studien zur Entwicklung der ökonomischen Theorie V, Schriftenreihe des Vereins für Socialpolitik*, Duncker & Humblot, Berlin: 9–28.

Bliss, Christopher J. (1975) *Capital Theory and the Distribution of Income*, North-Holland, Amsterdam.

Böhm-Bawerk, von Eugen (1896) »Zum Abschluß des marxschen Systems«, in O. Boenigk (Hrsg.) *Staatswissenschaftliche Arbeiten. Festgaben für Karl Knies*, Berlin, Häring: 85–205 (nach dem Text des Wiederabdruckes in Hans G. Nutzinger und Elmar Wolfstetter 1974a: 97–127).

Bourguignon, François (2013) *Die Globalisierung der Ungleichheit*, Hamburger Edition, Hamburg.

Braudel, Fernand (1985) *Die Dynamik des Kapitalismus*, übersetzt aus dem Französischen, Klett-Cotta, Stuttgart.

Braudel, Fernand (1985–1986) *Sozialgeschichte des 15.–18. Jahrhunderts*, 3 Bände, übersetzt aus dem Französischen, Kindler, München.

Brems, Hans (1986) *Pioneering Economic Theory, 1630–1980. A Mathematical Restatement*, The John Hopkins University Press, Baltimore und London.

Brody, Andrew (1970) *Proportion, Prices and Planning*, American Elsevier, New York.

Bubner, Rüdiger (1992) *Antike Themen und ihre moderne Verwandlung*, Suhrkamp Frankfurt am Main.

Buchanan, James M. (1974) »Hegel on the Calculus of Voting«, in *Public Choice*, Vol. 17 (Summer 1974): 99–101.

Buchanan, James M. (1975) *The Limits of Liberty. Between Anarchy and Leviathan*, The University of Chicago Press, Chicago/London (deutsch: *Die Grenzen der Freiheit*. Tübingen 1984).

Buchanan, James M. und Gordon Tullock (1962) *The Calculus of Consent. Logical Foundations of Constitutional Democracy*, The University of Michigan Press, Ann Arbor.

Buffo, Marco (2012) »Analytical Marxism«, in Fine, Ben und Alfredo Saad-Filho (Hrsg.) (2012): 16–21.

Burmeister, Edwin (1980), *Capital Theory and Dynamics*, University Press, Cambridge.

Burmeister, Edwin. (2000) »The capital theory controversy« in Heinz Kurtz (Hrsg.) *Critical Essays on Piero Sraffa's Legacy in Economics*, Cambridge University Press, Cambridge: 305–314. doi:10.1017/ CBO9781139166881.008.

Cerni, Paula (2012) »Consumerism«, in Ben Fine und Alfredo Saad- Filho (Hrsg.) (2012): 78–83.
Cohen, Gerald A. (1978) *Karl Marx's Theory of History*, Princeton University Press, Princeton.

Debreu, Gerhard (1959) *Theory of Value. An Axiomatic Analysis of Economic Equilibrium*, John Wiley & Sons, London.
Desai, Meghnad (2002) *Marx's Revenge. The Resurgence of Capitalism and the Death of Socialism*, Verso, London, New York.
dos Santos, Paulo L. (2012) »Money«, in Fine, Ben und Alfredo Saad-Filho (Hrsg.): 233–239.

Eagleton, Terry (2011), *Why Marx Was Right*, Yale University Press, New Haven & London.
Elbe, Ingo (2008), *Marx im Westen. Die neue Marx-Lektüre in der Bundesrepublik seit 1965*, Akademie Verlag, Berlin.
Elster, John (1985) *Making Sense of Marx*, Cambridge University Press, Cambridge.
Elster, Jon (1986) *An Introduction to Karl Marx*, Cambridge University Press, Cambridge.

Faber, Malte (1978) *Introduction to Modern Austrian Capital Theory*, Springer Verlag, Heidelberg.
Faber, Malte (1980) »Relationships between modern Austrian and Sraffa's capital theory«, in *Zeitschrift für die gesamte Staatswissenschaft*, 136: 617–629. Wiederabdruck in Malte Faber (Hrsg.): 44–59.
Faber, Malte (Hrsg.)(1986) *Studies in Austrian Capital Theory, Investment and Time*, Springer Verlag, Heidelberg.
Faber, Malte, Karin Frank, Bernd Klauer, Reiner Manstetten, Johannes Schiller, und Christian Wissel (2005) »Grundlagen einer allgemeinen Theorie der Bestände« in Beckenbach et al. (Hrsg.) *Innovationen und Nachhaltigkeit. Jahrbuch Ökologische Ökonomik 4*, Metropolis, Marburg: 251–294.
Faber, Malte und Reiner Manstetten (2003) *Mensch – Natur – Wissen. Grundlagen der Umweltbildung*, Vandenhoek & Ruprecht, Göttingen.

Faber, Malte und Reiner Manstetten (2007) *Was ist Wirtschaft? Von der Politischen Ökonomie zur Ökologischen Ökonomie*, Alber Verlag, Freiburg.

Faber, Malte und Thomas Petersen (2008) »Gerechtigkeit und Marktwirtschaft – Das Problem der Arbeitslosigkeit«, in *Perspektiven der Wirtschaftspolitik* 9 (4): 405–423.

Faber, Malte und Thomas Petersen (2012) »The environmental aspect of ›making people rich as the top priority‹ in China: a Marxian Perspective«, Discussion Paper No. 526, Department of Economics, University of Heidelberg.

Faber, Malte und Thomas Petersen (2013) Antwort auf die Lesermeinungen zu dem Gastbeitrag »Karl Marx und die gegenwärtige Finanzkrise« von Thomas Petersen und Malte Faber http://blogs.faz.net/fazit/2013/10/07/karl-marx-und-gegenwaertige-Finanzkrise-2734/

Faber, Malte, John L. Proops und Stefan Speck unter Mitarbeit von Frank Jöst (1999) *Capital and Time in Ecological Economics. Neo-Austrian Modelling*, Edward Elgar, Cheltenham UK, Northampton, MA, USA.

Fallbrook, Edward und Jamie Morgan (Hrsg.) (2014) *Piketty's Capital in the Twenty-First Century*, College Publication.

Ferguson, Niall (2010) *Der Aufstieg des Geldes*, List Verlag, Berlin.

Ferguson, Niall (2011) *Der Westen und der Rest der Welt*, Propyläen, Berlin.

Fetscher, Iring. (Hrsg.) (1966) *Marx-Engels Studienausgabe*, Bände I bis IV, Fischer Bücherei, Frankfurt am Main.

Fine, Ben und Alfredo Saad-Filho (Hrsg.) (2012) »Introduction«, in Fine, Ben und Alfredo Saad-Filho (Hrsg.) (2012): 1–7.

Fine, Ben und Alfredo Saad-Filho (Hrsg.) (2012) *The Elgar Companion to Marxist Economics*, Edward Elgar, Cheltenham UK, Northampton, MA, USA.

Foucault, Michel (2006) *Die Geburt der Biopolitik. Geschichte der Gouvernementalität II*, Suhrkamp, Frankfurt am Main.

Fulda, Hans Friedrich (2003) *Georg Wilhelm Friedrich Hegel*, Beck, München.

Gehlen, Arnold (2004) *Urmensch und Spätkultur. Philosophische Ergebnisse und Aussagen*, Klostermann, Frankfurt am Main.

Graeber, David (2011) *Debt*, Brooklyn, New York.

Gruffydd-Jones, Branwen (2012) »Method of political economy«, in Fine, Ben und Alfredo Saad-Filho (Hrsg.): 220–226.

Harcourt, Geoffrey C. (1969) *Some Cambridge Controversies in the Theory of Capital*, Cambridge University Press, Cambridge.

Harcourt, Geoffrey C. (1972) *Some Cambridge Controversies in the Theory of Capital*, Cambridge University Press, Cambridge.

Haustein, Heinz-Dieter (1998) »Karl Marx und evolutorische Ökonomik« in Warnke und Huber (Hrsg.): 151–178.

Hayek, Friedrich August von (1935) »The nature and history of the problem« in Friedrich August von Hayek (Hrsg.), *Collectivist Economic Planning*, George Routledge & Sons, London: 1–40.

Hayek, Friedrich August von (1940) »Socialist calculation: the competitive ›solution‹«, *Economica*, 7: 125–149.

Hegel, Georg Wilhelm Friedrich (1969) Werke in zwanzig Bänden. Herausgegeben von Eva Moldenhauer und Karl Markus Michel, Suhrkamp, Frankfurt am Main, 1969 ff.

Im Einzelnen werden folgende Schriften Hegels zitiert:

– *Philosophische Enzyklopädie für die Oberklasse*, Band 4 (Hegel 1969.4: 9–69).

– *Wissenschaft der Logik*, Teil II. Band 6 (Hegel 1969.6).

– *Grundlinien der Philosophie des Rechts oder Naturrecht und Staatswissenschaft im Grundrisse* (1821), Band 7 (Hegel 1969.7).

– *Enzyklopädie der philosophischen Wissenschaften im Grundrisse* (1830), Bände 8–10 (Hegel 1969.8–10).

– *Vorlesungen über die Philosophie der Geschichte*. Band 12 (Hegel 1969.12).

Hegel, Georg Friedrich Wilhelm [sic!] (1983) *Philosophie des Rechts*, Die Vorlesung von 1819/20 in einer Nachschrift herausgegeben von Dieter Henrich, Suhrkamp, Frankfurt am Main.

Hegel, Georg Wilhelm Friedrich (1993) *Vorlesungen über die Philosophie der Religion. 1. Einleitung in die Philosophie der Religion. Der Begriff der Religion*, neu hrsg. von Walter Jaeschke, Meiner, Hamburg.

Heinrich, Michael (2006), *Die Wissenschaft vom Wert. Die Marxsche Kritik der politischen Ökonomie zwischen wissenschaftlicher Revolution und klassischer Tradition*, 4., korr. Auflage, Verlag Westfälisches Dampfboot, Münster.

Hicks, John, R. (1973) *Capital and Time: A Neo-Austrian Theory*, Oxford University Press, Oxford.

Hildenbrand, Werner und Alen P. Kirman (1976) *Introduction to General Equilibrium Analysis*, North-Holland, Amsterdam.

Hilferding, Rudolf (1910) *Das Finanzkapital. Eine Studie über die jüngste Entwicklung des Kapitalismus*, Vienna, Wiener Volksbuchhandlung.

Hirsch, Joachim, John Kannankulam und Jens Wissel (Hrsg.) (2015) *Der Staat der Bürgerlichen Gesellschaft. Zum Staatsverständnis von Karl Marx*, 2., aktualisierte und erweiterte Auflage, Nomos. Baden-Baden.

Hobbes, Thomas (1959) *Vom Menschen. Vom Bürger*, Meiner, Hamburg.

Hobbes, Thomas (1976) *Leviathan, oder Stoff, Form und Gewalt eines bürgerlichen und kirchlichen Staates*, herausgegeben und eingeleitet von Iring Fetscher, Ullstein, Frankfurt, Berlin, Wien.

Hoff, Jan (2009), *Marx global. Zur Entwicklung des internationalen Marx-Diskurses seit 1965*, Akademie Verlag, Berlin.

HWPhil: *Historisches Wörterbuch der Philosophie (Historical Dictionary of Philosophy)* (1971 ff.), herausgegeben von Joachim Ritter, Karlfried Gründer und Gottfried Gabriel, 12 Bände, Schwabe & Co, Basel.

Judt, Tony (2010) *Das vergessene 20. Jahrhundert. Die Rückkehr des politischen Intellektuellen*, Hanser, München.

Kant, Immanuel (1778/1983) *Kritik der reinen Vernunft*, in ders., Werke in sechs Bänden. Band II, herausgegeben von Wilhelm Weischedel, Wissenschaftliche Buchgesellschaft, Darmstadt.

Kant, Immanuel (1790/1983) *Kritik der Urteilskraft*, in ders., Werke in sechs Bänden. Band V, herausgegeben von Wilhelm Weischedel, Wissenschaftliche Buchgesellschaft, Darmstadt.

Kant, Immanuel (1983) *Die Metaphysik der Sitten*, in ders., Werke in sechs Bänden, herausgegeben von Wilhelm Weischedel, Wissenschaftliche Buchgesellschaft, Darmstadt, Band IV: 303–634.

Kindleberger, Charles und R. Aliber (2005) *Maniacs, Panics and Crashes: A History of Financial Crisis*, 5. Auflage, Wiley, Basingstoke.

Klauer, Bernd, Reiner Manstetten, Thomas Petersen und Johannes Schiller (2013) *Die Kunst langfristig zu denken*, Nomos, Baden-Baden.

Kolakowski, Leszek (1977) *Die Hauptströmungen des Marxismus.* Band I, Piper, München.

Krelle, Wilhelm (1979) »Wachstumstheorie«, in Reinhard Selten (Hrsg.) *Handwörterbuch der Mathematischen Wirtschaftswissenschaften*, Band 1, Wirtschaftstheorie, Gabler, Wiesbaden: 459–78.

Kurz, Heinz-Dieter (1986) »Neoclassical economists on joint production«, in *Metroeconomica*, 38: 1–37.

Kuznets, Simon (1955) »Economic Growth and Income Inequality«, in *American Economic Review*, 45 (March): 1–28.

Labonte, Marc und Gail E. Makinen (2008) »Federal Reserve Interest Rate: Changes, 2000–2008, Government and Finance Division«, CRS Report for Congress, Congressional Research Service, the Library of Congresss. Prepared for Members and Committees of Congress, Order Code 98–856 E, updated March 19, 2008, Washington, DC.

Lachowski, Slavomir (2012) *It is the Journey not the Destination*, übersetzt aus dem Polnischen von Marynia Kruk, Studion EMKA, Warschau.

Lange, Oskar (1938/1952) »On the economic theory of socialism«, in B. Lippincott (Hrsg.), *Market Socialism*, third printing, University of Minnesota Press, Minneapolis: 55–143.

Leontief, Wassily (1951) *The Structure of the American Economy*, New York.

Locke, John (1983) *Über die Regierung*, Reclam, Stuttgart.

Löwith, Karl (1978) *Von Hegel zu Nietzsche. Der revolutionäre Bruch im Denken des 19. Jahrhunderts*, Meiner, Hamburg.

Löwith, Karl (1979) *Weltgeschichte und Heilsgeschehen*, Kohlhammer, Berlin, Mainz, Köln.

Löwith, Karl (1990) »Marxismus und Geschichte«, in K. Löwith, *Der Mensch inmitten der Geschichte*, J. B. Metzlersche Verlagsbuchhandlung, Stuttgart: 207–222.

Luhmann, Niklas (1974a) *Soziologische Aufklärung. Aufsätze zur Theorie sozialer Systeme*, Westdeutscher Verlag, Opladen.

Luhmann, Niklas (1974b) »Soziologie des politischen Systems«, in Niklas Luhmann (Hrsg.), *Soziologische Aufklärung. Aufsätze zur Theorie sozialer Systeme*, Westdeutscher Verlag, Opladen: 154–177.

Luhmann, Niklas (2000) *Die Politik der Gesellschaft*, Suhrkamp, Frankfurt.

Luther, Martin (2006) *De Servo Arbitrio* (Vom unfreien Willensvermögen), in *Martin Luther. Lateinisch-Deutsche Studienausgabe*, Evangelische Verlagsanstalt, Leipzig, Band 1: 219–661.

MacIntyre, Alasdair (1984) *After Virtue. A Study in Moral Theory*. Second Edition. Notre Dame, Indiana.

MacIntyre, Alasdair (1988) *Der Verlust der Tugend. Zur moralischen Krise der Gegenwart*, WBG, Darmstadt.

Malinvaud, Edmond (1985) *Lectures on Microeconomic Theory*, Revised Edition, North Holland, Amsterdam, New York, Oxford.

Mandeville, Bernard de (1924) *The Fable of the Bees: or, Private Vices, Public Benefits*. With a Commentary Critical, Historical, and Explanatory by F. B. Kaye, 2 vol. Clarendon Press, Oxford, 2. Aufl. 1957.

Mankiw, Gregory N. (2000) *Makroökonomik*, übersetzt aus dem Amerikanischen, Schäffer –Poeschel, Stuttgart.

Manstetten, Reiner (2000) *Der homo oeconomicus und die Anthropologie von Adam Smith*, ALBER THESEN, Alber, Freiburg.

Marois, Thomas (2012) »Finance, finance capital and finacialisation« in Fine, Ben und Alfredo Saad-Filho (Hrsg.): 220–226.

Marx-Handbuch. Leben – Werk – Wirkung (2016) herausgegeben von Michael Quante und David P. Schweikard, unter Mitarbeit von Matthias Hoesch, J. B. Metzler Verlag, Stuttgart.

Mas-Colell, Andreu, Michael D. Whinston und Jerry R. Green (1995) *Microeconomic Theory*, Oxford University Press, New York, Oxford.

Meek, Ronald L. (1967) »Die ökonomische Methode von Karl Marx« in Hans G. Nutzinger und Elmar Wolfstetter (Hrsg.) 1974b: 12–38, übersetzt aus dem Englischen »Karl Marx's Economic Method«, in R. L. Meek (1967), *Economics and Ideology and Other Essays*, Chapman & Hall, London: 93–112.

Morishima, Michio (1973) *Marx's Economics*, Cambridge, Cambridge University Press.

Mueller, Dennis (1995) *Public Choice*, Cambridge, Cambridge University Press.

Müller-Fürstenberger, Georg (1995) *Kuppelproduktion. Eine theoretische und empirische Analyse am Beispiel der chemischen Industrie*, Physica, Heidelberg, New York.

Nutzinger, Hans G. (1984) »Gerechtigkeit bei Marx und Mill. Zur Schwierigkeit ›positiver‹ und ›normativer‹ Fundierungen der Politischen Ökonomie«, in *Ökonomie und Gesellschaft, Jahrbuch 2: Wohlfahrt und Gerechtigkeit*, Campus, Frankfurt am Main, New York: 118–140.

Nutzinger, Hans G. und Elmar Wolfstetter (Hrsg.) (1974a) *Die marxsche Theorie und ihre Kritik I. eine Textsammlung zur Kritik der Politischen Ökonomie*, Herder & Herder, Frankfurt am Main, New York.

Nutzinger, Hans G. und Elmar Wolfstetter (Hrsg.) (1974b) *Die marxsche Theorie und ihre Kritik II. eine Textsammlung zur Kritik der Politischen Ökonomie*, Herder & Herder, Frankfurt am Main, New York.

Nutzinger, Hans G. und Elmar Wolfstetter (Hrsg.) (2008) *Die marxsche Theorie und ihre Kritik. Eine Textsammlung zur Kritik der Politischen Ökonomie.* Faksimile-Ausgabe der zuerst bei Herder & Herder erschienenen, zweibändigen Ausgabe von 1974 als Faksimile-Druck unter dem gleichen Titel, Metropolis, Marburg.

Okishio, Nobuo (1961) »Technische Veränderungen und Profitrate«, in Hans G. Nutzinger und Elmar Wolfstetter (Hrsg.) 1974b: 39–53, übersetzt aus dem Englischen »Technical changes and the rate of profit«, in *Kobe University 7*, 1961: 85–90.

Petersen, Thomas (1992) *Subjektivität und Politik. Hegels ›Grundlinien der Philosophie des Rechts‹ als Reformulierung des ›Contrat Social‹ Rousseaus*, Hain, Frankfurt am Main.

Petersen, Thomas (1994) »Wie modern ist Hegels Theorie der ›bürgerlichen Gesellschaft‹?«, in *Archiv für Rechts- und Sozialphilosophie*, Vol. 80 (1994): 109–116.

Petersen, Thomas (1996) *Individuelle Freiheit und allgemeiner Wille. James Buchanans politische Ökonomie und die politische Philosophie*, Die Einheit der Gesellschaftswissenschaften Band 93, Mohr (Paul Siebeck), Tübingen.

Petersen, Thomas (2003) »Die Formen der Kreativität in der Wirtschaft« in Walter Berka, Emil Brix und Christian Smelka (Hrsg.), *Woher kommt das Neue? Kreativität in Wissenschaft und Kunst*, Böhlau, Wien, Köln, Weimar: 169–188.

Petersen, Thomas (2009) »Der Gerechtigkeitsbegriff in der philosophischen Diskussion«, in Matthias Schmidt et al. (Hrsg.) *Diversität und Gerechtigkeit*, Rainer Hampp Verlag, München und Mering: 23–35.

Petersen, Thomas (2018) »Die Macht des Volkes im Verfassungsstaat«, in Georg Zenkert (Hrsg.); erscheint bei Nomos, Baden-Baden.

Petersen, Thomas und Hans Friedrich Fulda (1999) »Hegels System der Bedürfnisse«, in *DIALEKTIK* 3/99: 129–146.

Petersen, Thomas und Bernd Klauer (2012) »Staatliche Verantwortung für Umweltqualitätsstandards. Governance im Kontext der EG-Wasserrahmenrichtlinie«, in *GAIA* 21/1(2012): 48–54.

Petersen, Thomas und Malte Faber (2015) *Karl Marx und die Philosophie der Wirtschaft. Bestandsaufnahme – Überprüfung – Neubewertung*, 3. Auflage, Verlag Karl Alber, Freiburg.

Petry, Franz (1916) *Der soziale Gehalt der Arbeitswertlehre*, G. Fischer, Jena.

Philosophisches Wörterbuch (1969) herausgegeben von Georg Klaus und Manfred Buhr, 2 Bände, 6. Auflage, das europäische buch, Berlin.

Piketty, Thomas (2016) *Das Kapital im 21. Jahrhundert*, C.H. Beck, München.

Priddat, Birger P. (1990) *Hegel als Ökonom*, Duncker & Humblot, Berlin.

Rawls, John (1975) *Eine Theorie der Gerechtigkeit*, Suhrkamp, Frankfurt am Main.

Reheis, Fritz (2011) *Wo Marx Recht hat*, primus verlag, Frankfurt am Main.

Reichelt, Helmut (1970) *Zur logischen Struktur des Kapitalbegriffs bei Karl Marx*, Europäische Verlagsanstalt, Frankfurt am Main.

Reichelt, Helmut (2008) *Neue Marx-Lektüre. Zur Kritik sozialwissenschaftlicher Logik*, VSA, Hamburg.

Reinhart, Carmen M. und Kenneth S. Rogoff (2011) *This Time is Different. Eight Centuries of Financial Folly*, Princeton University Press, Princeton.

Reiß, Winfried unter Mitarbeit von Heide Reiß (1990) *Mikroökonomische Theorie. Historisch fundierte Einführung*, Oldenbourg Verlag, München, Wien.

Richter, Rudolf und Erik G. Furubotn (2003) *Neue Institutionenökonomik. Eine Einführung und kritische Würdigung*, übersetzt von Monika Steissler, 3., überarbeitete und erweiterte Auflage, Mohr Siebeck, Tübingen.

Ritter, Joachim (1977) *Metaphysik und Politik. Studien zu Aristoteles und Hegel*, Suhrkamp, Frankfurt am Main. Darin: Hegel und die französische Revolution, 183–255.

Robbins, Lionel (1932) *An Essay on the Nature and Significance of Economic Science*, Macmillan & Co., London.

Roberts, Michael (1996) *Analytical Economics. A Critique*, Verse, London.

Roemer, John E. (1981) *Analytical Foundations of Marxian Economic Theory*, Cambridge University Press, Cambridge, UK, USA.

Roemer, John E. (1988) *Free to Lose. An Introduction to Marxist Economic Philosophy*, Harvard University Press, Cambridge, Mass., USA.

Roemer, John E. (1994) *A Future for Socialism*, Harvard University Press, Cambridge, Mass.

Rousseau, Jean-Jacques (1977) *Vom Gesellschaftsvertrag*, Reclam, Stuttgart.

Rousseau, Jean-Jacques (1978) *Schriften in zwei Bänden*, herausgegeben von Henning Ritter, Band 1, Hanser, München.

Rousseau, Jean-Jacques (1997) *Diskurs über die Ungleichheit/Discours sur l'inegalité*, Edition Meier, 4. Auflage, Schöningh, Paderborn et. al.

Rousseau, Jean-Jacques (1985) *Emil oder über die Erziehung*, in neuer deutscher Fassung besorgt von Ludwig Schmidts, 7. Auflage, Schöningh, Paderborn.

Ruge, Arnold (1975) »Die Hegelsche Rechtsphilosophie und die Politik unserer Zeit« (1842), in *Deutsche Jahrbücher für Wissenschaft und Kunst*, abgedruckt in: Manfred Riedel (Hrsg.) *Materialien zu Hegels Rechtsphilosophie*. Zwei Bände, Suhrkamp, Frankfurt am Main, Band 1: 323–349.

Samuelson, Paul A. (1971) »Understanding the Marxian notion of exploitation: a summary of the so-called transformation problem between values and competitive Prices«, in *Journal of Economic Literature* 9: 399–431. (Deutsche Übersetzung in Hans G. Nutzinger und Elmar Wolfstetter (Hrsg.) 1974b: 237–295).

Samuelson, Paul A. (1973) *Economics,* 9. Auflage, McGraw-Hill, New York.

Sarrazin, Thilo (2012) *Europa braucht den Euro nicht. Wie uns politisches Wunschdenken in die Krise geführt hat,* Deutsche Verlags-Anstalt, München.

Schmidt, Alfred (1962) *Der Begriff der Natur in der Lehre von Marx,* Europäische Verlagsanstalt, Frankfurt am Main.

Schmidt, Alfred (Hrsg.) (1969) *Beiträge zur marxistischen Erkenntnistheorie,* Suhrkamp, Frankfurt am Main.

Schmitt, Carl (1963) *Der Begriff des Politischen.* Text von 1932 mit einem Vorwort und drei Corollarien, Duncker & Humblot, Berlin.

Schmitt, Carl (1973) »Der Zugang zum Machthaber, ein zentrales Verfassungsrechtliches Problem«, in ders., *Verfassungsrechtliche Aufsätze,* Duncker und Humblot, Berlin: 430–439.

Schumpeter, Joseph A. (1952) »Karl Marx (1818–1883)« in Joseph A. Schumpeter (Hrsg.) *Ten Great Economists,* George Allen & Unwin, London: 3–73.

Schumpeter, Joseph A. (1964) *Theorie der wirtschaftlichen Entwicklung. Eine Untersuchung über Unternehmergewinn, Kapital, Kredit, Zins und den Konjunkturzyklus,* 6. Auflage, Duncker & Humblot, Berlin.

Schumpeter, Joseph A. (1980) *Kapitalismus, Sozialismus und Demokratie,* fünfte Auflage, Francke, München, (übersetzt aus dem Amerikanischen *Capitalism, Socialism and Democracy,* New York 1942).

Shibata, Kei (1934) »On the law of decline in the rate of profit«, in *Kyoto University Review,* July: 61–75.

Shibata, Kei (1939) »On the general profit rate«, in *Kyoto University Review,* January: 40–66.

Simmel, Georg (2008) *Philosophie des Geldes,* in ders., *Philosophische Kultur,.* Zweitausendeins Verlag, Frankfurt am Main: 251–751.

Sinn, Hans-Werner (2012) *Die Target Falle. Gefahren für unser Geld und unsere Kinder,* Hanser, München.

Smith, Adam (1961) *An Inquiry into the Nature and Causes of the Wealth of Nations,* edited by Edwin Cannan, 2 Vols, Methuen, London.

Smith, Adam (1978) *Der Wohlstand der* Nationen, übersetzt von Claus Recktenwald, dtv, München.

Smith, Adam (1981) *An Inquiry into the Nature and Causes of the Wealth of Nations,* 2 Vols, Liberty Fund Indianapolis.

Smith, Adam (1982) *Lectures on Jurisprudence,* Liberty Fund Indianapolis.

Smith, Adam (1985) *Theorie der ethischen Gefühle*, nach der Auflage letzter Hand übersetzt und mit Einleitung, Anmerkungen und Registern herausgegeben von Walther Eckstein, Meiner, Hamburg.

Smolinski, Leon (1973) »Karl Marx and mathematical economics«, in *Journal of Political Economics* 81: 1189–1204.

Spaemann, Robert (1989) *Glück und Wohlwollen. Versuche über Ethik*, Klett-Cotta, Stuttgart.

Sraffa, Piero (1960) *Production and Commodities by Means of of Commodities. Prelude to a Critique of Economic Theory*, Cambridge University Press, Cambridge.

Stephan, Gunter (1995) *Introduction to Capital Theory. A Neo-Austrian perspective*, Springer Verlag, Heidelberg.

Stiglitz, Joseph (2012) *Der Preis der Ungleichheit. Wie die Spaltung der Gesellschaft unsere Zukunft zerstört*, Siedler, München.

Streminger, Gerhard (1989) *Adam Smith*, Rowohlt, Reinbek.

Sweezy, Paul M. (1970) *Theorie der kapitalistischen Entwicklung*, Suhrkamp, Frankfurt am Main, übersetzt aus dem Amerikanischen *The Theory of Capitalist Development – Principles of Marxist Political Economy, Monthly Review* 1942.

Syll, Lars Pålsson (2014) »Piketty and the limits of marginal productivity theory« in Fullbrook and Morgan (Hrsg): 63–74.

Thomas von Aquin (1923) *Divi Thomae Aquinatis Ordinis Praedicatorum Doctoris Angelici Summa Theologica*, 6 Bände, Editio Altera Romana, Rom.

Tönnies, Ferdinand (1979) *Gemeinschaft und Gesellschaft. Grundbegriffe der reinen Soziologie*, Wissenschaftliche Buchgesellschaft, Darmstadt.

Veblen, Thorstein (1899) *The Theory of the Leisure Class. An Economic Study in the Evolution of Institutions*, Macmillan, New York, London.

Warnke, Camilla und Gerhard Huber (Hrsg.) (1998) *Die ökonomische Theorie von Marx – was bleibt?* Metropolis, Marburg.

Weise, Peter (1998) »Evolution und Selbstorganisation bei Karl Marx«, in Camilla Warnke und Gerhard Huber (Hrsg.): 179–192.

Weizsäcker, von Carl Christian (1971) *Steady State Capital Theory*, Springer Verlag, Heidelberg.

Weizsäcker, von Carl Christian und Paul A. Samuelson (1971/1974) »Eine neue Arbeitswertlehre als Planungsinstrument unter Verwendung der bürgerlichen Profitrate«, in: Hans G. Nutzinger und Elmar Wolfstätter (Hrsg.) 1974b: 54–61. Übersetzt aus dem Englischen »A new Labor Theory of Value for Rational Planning through Use of the Bourgeois Profit Rate«, in *Proceedings of the National Academy of Sciences*, USA, Vol. No. 6, 1971: 1192–1194.

Wicksell, Knut (1898, 1968) *Geldzins und Güterpreise*, G. Fischer, Jena.

Wolfstetter, Elmar (1979) »Marxistische Werttheorie«, in Reinhard Selten (Hrsg.) *Handwörterbuch der Mathematischen Wirtschaftswissenschaften*, Band 1 Wirtschaftstheorie, Gabler, Wiesbaden: 205–212.

Wood, Ellen Meiksins (2012) »Capitalism«, in Fine, Ben und Alfredo Saad-Filho (Hrsg.): 34–39.

Personenverzeichnis

Personenverzeichnis

Dank

Wir danken unseren Studierenden aus dem Philosophischen Seminar und dem Alfred-Weber Institut für Wirtschaftswissenschaften der Universität Heidelberg, die an unseren interdisziplinaren Seminaren über Politische Philosophie teilgenommen haben. Mit ihren vielfältigen Hinweisen auf Literatur, Fragen und ihren Beiträgen haben sie uns immer wieder neue Perspektiven auf unser Thema eröffnet.

Teile dieses Buches wurden am 3. 11. 2011 am Studies Center of Contemporary Marxism Abraod des Department of Philosophy der Fudan University, Shanghai, PR China, vorgetragen. Wir danken Wang Xingfu und seinen Mitarbeitern und Mitarbeiterinnen für ihre konstruktiven und kritischen Bemerkungen. Ebenfalls danken wir den Mitgliedern des Gesprächskreises Natur- und Geisteswissenschaften der Universität Heidelberg für die Möglichkeit, zweimal über Teile unseres Buches vorzutragen. Die Diskussionen waren für uns sehr hilfreich. Die beiden in dieser Auflage neuen Kapitel über Thomas Piketty und Fernand Braudel verdanken sich wesentlich zwei Seminaren, die wir gemeinsam mit Hans Friedrich Fulda 2016 und 2017 am Philosophischen Seminar in Heidelberg durchgeführt haben.

Wilhelm Beermann, Peter Bernholz, Friedrich Breyer, Hans Friedrich Fulda, Jörn Giest, Tobias Henschen, Gerald Hubmann, Klaus Jacobi, Monika Kloth-Manstetten, Reiner Manstetten, Hans G. Nutzinger, Johannes Petersen und Hermes Plevrakis danken wir für Diskussion, kritische Durchsicht des Manuskripts und vielfältige Hinweise. Für sorgfältiges Korrekturlesen danken wir Ute Beckel-Faber und Julia Pirschl vom Alber Verlag. Die Verantwortung für verbleibende Fehler liegt bei uns.